우찌무라간조의
로마서 연구

크리스챤서적

우찌무라간조의
로마서 연구

머리말

내게는 일생의 소원이 있었다.

그것은 일본 전국을 향하여 그리스도의 십자가의 복음을 전하는 일이었다. 이 소원은 1878년 내가 삿뽀로에서 처음으로 기독교를 믿었던 때에 생긴 것이다.

그 후 40년이란 세월이 흐르는 동안 그 실현의 기회를 기다려도 그것은 오지 않았다.

혹시 내 소원이 한낱 꿈으로 사라져 버리는 것은 아닌가 생각되었다.

그러나 기회는 마침내 왔다. 하나님은 나를 위하여 처소를 마련하셨다. 그것은 도쿄 시의 중앙 내무성 정문 앞에 있는, 지요다 언덕에 위치해서 궁성을 가깝게 우러러보는 곳, 일본 위생회관 강당이었다. 나는 이 곳에서 1919년 5월부터 1923년 6월까지 만 4년에 걸쳐 주일마다 성서를 강의하는 자유를 허락받았다. 건물은 독일식의 웅장하고, 시설이 완비되어, 대지진 이전의 도쿄 시에서 달리 구할 수 없는 건물이었다. 청중은 온갖 계층을 망라하여 기독교 각 파의 신자, 교회 이외의 신자, 또 스스로를 신자라고 말하지 않는 자, 심지어는 불교의 승려조차 그 안에 보였다.

참으로 일본에 기독교가 전해진 이후 일찍이 보지 못한 청중이었다고 생각한다.

그 열심이 대단했던 것은 그들 가운데 우즈노미야에서 혹은 나고야에서 집회마다 참석한 사람이 있었던 것을 보아 알 수 있다. 나 자신으로서는 생애의 최고조에 달한 때였으며 59세에서 63세에 이르는 동안 이 즐거운 사업에 종사할 수 있어서 더없이 감사했다.

나는 오오데마치에서 다니엘서, 욥기, 로마서 및 공관복음의 일부를 강의하였다.

그 중에서 내가 가장 흥미를 느낀 것은 로마서였다. 사도 바울의 구술에 의해 쓰여진 이 책은 기독교의 진수를 전하고 있다. 이 책을 모르고는 기독교를 알 수가 없다. 또 47년 간의 신앙생활에서 내가 가장 주의를 집중해서 연구했다고 자부하는 것은 이 책이다. 나는 로마서를 강의함으로써 사실은 나 자신의 신앙생활을 논하였다. 그러므로 60회에 걸친 이 강의는 내게는 기쁨의 연속이었다. 이것을 100회 또는 200회 계속했더라도 나는 권태를 느끼지 않았을 것이다. 이것은 하나님의 은혜의 복음 강론이다. 그리스도에게 나타난 하나님 아버지의 사랑의 전파다. 이보다 더 큰 즐거움이 달리 있을 까닭이 없다. 나는 60회의 마지막 강의를 마쳤을 때 석별의 눈물을 흘리고야 말았다.

저자인 나 자신이 이 책의 불완전함을 누구보다 더 잘 알고 있다. 나는 편찬자와 함께 최선을 다했지만 그 결과는 이상에 미치지 못한 것이 많음을 유감스럽게 생각한다. "우리가 이 보배를 질그릇에 가졌다"(고후 4:7)고 한 것과 같이, 바울이 남긴 이 글은 보석이지만 우리가 여기에 붙인 주석은 질그릇에 지나지 않는다. 다만 그릇은 없는 것보다는 나으리라. 부끄러움을 무릅쓰고 이를 세상에 내놓는 이유가 여기에 있다.

나는 여기에서 과거 6년 동안 나의 강연의 자리를 같이하여 직접, 간접으로 이 거룩한 일에 동참하신 수많은 청강자 여러분에게 진심으로 경의를 표한다.

또 후지이 다케시 군, 구로사키 고오키치 군, 도키다 오오이치 군, 아제가미 겐조 군 등 나와 함께 강단에 선 제군들에게 감사한다. 또 음악적 천재로 회중 일동을 찬미의 노래로 인도한 고(故) 요시자와 군의 호의를 감사한다. 특히 청강자의 한 사람인 후루가 군이 이 책의 출판비용을 담당해 준 것을 감사한다. 인생은 짧고 진리는 길다. 우리가 이 짧은 생애에서 다소라도 하나님의 복음의 진리를 위하여 노력하며 그 영원한 진리를 서로 나누는 일에 참여하게 된 것을 무한한 영광으로 생각한다. 한없는 영광을 성령으로 말미암아 예수 그리스도의 아버지이신 하나님께 돌리는 바이다.

1924년 7월 5일
우찌무라 간조 (內村 鑑三)

차례

머리말/ 5

제34강 구원의 완성(1)/ 11
제35강 구원의 완성(2)/ 17
제36강 구원의 완성(3)/ 28
제37강 구원의 완성(4)/ 41
제38강 구원의 완성(5)/ 60
제39강 구원의 완성(6)/ 73
제40강 구원의 완성(7)/ 84
제41강 구원의 완성(8)/ 95
제42강 구원의 완성(9)/ 107
제43강 유대인의 불신과 전 인류의 구원(1)/ 122
제44강 유대인의 불신과 전 인류의 구원(2)/ 135
제45강 유대인의 불신과 전 인류의 구원(3)/ 148
제46강 기독교 도덕의 근본/ 161
제47강 기독교 도덕의 성질/ 175

로마서 연구 하

제48강 기독교 도덕의 첫째: 겸손/ 187

제49강 기독교 도덕의 둘째: 사랑(1)/ 200

제50강 기독교 도덕의 둘째: 사랑(2)/ 212

제51강 기독교 도덕의 둘째: 사랑(3)/ 223

제52강 기독교 도덕의 둘째: 사랑(4)/ 236

제53강 기독교 도덕의 셋째: 정부와 국가에 대한 의무/ 249

제54강 기독교 도덕의 넷째: 한 사회인으로서의 사랑/ 262

제55강 낮이 가깝다/ 273

제56강 작은 문제의 해결/ 288

제57강 바울의 전도 방침/ 301

제58강 바울의 동역자들/ 313

제59강 결말: 송영의 말/ 326

제60강 로마서 전체 개관/ 339

제34강

구원의 완성(1)

8장의 뜻

로마서는 16장으로 되어 있기 때문에 분량으로 보아도 8장은 그 중심이다. 로마서를 하나의 산에 비긴다면, 8장은 꼭대기까지 올라선 곳, 곧 절정이다. 그리고 8장부터는 내리막이 된다. 로마서는 신약성서의 중심이며, 8장은 로마서의 중심이다. 그러므로 로마서 8장은 신약성서의 중심이다. 저 독일 경건파의 창시자 슈페너의 말로 전해지는 바에 의하면, "만일 성서를 반지에 비긴다면, 로마서는 그 보석이며 8장은 그 보석에서 가장 반짝이는 부분이다"라고 했다. 참으로 이것은 성서의 최고점이다. 하늘이 만져질 듯한 꼭대기다.

이제 8장 1절을 보면, "그러므로 예수 그리스도 안에 있는 자에게는 정죄함이 없다"고 한다. 그리고 8장의 마지막 구절은 "혹은 죽음, 혹은 생명, 혹은 천사, 혹은 권세자들……그 밖에 다른 어떤 피조물이라도 우리를 우리 주 예수 그리스도로 말미암는 하나님의 사랑에서 끊을 수 없을 것임을 나는 확신한다"고 했다. 정죄함이 없다는 것은 확실히 은혜다. 하지만 이것은 은혜의 소극적인 방면이며, 다만 정죄하지 않는다는 것뿐이다. 그런데 8장 마지막은 그 무엇으로도, 그 어떤 일로도 그리스도의 사랑(그리스도가 우리를 사랑하는 사랑)에서 우리를 끊을 수 없다고 했다. 이는 분명히 은혜의 적극적인 방면을 말한 것이다. 은혜는 먼저 소극적인 것으로 시작하여 마침내 적극적인 것의 절정에 이른다. 이것을 쓴 것이 8장이다. 최초의 말이 은혜요 최후의 말도 은혜이기 때문에, 그 사이에 끼어 있는 각 절이 모두 은혜를 기록한 것이다. 로마서 8장은 참으로 은혜기(恩惠記)다.

다음으로 8장 전체를 보면, 논술에는 순서란 것이 있기 때문에 이것을 몇 문단으로 나누어 보면 해석상 유익한 점이 많다. 그리고 주해학자는 저마다 가장 알맞은 분석을 하려고 경쟁하기 때문에 오늘날까지 몇 가지 분류법이 발견되었다. 그것을 하나하나 소개하는 것은 무익한 일이므로 여기서는 로마서 주해의 최고 권위자 중의 한 사람인 고데의 분석을 보기로 한다. 고데는 다음과 같이 다섯 단락으로 나누었다.

제1단락 1-4절 : 죄에서 벗어나는 일
제2단락 5-11절 : 죄와 그 결과인 죽음에서 벗어나는 일
제3단락 12-17절 : 하나님의 아들이 되는 일
제4단락 18-30절 : 후사가 되는 일
제5단락 31-39절 : 대 찬양

좀더 자세히 말하면, 고데는 1절부터 2절까지를 제1단락으로 보고 그것을 다시 둘로 나눈다. 따라서 전체를 4단락으로 나누고 있지만, 여기

서는 편의상 그의 의도를 헤아려 전체를 다섯 단락으로 나누기로 한 것이다.

제1단락은 1절에서 "예수 그리스도 안에 있는 자에게는 결코 정죄함이 없다"고 단정하고, 그 근거로서 2, 3, 4절을 들었다. '생명의 성령의 법'이 율법을 대신한다고 보고, 성서의 기능에 중점을 둔 것이 그 특징이다.

제2단락은 죄의 결과인 죽음에서 벗어나 영원한 생명을 얻는 복을 말하고 있다. 이 또한 성령으로 말미암는다. "예수를 죽은 자 가운데서 살리신 이의 영이 너희 안에 계시면 그리스도 예수를 죽은 자 가운데서 살리신 이가 너희 안에 계시는 그의 영으로 말미암아 너희 죽을 몸도 살리시리라"고 2절에 말한 그대로다.

제3단락은 성령으로 말미암아 하나님의 아들이 되는 일을 역설하고 있다. 14절에서는 "하나님의 영으로 인도받는 그들은 곧 하나님의 아들이다"라고 말하고, 16절에서는 "성령이 친히 우리 영으로 더불어 우리가 하나님의 자녀인 것을 증언하신다"고 말하고 있다. 우리는 흔히 인류는 모두 하나님의 자녀라는 말을 들을 수 있다. 그러나 바울에 의하면 어떤 특별한 상태에 있는 자만이 하나님의 자녀다. 그것은 인류의 전부가 아니라 일부분이다. 곧 그리스도를 믿고 죄와 죽음에서 벗어나는 특별한 은혜에 참여한 자만이 하나님의 자녀다. 이 은혜와 축복을 받지 못한 자는 그가 어떠한 성자나 철학가라도 결코 하나님의 자녀가 아니다. 그는 보통 사람의 아들 곧 인간이다. 하나님의 자녀란 보통 사람으로부터 바뀌어, 전혀 딴 사람이 된 자를 말한다.

제4단락은 후사인 것을 말하고 있다. 17절에서는 "우리가 만일 자녀이면 또한 후사가 될 것이다"라고 말한다. 하나님의 자녀는 또한 후사가 된다는 것이다. 단순히 하나님의 자녀인 명칭과 자격을 얻었다고 하는 것만이 아니다. 어떤 실물을 부여받는다는 것이다. 하나님의 자녀가 된 자는, 하나님의 자녀인 이상 반드시 어떤 실물을 그리스도에게서 받는 것이다. 곧 '하나님의 후사이며 그리스도와 함께 후사 된 자' 다. 그러면 무엇을 아버지에게서 물려받는가? 그것은 개조된 우주 – 전 세계 만물 – 를 물려받는다고 할 수 있다. 다른 말로 하면 전 우주와 함께 구원받아 전 우주의 주인공이 된다는 것이다. 너무나 어마어마한 소망이 아닌가? 이것이 참으로 하나님의 자녀 된 자가 그리스도와 함께 후사가 되어 받는 것이다. 바울의 신앙, 사상, 소망은 여기서 절정에 이른다. 크리스천은 부활하여 영광을 입고, 개조·완성된 전 우주의 주인공이 된다고 한다. 이것이 크리스천이 기다리는 최고의 영예 또는 구원의 완성이다. 아아, 위대한 사상이여! 인류가 품을 수 있는 사상으로서 이보다 더 위대한 사상은 절대로 없다.

　이렇게 되자 제5단락의 장엄한 찬양의 노래가 바울의 입에서 저절로 새어 나왔다. 아니, 새어나오지 않을 수 없었다. 이것은 결코 머리로 짜낸 시가 아니다. 큰 소망, 큰 감사가 차고 넘치는 마음속에서 저절로 흘러내린 큰 환희의 폭포수다.

　이상이 8장의 큰 뜻이지만, 여기에는 또 한 가지 유의할 것이 있다. 그것은 7장 이전의 전부와 8장의 서로 다른 점이다. 7장에서도 물론 구원이 설명되었지만, 이것을 8장의 그것과 비교하면 대체로 외부적이라고 하지 않을 수 없다. 물론 구원에 관한 일이므로 이것을 영혼에 받는 점으로 말하면 내부적이지만, 8장의 그것보다는 더 외부적이라는 말이다. 곧

7장까지에서 설명되는 구원은 주로 사람 밖에 있는 사실을 믿는 것이다. 곧 십자가에 달리신 예수의 구속을 믿는 것이다. 또 예수를 우러러보고 그를 모델로 삼고 깨끗함을 받는 것이다. 그 밖에 어떤 점으로 보든지 신자의 밖에 있는 사실을 믿음으로 받아들인다는 것이다. 이것으로 구원이 온전히 이루어질 것인가? 아니다. 더욱 내부적인 한 가지 일이 필요하다. 하나님 자신이 성령으로 우리 속에 임하시어 우리의 영과 일체가 되어 우리를 도우셔서 우리의 구원을 완성하시는 일, 이 일이 꼭 있어야만 한다. 이것이 내부로부터의 구원이요, 8장의 진짜 주제다. 하나님은 안팎으로 우리를 구원하신다. 즉, 밖에서 하나님의 성업을 보여 주심으로써 우리를 구원하시는 일이 7장까지의 주제요, 안에서 성령의 역사로 우리의 구원을 완성하시는 일이 8장의 주제다.

바울은 갈라디아서 3장 1절에서 "어리석도다, 갈라디아 사람들아. 예수 그리스도가 십자가에 못박히신 것이 너희 눈앞에 밝히 보이거늘 누가 너희를 꾀더냐?"고 하였다. 십자가의 예수를 밝히 눈앞에 보는 일, 이것으로 말미암아 사람은 자기 죄의 용서를 깨달아 영혼의 평안함을 얻는다. 의롭지 못한데도 의롭게 되었음을 알고 환희의 사람이 된다. 또 그는 고린도후서 3장 18절에서 "우리가 다 수건을 벗은 얼굴로 거울을 보는 것같이 주의 영광을 보며 저와 같은 형상으로 화하여 영광으로 영광에 이르니 곧 주의 영으로 말미암음이니라"고 하였다. 이것은 자기 밖에 있는 주의 영광을 항상 우러러봄으로써 자신 또한 그와 같이 된다는 것이다. 의롭게 된다는 것, 깨끗함을 받는다는 것, 이것은 다 중요한 일이지만 자기 이외의 어떤 분, 어떤 일이 그 주요소로 되어 있다. 그러므로 비유해서 말하면 외부적이다. 이것이 로마서 7장까지에 설명된 것이다.

이렇게 시작한 구원은 내부적으로 완성되지 않으면 안 된다. 성령이 안으로부터 신자를 감화하시지 않으면 안 된다. 이것이 특히 8장이 가르치는 바다. 16절의 "성령이 친히 우리의 영과 더불어 우리가 하나님의 자녀인 것을 증거하신다"와, 또 26절의 "성령도 또한 우리 연약함을 도우신다. 우리가 빌 바를 알지 못하나 성령이 친히 말할 수 없는 탄식으로 우리를 위하여 간구하신다"라는 구절들은 모두 이 장의 특색을 나타내는 말이다. 성령이 신자의 마음을 점령하여 내부에서 그를 움직이며, 격려하고, 가르치고, 힘을 공급하며, 이리하여 외부로부터의 관계를 내적으로 성취하신다는 것이다.

또 다른 말로 하면 7장까지는 하나님과 사람의 관계를 말하고, 8장은 하나님과 사람의 합일(合一)을 말하고 있다. 관계가 관계만으로 그치면 미완성이다. 이 관계가 발전하여 마침내 합일, 일치, 융합에까지 이르러야만 한다. 그리고 이 합일은 영과 영의 합일로 나타나야만 한다. 먼저 영과 영이 합일하면 서로의 가장 깊은 곳에서 합일이 이루어지므로 그밖의 합일도 당연히 실현되는 것이다. 그런데 하나님의 영은 그리스도의 영이다. 또 성령이다. 이 성령이 신자의 마음에 임하여 일치, 융합함으로써 이른바 신인합일(神人合一)이 실현되는 것이다. 이것을 말한 것이 8장이다.

제35강

구원의 완성(2)

8장 1절

로마서 8장의 큰 뜻은 지난 번에 말하였다. 이제부터는 각 절의 연구에 들어가기 전에 로마서 전체의 연구에 대하여 한 가지 유의할 것을 말하겠다. 로마서를 연구하며 여기까지 왔는데, 우리는 같은 사실을 되풀이해 온 것 같은 느낌을 금할 수가 없다. 문제는 '의롭다 함을 얻는 일'이나, '깨끗함을 받는 일' 등 이런 두세 가지에 그치는 것이어서 참으로 단순하다. 아니, 단조롭다. 아무리 바울이 열성을 다해 설명해도 도저히 반복과 단조로움을 면할 길이 없다. 현대와 같이 진보하고 복잡한 사회에서 여러 가지 잡다한 문제에 둘러싸인 사람이 볼 때, 이것은 참으로 부조화의 느낌을 면할 수가 없다. 세상의 사상과 사업이 모두 발전하여 복잡하게 되어 가는데, 신앙에 관한 일만이 이같이 단순한 것은 너무나 현대와 동떨어진 것이 아닌가 하는 생각이 든다.

이와 관련하여 생각나는 것은 지난 겨울부터 미국 워싱턴에서 열리고 있는 '군비제한회의'에 관한 일이다. 이제는 세계의 눈과 귀가 모두 이

회의를 향하고 있는 듯한 느낌이다. 여기에 세계 각국의 일류 정치가들이 모여 온 힘을 기울여 협상하며, 각국의 신문들은 그 모습을 상세히 보도하고 있다. 이것이야말로 세계의 당면한 최대 문제다. 그러면 이 회의의 주제는 무엇인가? 새로운 문제인가? 새로운 연구인가? 새로운 발견인가? 결코 그렇지 않다. 여전히 낡고 케케묵은, 인류 사회 초반부터 있어 왔던 문제다. 그리고 그 문제는 결코 복잡하지 않다. 극히 단순한 단 하나의 문제다. 곧 사람과 사람의 사이, 사회와 사회의 사이, 국가와 국가의 사이에 어떻게 하면 정의가 실현되느냐의 문제다. 만일 이 정의가 실현되지 않는다면 다른 모든 좋은 일이 — 문명 세계의 모든 공익도 편익도 — 헛된 일로 돌아갈 위험이 있다. 그러므로 이 정의가 실현되지 않는다면 다른 모든 좋은 일은 있으나 마나다. 그러므로 어떻게 하면 정의가 인간 사회에 실현되느냐는 것이야말로 인간 세계의 최대 문제다.

　다른 많은 책들이 사라져 가고 있는데도 성서만은 왜 사라지지 않고 있는가? 왜 로마서는 성서의 중심으로서 항상 신자의 관심의 초점이 되고 있는가? 그것은 인간 사회에서 정의 실현의 문제를 그 깊은 근저에서 해결해 주는 것이 성서, 특히 로마서이기 때문이다. 생각건대 인간 상호 간의 정의 실현의 문제는 당연히 거슬러 올라가 개인의 정의 실현의 문제이며, 개인의 정의 실현의 문제는 또 당연히 거슬러 올라가 하나님 앞에 의롭게 되는 길이 무엇인가의 문제다. 왜냐하면, 하나님 앞에 의로운 사람이라야 비로소 개인으로서 정의의 실현자일 수 있으며, 개인으로서 정의의 실현자인 사람이라야 비로소 인간 상호에 대한 정의의 실현자일 수 있기 때문이다. 그러므로 어떻게 하면 인간 사회에 정의가 실현될 것이냐는 문제는, 결국 어떻게 해야 사람은 하나님 앞에 의롭게 될 것이냐는 문제로 귀착된다.

그러므로 인류 상호간의 평화의 문제는 결국 하나님과 사람 사이의 평화의 문제다. 또한 사람과 사람 사이의 정의의 문제는 결국 하나님과 사람 사이의 정의의 문제다. 워싱턴 회의에서는 우리 나라 사람이 얼마만큼 이 문제에 마음을 기울이고 있느냐가 시험되고 있다. 물론 회의에 참석한 구미 각국 사람들이 모두 독실한 기독교 신자라고 할 수는 없다. 그러나 오랫동안 구미 민족을 길러 온 성서가 아직도 그들의 감정과 정신을 지배하고 있지 않다고 누가 말할 수 있겠는가? 조상은 어떠하며, 전통은 어떠한가? 그들 역시 자기 나라의 이익을 생각하지 않을 수 없지만, 그 밖에 정대한 공의적 정신을 확고히 가지고 있는 것은 사실이다. 역시 문제는 성서의 문제다. 성서는 그들의 마음속 깊은 데를 움직이고 있는 것이다. 그렇다, 어떤 의미에서 성서는 여전히 그들을 지배하고 있다. 워싱턴 회의가 오늘날 세계 인류의 최대 관심사인 것은, 결국 성서의 문제가 세계 인류의 최대 관심사인 것이다. 그런 의미에서 성서는 여전히 인류를 지배하고 있다고 말할 수 있다. 예언자 이사야가 이사야서에서 평화의 예언을 한 후 2600년 동안 인류 세계에는 여전히 전쟁이 그치지 않고 있지만, 인류는 어떻게 해서든 전쟁을 그치게 하려는 희망과 이상을 품고 왔다. 평화는 바로 성서의 문제다. 성서의 정신은 평화 실현의 날을 보는 데 있다. 인류를 가장 힘있게 움직이고 있는 것은 성서다. 그러므로 인류가 가장 열심히 연구해야 할 것은 성서다.

로마서 8장의 대요는 지난 번 강의에서 말한 대로 죄에서 벗어나는 일, 죽음에서 벗어나는 일, 하나님의 아들이 되는 일, 후사가 되는 일이다. 그리고 죄에서 벗어나는 일은 1-4절의 주제다. 먼저 1절을 보라.

이러므로 예수 그리스도 안에 있는 자에게는 결코 정죄함이 없다.

이것을 원문에 충실하게 옮기면 다음과 같이 고쳐야 한다.

이러므로 이제는 그리스도 예수 안에 있는 자에게는 결코 정죄함이 없다.

이 구절은 아주 간단하다. 이것을 분석하면 '이러므로', '이제는', '그리스도 예수 안에 있는 자', '결코 정죄함이 없다' 라는 네 개의 어귀로 되어 있다. 이같이 이 구절은 간단하다. 그러나 그 뜻은 결코 간단하지 않다. 특히 이 1절을 전후의 뜻과 연결시켜 보면 그 뜻이 결코 쉽고 간단한 것이 아님을 알 수 있다.

'이러므로' (그리스 어의 ara, 영어의 therefore)는 무엇을 받는 말인지가 우선 어려운 문제다. 보통 이 말은 바로 앞에 나온 말을 받아서 하는 것이므로, 7장의 끄트머리를 받았다고 보는 것이 자연스럽다. 그러나 이렇게 보면 7장의 끝 절과 어떻게 연결되는가가 문제다. 7장의 마지막 말은 "그런즉 내 자신이 마음으로는 하나님의 법을, 육신으로는 죄의 법을 섬기노라"다. 이것을 받아 '이러므로' 라고 했다는 것은 좀 불합리하지 않은가? 이중 인격의 상태에 있기 때문에, 그리스도 안에 있는 자에게는 정죄함이 없다는 것은 뜻이 통하는 말인가? 혹은, 육신은 죄의 법을 섬겨도 마음은 하나님의 법을 섬기므로 — 다시 말하면 행위는 낮고 천하지만 이상만은 높기 때문에 — 그리스도 안에 있는 자는 정죄받지 않는다는 것이 되는가? 이것은 누구나 수긍할 수가 없다.

이같이 '이러므로' 가 7장 끄트머리를 받았다고 볼 수 없는 이상, 어딘가 달리 적당한 곳을 찾아내지 않으면 안 된다. 이것이 밝혀지지 않으면 도덕적으로 보아도 명백히 문제가 된다. 그러므로 단어 하나의 문제라 하여 이것을 가볍게 볼 수는 없다. 고대나 그 밖의 주해자는 이 말이 7장 6절을 받은 것으로 보고 있다. 그렇다면, 7장 7~25절에 나오는 고민의 고백은 하나의 삽입문으로 보아야 한다. 물론 삽입문으로 보는 것은 단지 문법상의 견해이며, 그 때문에 그 의미를 가볍게 보는 것은 아니다. 삽입문이라 하더라도, 이 부분은 주문보다 더 중요하면 중요하지 덜 중요한 곳이 아니다.

7장 6절을 보면 "그러나 이제는 우리를 얽매였던 것에 대하여 죽었으므로 율법에서 벗어났으니 법조문의 낡은 것으로 아니하고 영의 새로운 것으로 섬긴다"고 하였다. 이것을 8장 1절의 '이러므로'가 받았다고 보면 의미의 연결이 매우 자연스럽다. 법조문은 버리고 성령으로 섬기게 되었으므로 그리스도 안에 있는 자에게는 정죄함이 없다고 하면, 누구에게나 의미가 명백해진다. 원래 7장 6절은 전 단락의 결론이다. 이 말에 그 앞의 모든 서술이 총괄되었다. 그리고 이제 8장에 들어가면서 이 말을 받아 먼저 '이러므로'라고 하여 앞 장과의 관계를 유지하면서 새로운 문제를 제기한다. 의롭다 함을 얻는 길, 깨끗함을 받는 길을 이미 다 말했으므로 그것을 받아 8장과의 경계선에서 '이러므로'라고 했다. 드디어 이제부터 구원의 완성, 완전한 성화를 말하려는 분수령 위의 '이러므로'다. 한 단어지만 그 위치는 결코 작은 것이 아니다.

'이제'는 이제 와서는이다. 그리스도가 이미 우리의 죄를 지고 십자가에 달리신 이제는, 그리스도가 이미 부활하여 하나님의 우편에 계신 이제는, 이 그리스도를 믿어 의롭다 함을 얻고 깨끗함을 받게 된 이제는……이다.

또한 일본역의 '예수 그리스도' 는 오역이므로 '그리스도 예수' 라고 고쳐야 한다. 그러면 이 두 말 사이에는 구별이 있는가? '예수' 라 하고, 특히 '예수님' 이라 하면, 거기에는 일종의 친근미가 솟는다. 또 '그리스도' 라 하면 어딘지 모르게 고귀한 느낌이 든다. 이제 '그리스도 예수' 라 하면 그리스도란 느낌이 먼저 일어나고, '예수 그리스도' 라 하면 예수란 느낌이 강해진다. '그리스도 예수' 는 그리스도라는 위치에 있는 예수를 의미한다. 곧 부활, 승천하여 이제는 하나님의 우편, 권능의 자리에 앉아 계시지만 우리에게는 친근한 예수를 의미한다. 그런데 '예수 그리스도' 라 하면 우리의 친구인 예수라는 관념이 첫째가 되고, 권능자라는 관념이 둘째가 된다.

'그리스도 예수 안에 있는 자' 란 무엇을 의미하는가? 물론 크리스천을 의미하는 말이지만, 그리스도의 종이나 그리스도를 믿는 자라 하지 않고 그리스도 안에 있는 자라고 한 데는 이유가 있다. 이것은 그리스도와 신자의 가장 깊은 관계를 말한다. 그리스도를 우러러본다든가, 믿는다든가 또는 그리스도의 종이라든가 하면 아직 그리스도와 자신을 구별하여 본 것이다. 그런데 그리스도 안에 있다고 하는 것은 자신을 그리스도 안에 넣어 버린 상태다. 그리스도의 큰 영 속에 나의 작은 영이 들어가 둘이 하나가 된 것이다. 마치 이상적인 군신, 이상적인 부부와도 같이, B가 A의 마음속에 뛰어들어가 버린 상태다. 그러므로 신앙의 가장 철저한 국면이다. 크리스천은 물론 그리스도를 믿는 자요, 또 그리스도의 종 된 자다. 그러나 그리스도와의 가장 깊은 관계를 나타내는 말은 '그리스도 안에 있는 자' 다. 참으로 아름다운 말이다.

"그리스도 예수 안에 있는 자에게는 결코 정죄함이 없다"고 한다. 정죄함을 받지 않는다는 것, 하나님에게 멸망의 선고를 받지 않는다는 것, 죄의 열매인 멸망을 당하지 않는다는 것, 이것이 인간으로서 최상의 소원이요 또 노력이어야 한다. 그러므로 그리스도 안에 있는 자는 정죄함을 받지 않는다는 것은 참으로 크나큰 복음이다. 그리스도 안에 있기만 하면 죄의 열매인 벌을 면한다는 것이다. 참으로 크나큰 특권, 엄청난 은혜다. 형벌의 공포는 참으로 하나님을 생각하는 자로서는 면할 수 없는 것이다. 하나님의 법의 신성과 엄숙함을 알고, 또 자기의 죄의 깊고 큼을 안다면 양심이 예민한 자로서 누가 두려움을 느끼지 않겠는가? 그러므로 정죄하는 일이 없음을 알고 이 공포가 사라질 때, 말할 수 없는 평안이 그의 영혼에 넘치는 것이다.

8장 1절은 짧지만 위대한 말씀이다. 이 말씀을 깊이 음미하여 중심에서 우러나오는 자신의 말로 할 수 있는 자는 행복하다. 나는 결코 정죄되지 않으며 깊은 죄가 있어도 정죄되지 않음을 알 때, 얼마나 큰 행복감을 느끼겠는가? 이미 하나님께로부터 정죄함이 없다는 말을 들었다. 그러므로 천상천하에 어떠한 일이 일어나고 어떠한 것이 나를 엄습하더라도, 환난, 박해, 기근, 위험, 창검, 그 밖의 온갖 나쁜 것이 죽음까지 닥치더라도 영원히 정죄받는 일이 없다는 확신이 일어난다. 번연이 그리스도 안에 몸을 숨긴 자에게는 형벌이 임할 리가 없다는 것을 굳게 믿고, 담대하게도 하나님에게까지 도전했던 것은 체험이 철저했음을 뜻한다.

우리는 로마서 8장 1절을 단지 바울의 말로써 복창하는 데 그치거나 이것을 연구하여 그 귀함을 아는 데 그치지 말고, 이것을 자신이 체험하여 자신의 영혼에서 울려나오는 소리로서 말할 수 있어야 한다.

핵심강해

죄에서 벗어나는 일

국가 문제니 세계 문제니 하지만 별 것 아니다. 단순하고 널리 알려져 있는 정의의 문제다. 지난 해(1921년) 12월 21일부터 전 세계가 주목하는 가운데 열린 워싱턴 회의에서 문명 제국의 최대 정치가들에 의해 토의되었던 문제는 철학이나 과학, 또는 예술의 문제가 아니라 누구나 잘 아는 정의의 문제였다. 어떻게 하여 명백한 정의를 나라와 나라 사이에서 실현할 것인가, 이것이 대 정치가의 두뇌를 괴롭히는 최대 문제다. 참으로 매튜 아놀드가 말한 대로 "인생의 90%는 정의다." 정의를 발견하고 정의를 실현하는 것, 인생의 90%는 이것이다.

여기에 성서가 귀한 이유가 있다. 성서는 특히 정의의 책이기 때문이다. 성서는 첫째로 하나님과 사람의 바른 관계에 대하여 가르친다. 둘째로 사람과 사람 사이의 바른 관계에 대하여 가르친다. 그러므로 성서는 영원히 귀한 책이다. 그리고 세계 사상을 지배하는 것은 성서다. 워싱턴 회의도 성서의 가르침을 국제적으로 실현하기 위하여 열린 것에 불과하다. 지금으로부터 2700여 년 전에 예언자 이사야가 예언한 "칼을 쳐서 보습을 만들고 창을 쳐서 낫을 만들 것이며 이 나라와 저 나라가 다시는 칼을 들고 서로 싸우지 아니하며 다시는 전쟁을 연습하지 아니하리라" 는 말이 이제 실현될 것이다. 그러므로 성서를 모르고서는 세계를 알지 못한다. 성서를 아는 것은 개인으로서, 국가로서, 인류로서 가장 필요한 일이다. 우리는 성서를 아무 필요 없이 배우고 있는 것이 아니다. 가장 실제적인 최대 문제를 배우고 있는 것이다.

로마서 8장은 성서의 최고봉이다. 그러므로 그 한 단어, 한 구절도 소홀히 할 수가 없다. 1절은 "이러므로 예수 그리스도 안에 있는 자에게는 결코 정죄함이 없다"고 한다. 이것은 이 장 전체를 소개하는 말로서 중요한 것이다. '이러므로'는 앞 장의 끝 절을 받은 말로 볼 수가 없다. 그렇게 볼 경우에는 마음으로는 하나님의 율법을 좇지만 육으로는 죄의 율법을 좇는 자는 정죄받는 일이 없다는 뜻이 된다. 물론 그렇게 될 까닭이 없다. 그러므로 '이러므로'는 앞 장의 6절을 받는 것으로 보는 것이 알맞다. 그리고 7장 6절은 5장 1절 이하에 나오는 서술의 결론이기 때문에, '이러므로'는 5장 이하 7장까지의 논의의 결론을 받아 하는 말이라고 보는 것이 당연하다. 곧 신앙으로 말미암아 의롭다 함을 얻고, 그리스도의 죽음과 부활로 말미암아 깨끗함을 받기 때문에 '이러므로'라고 했다. 이것은 그리스 어의 소사(小辭, gar)이지만 그 해석 여하에 따라 신자의 신앙 및 실천 도덕상에 커다란 차이가 생긴다.

'예수 그리스도'는 개역에는 원어대로 '그리스도 예수'로 되어 있다. 그것이 맞는 번역이다. 그리고 그리스도 예수라 함은 예수 그리스도라 하는 것과는 다소 다르다. 그리스도 예수는 부활하고 승천하시어 이제는 아버지의 우편에 앉아 만물 위에 대권을 잡으신 영광의 예수다. 곧 그리스도인 예수다. 단지 하나님이신 그리스도가 아니다. 하나님이시면서 사람이신 분, 곧 예수인 그리스도다. 예수 그리스도라 하는 경우에는 사람인 예수가 강조되고, 그리스도 예수라 하는 경우에는 하나님이신 그리스도가 강조된다. 그런데 신자가 우러러 의지하는 이는 영광의 보좌에 앉아 계신 그리스도 예수다.

'그리스도 예수 안에 있는 자'는 크리스천이 누구인지를 나타내는 말씀이다. 크리스천은 단지 그리스도를 믿는 자가 아니다. 그를 존중하고 또 경배하는 자가 아니다. '그리스도 안에 있는 자'다. 그리스도 안에 자기를 던져 넣은 자다. 그리스도와 일체가 된 자다. 내가 그 안에 있고 그가 내 안에 있는 상태의 자다. 이것은 '그가 내 안에 내가 그 안에 있으면'이라고 요한복음 15장 5절에서 말한 상태다. 친밀이 극도에 달한 관계다. 이것은 그리스도 신자라고 하는 것보다 더욱 깊은 의미가 담긴 명칭이다.

'정죄함이 없다'는 죄를 선고받는 일이 없다, 또 죄를 처벌받는 일이 없다, 죄와 그 결과에서 완전히 해방된다는 뜻이다. 곧 죄책 및 형벌을 없앤다는 것이다. 그리스도 안에 있는 자에게는 완전한 용서가 있다는 것이다.

개역을 본떠서 '이러므로' 다음에 '이제'라는 말을 넣을 필요는 없다. 하나님의 은혜를 믿고 그리스도 안에 자기를 던져 넣은 자는 이제 정죄받을 공포가 사라졌다는 것이다. '이제'는 불신 시대였던 과거를 말하는 것이다.

'정죄함이 없다'고 한다. 이것은 누구에게나 큰 은혜다. 구원의 한 면은 확실히 죄의 당연한 결과인 형벌의 공포로부터의 해방이다. 이 공포가 없는 복음이 복음인 이유를 모른다. 그런데 현대인에게는 이런 공포가 없다. 그들은 하나님은 사랑이라고 주창하며 그가 죄를 미워하고 죄인에게 책임을 묻고 회개하지 않는 죄인에게 벌을 내리시는 것을 믿지 않는다. 현대인은 하나님의 사랑을 오해하고 그를 두려워하지 않는다. 그들은 성서에 "살아 계신 하나님의 손에 빠져 들어가는 것은 무섭다"

(히 10:31)라는 말씀을 읽고도 그 두려움을 느끼지 않는다. 그들이 복음의 고마움을 느끼지 못하는 이유는 여기에 있다. 또한 그들이 종교적 열심을 일으키지 못하는 이유도 여기에 있다. 바울을 비롯하여 루터, 크롬웰, 번연 등 믿음이 깊은 신자는 모두 이런 공포를 느꼈다. 자신이 지옥에 갔다온 실증이 있었기에 단테는 저 「신곡」을 저술할 수 있었다. 이 실증이 없는 근대의 종교가와 문학자들은 「신곡」의 예술적 측면을 이해하는 데 그치고, 그 신앙적 핵심은 전혀 이해하지 못할 것이다.

제36강

구원의 완성(3)

8장 1-11절

　8장 1~2절까지를 연구함에 있어 먼저 말해 둘 것은 각 절에 대하여 정밀하게 연구하기는 거의 불가능하다는 사실이다. 많은 우수한 학자들이 각 절, 각 단어를 해석하면서 여러 가지 다른 견해를 제시하고 있다. 그 중의 하나를 취한다는 것은 매우 어려운 일이다. 다시 독창적인 견해를 제시한다는 것은 더욱 어려운 일이다. 그러나 성서의 말씀인 이상 신앙을 가지고 읽어보면 대체적인 뜻은 누구에게나 이해가 된다. 또 각 절이 깊은 진리를 말하고 있어 한 절이라도 중요하지 않은 것이 없다. 마치 보석의 산에 들어가는 것과도 같다. 만일 우리가 바울의 마음이 되어서 그의 입장에서 바라본다면 어느 절을 연구하든지 그 사상의 핵심에 이를 수 있다. 이렇게 한절 한절을 잘 연구하면 다른 절도 비교적 쉽게 이해할 수 있다. 필립 브룩스는 "땅 위의 어느 지점에서 파든지 수직으로 파들어가면 지구의 중심에 도달한다"고 했다. 이 부분 역시 어느 한 절이든지 깊이 파고들면 바울 사상의 중심에 도달할 수 있다.

1절의 의미는 지난번 강의에서 설명한 대로 매우 중요하다. 그리스도 안에 있는 자에게는 결코 정죄함이 없다는 것은 참으로 크나큰 복음적 진리다. 다음에 2, 3, 4……11절까지 차례차례 각 절에 대하여 생각해 보라. 각 절 모두 절반은 알 것 같고, 절반은 모를 것 같은 느낌이 든다. 거기에는 진리가 숨어 있는 것 같아 보이지만, 그 본체를 명확히 파악하기는 어렵다. 그러나 바울의 마음을 진지하게 생각해 보고, 또 자신의 체험에 비추어 이 절들을 이해하려고 노력해 보면 큰 뜻을 파악하기는 결코 불가능한 일이 아니다.

비교적 이해하기 쉬운 절은 5, 6절이다. 먼저 5절은 "육을 좇는 자는 육의 일을 생각하고 영을 좇는 자는 영의 일을 생각한다"고 한다. 각 낱말의 정확한 의미에 대해서는 여러 가지 설이 있다. 하지만 그 대체적인 뜻은 누구에게나 명백하다. 참으로 육을 좇는 자는 육의 일만을 생각한다. 요즘 세상의 문제는 대개 물질상의 문제다. 사회 개조의 문제, 경제 정책의 문제, 문화 생활의 문제 등도 결국 의식주의 문제다. 그러나 국가도 개인도 육의 일만을 생각하는 것은 죽음 곧 멸망으로 끝난다. 역사상 위대한 정신, 위대한 이상이 없이 단지 부국강병 등의 물질적 방면에만 매달리는 나라들은 모두 멸망 또는 쇠퇴의 슬픈 운명을 맞이했다. 견고한 사상, 정대한 정신이 없이는 나라가 일어서지 못한다. 개인도 마찬가지다. 그러므로 6절에 있는 대로 "육의 일을 생각하는 것은 죽음이다. 영의 일을 생각하는 것은 삶이요 평안이다." 영의 일을 생각하면 생명과 평안이 저절로 충만해진다. 국가가 그렇다. 사회도 그렇다. 개인도 그렇다. 이것이 역사상의 사실이며, 또 개인의 실증적인 사실이다.

다음으로 10, 11절을 보라. 그 얼마나 숭고한 진리인지는 한 번만 읽어 보아도 명백하다. "만일 그리스도가 너희 안에 계시면 몸은 죄로 말미암아 죽고 영은 의로 말미암아 살리라"고 한다. 그리스도의 영이 우리 안에 계시면 육신은 죄 때문에 죽지만 영혼은 영원히 산다는 것이다. 더구나 2절을 보면 설명은 한 발 앞서서, 하나님은 그 영으로써 "너희 죽을 몸도 살리시리라"고 한다. 곧 부활이다. 이것은 모두 다 크리스천에게 머무는 성령의 역사다. 영원한 생명, 영생에 이르는 부활, 이것은 바울이 힘주어 외치는 참으로 귀중한 진리다.

그 밖의 절들을 이해하는 데 유념할 것은 바울의 말이 논리적이 아니라 중첩적이라는 사실이다. 현대인은 논리와 분석을 좋아해서 언제나 올바른 연결을 유지하면서 글을 쓴다. 그런데 바울이나 요한은 이론과는 관계없이 마음속에 꿈틀거리는 진리를 계속 포개 가면서 쏟아 놓는다. B는 A에게 포개지고 C는 B에게 포개져서 층층으로 중첩하여 보는 자로 하여금 눈부시게 한다. 이는 성서에서 초대 교회의 위대한 글을 접할 때 잊어서는 안 될 일이다.

1절에는 두 개의 큰 관념이 있다. 첫째는 그리스도 예수 안에 있는 일 곧 그리스도와 일체가 되는 일이며, 둘째는 이러한 사람에게는 정죄함이 없다는 것이다. 어떤 의미에서 8장 전체는 이 2대 관념의 설명이라고도 말할 수 있다. 그리스도 안에 있는 일이란 그리스도의 영(성령)이 신자에게 머무는 일이다. 신자 안에서 성령의 역사는 8장이 힘주어 설명하는 사상이다. 또 정죄함이 없다는 것은 은혜의 소극적 측면이지만, 소극은 당연히 더 나아가 적극에 이른다. 이 소극에서 적극으로 나아가는 은혜의 진전이 바로 8장의 주제라고 할 수 있다. 따라서 2절 이하의 절들은 모두 1절을 뒷받침한다고 볼 수 있다.

먼저 2절의 뜻은 무엇인가? "이는 살리는 영의 법이 예수 그리스도로 말미암아 죄와 죽음의 법에서 나를 해방하기 때문이다"라고 한다. 이것은 1절의 "그리스도 예수 안에 있는 자에게는 결코 정죄함이 없다"의 이유로 내세운 말이다. 그러면 1절의 말에 대해서는 지난 번 강의와 같이 7장 6절이 이유인 동시에, 이 2절도 이유다. '죄와 죽음의 법'이라 한다. 법이란 무엇을 말하는가? 이 경우에는 율법이란 뜻이 아니라 하나의 법칙, 하나의 원리를 뜻한다. 그러나 이것을 권능으로 보면 해석상 가장 편리하다. 죄와 죽음의 권능처럼 사람을 마구 쥐고 흔드는 것도 없다. 사람의 생애는 죄를 범하면서 죽음을 바라보는 공포의 생애다. 죄의 고민과 죽음의 공포, 이 두 가지는 사람이 무덤에까지 데리고 가야 하는 길벗이다. 벗어날래야 벗어날 수 없는 무서운 운명이여! 진실로 '죄와 죽음의 법'은 사람을 꾹 눌러 꼼짝도 못하게 만든다. 이 무서운 법, 이 벗어나기 어려운 권능, 여기서 벗어나는 길이 어디에 있을까? 죄에서 벗어나고 죽음을 면할 길이 어디에 있는가? 어떻게 여기서 벗어날 수 있는가? 이것이야말로 인생의 가장 어려운 문제다.

이 문제에 대하여 2절은 그 해답을 준다. "그리스도 예수 안에 있는 생명의 성령의 법이 너를 죄와 죽음의 법에서 해방하였기 때문이다"(개역성서). 현행역보다는 개역이 정확하다. 단, 이 문장의 목적격을 '너를'이라고 할 것인지 '나를'이라고 할 것인지는 원본에 따라 다르기 때문에 쉽게 정할 수가 없다. 그러나 '너를'이든 '나를'이든 '우리를'이든, 이 절의 본 뜻에는 아무런 영향이 없다. 유의할 것은 바울이 '해방하였기 때문이다'라고 하여 이것을 과거사로 썼다는 점이다. 바울은 여기서 나(또는 다른 사람)의 체험으로 이것을 적고 있다. 죄와 죽음의 권능에서 벗어나는 것은 오직 '그리스도 예수 안에 있는 생명의 성령의 법'으로 말미암는다. 이 성령의 법이 나(또는 다른 사람)를 죽음과 죄의 법에서 해방했다는 것이다.

체험적인 말을 이해하는 데는 체험에 호소하는 것이 최상의 방법이다. 나는 일찍이 죄와 죽음의 고민 속에서 번뇌의 세월을 보낸 자다. 죄와 죽음은 나를 놓치지 않으려고 억누르고 있었다. 그런데 마침내 그리스도의 십자가를 우러러보자 이상하게도 이 무서운 죄와 죽음의 권능에서 해방되었다. 고민이 사라지고, 죄와 죽음의 압박이 떠나가고, 환희와 자유가 온몸에 넘쳐났다. 그 이유는 잘 알 수 없다. 그러나 그 사실은 하늘에 해가 비치는 것같이 명백하다. 이 체험에 비추어 2절을 읽으면 그 말의 뜻이 저절로 풀린다.

그렇다, 그리스도의 십자가로 인한 속죄의 능력에 접할 때, 사람은 누구나 죄와 죽음으로부터의 해방을 맛본다. 하지만 '그리스도 예수 안에 있는 생명의 성령의 법'이라고 하여, 여기서 성령의 역사로 본 것에 유의해야 한다. 성령은 곧 그리스도의 영이다. 또 생명의 영이다. 이 그리스도의 영이 사람의 마음에 들어가면, 죄와 죽음의 권능은 금세 마음속에서 쫓겨난다. 이것은 체험적인 사실이다. 아름다운 정감, 고상한 사상을 전하는 시를 읽을 때, 사람은 한때나마 마음이 정화됨을 느낀다. 이 세상의 시인, 문사의 심령도 한때나마 사람을 깨끗하게 한다. 하물며 그리스도의 영이 사람에게 끼치는 능력은 얼마나 크겠는가! 그의 영이 한번 사람의 마음에 들어가면, 성결의 영이기 때문에 죄의 법을 무너뜨리고 생명의 영이기 때문에 죽음의 권세를 내쫓는다. 아아 사람아, 그리스도의 영을 받으라. 그러면 나를 억누르고 있던 죄의 힘은 어느새 내게 대한 힘을 상실하고 나를 위협하고 있던 죽음의 권능은 사라져, 영원한 생명이 내 앞 길에 무한히 펼쳐짐을 느낄 것이다. 스코틀랜드의 신학자 찰마즈는 '새로운 사랑의 내쫓는 힘'(expulsive power of new affection)이란 말을 썼다. 새로운 사랑이 들어가면 낡은 사랑은 저절로 쫓겨난다. 이 세상과 그 물건에 대한 애욕이 사람의 마음을 점령하여 그로 하여금 죄와 죽음의 법에 복종케 하고 있다. 거기에 그리스도의 영이 들어오면, 새로운 하나님 나라의 사랑은 이 죄의 사랑을 내쫓는다. 이것이 자연의 질서다. 그러므로 "그리스도 예수 안에 있는 생명의 성령의 법이 죄와 죽음의 법에서 나(또는 너)를 해방하였다"고 말한다.

3절 전반은 "율법이 육으로 말미암아 약하여 할 수 없는 것을 하나님은 하셨다"고 말한다. 율법은 신성하고 의로운 것이지만, 육이 사람을 억누르고 있기 때문에 율법의 의는 꼼짝하지 못한다. 곧 사람이 육의 방해를 받기 때문에 율법은 무력해진 것이다. 그래서 하나님은 율법이 할 수 없는 것을 다른 방법으로 하셨다. 그러면 그것은 어떤 방법인가? 3절 후반은 "곧 죄 때문에 자기 아들을 죄 있는 육신의 모양으로 보내시어 그 육신에 죄를 정하셨다"고 말한다. 이것은 그가 그 외아들을 사람의 형상으로 세상에 보내시어 사람의 죄를 벌하는 대신 그를 벌하심으로 사람의 죄를 처분하고 그의 죽음으로 속죄가 되게 하여, 이제 사람은 다만 그를 믿고 우러러보기만 하면 죄사함을 받아 의롭게 되는 길을 열어 놓으신 것을 말한다. 이것은 로마서 3, 4, 5장 등에서 거듭 주장한 십자가의 복음의 반복이다.

그러나 십자가의 수난은 단지 속죄 때문만은 아니다. 그의 죽음과 부활과 승천이 있어 성령이 사람에게 임하고, 사람은 이 성령을 받음으로 나의 힘이 아니라 성령의 권능을 힘입어 율법의 의를 행할 수 있게 되었다. 그러므로 외아들의 수난은 사람으로 하여금 의를 실현하게 하는 길을 터놓았다. 이것이 4절이 말하는 바다. 곧 "이것은 육을 좇지 않고 영을 좇아 행하는 우리 가운데 율법의 의가 이루어지게 하기 위함이다"(개역성서)라고 하였다. 진실로 '영을 좇아 행하는 생활'(성령을 마음에 모시고 그 힘에 이끌리어 걷는 생활)은 주의 십자가를 근원으로 하여 흘러 나온다.

이상으로 2절에서 4절까지의 연구를 마친다. 그런데 여기서 말해 둘 것은, 죄의 행위이지만 그 근원은 마음속의 부패라는 것이다. 후자가 있은 후의 전자다. 전자가 있은 후의 후자가 아니다. 그런데 보통 사람은 죄의 행위가 근본이고, 죄를 거듭해서 짓다 보니 마음에 부패가 왔다고 한다. 이에 대하여 바울은 마음속에 가로놓인 부패가 죄의 행위의 근본이라고 한다. 그리고 이 부패의 근원은 하나님을 떠난 일이라고 한다. 다시 말하면, 하나님을 떠났기 때문에 마음이 부패했고, 마음이 부패했기 때문에 죄의 행위가 있다는 것이다. 일찍이 어떤 사람이 말한 것같이, 먼저 disruption(분리 — 하나님으로부터의 분리)이 있었기 때문에 corruption(더러움 — 마음의 부패)이 일어나고, corruption이 일어났기 때문에 eruption(폭발 — 죄의 폭발: 마음의 더러움이 출구를 찾아 밖으로 폭발한 것, 곧 낱낱의 죄)이 일어나는 것이다.

그러므로 사람을 죄에서 구원하는 길은, 그 근원으로 거슬러 올라가 하나님과의 관계를 회복함으로 먼저 하나님과 화친하는 데 있다. 그렇게 하면 자연히 마음의 부패가 고쳐지고, 마음의 부패가 고쳐지면 자연히 죄 짓는 행위에서 멀어진다. 복음이 말하는 구원은 바로 이것이다. 결과만 가지고 논하면서 아무리 분투하고 노력해 봤자 소용이 없다. 근본으로 거슬러 올라갈 때 비로소 좋은 열매가 맺힌다. 사람에게 하나님을 알려서, 사람으로 하여금 하나님과 멀어져 있던 관계를 회복하고, 하나님과 화친하게 하는 것이 복음적 구원이다. 그러므로 가장 보람 있고, 가장 철저한 구원이다.

그리스도는 왜 십자가에서 죽을 결심을 하셨는가? 하나님은 왜 그 외아들을 세상에 보내시어 그를 십자가에서 희생하게 하셨는가? 그것은 그렇게 해야만 하나님과 사람이 화친하게 되기 때문이다. 십자가를 통해서만 인간의 하나님께 대한 반역이 고쳐지기 때문이다. 그리고 이 근원을 바로잡을 때에만 마침내 죄가 제거되기 때문이다. 사람이 하나님께로 돌아오기 위해, 사람과 하나님이 일치되기 위해, 성령이 사람에게 임하기 위해, 곧 죄가 제거되고 사람이 구원받기 위해서는 이 십자가의 좁은 길밖에는 다른 길이 없기 때문이다. 그런데 세상 사람은 이 가장 근본적인 구원을 버리고 쓸데없이 지엽적인 것만 가지고 왈가왈부하고 있다. 하지만 십자가를 근원으로 하지 않고는, 사람은 결코 구원받지 못한다.

핵심강해

죽음에서 벗어나는 일

성서를 보석 창고에 비유한다면 로마서, 특히 8장은 보석 상자에 비길 수 있다. 그 속에 금강석이 있고, 황보석이 있고, 녹보석이 있고, 청보석이 있어, 그 중 한두 가지만으로도 톡톡히 한 밑천 잡아 부자가 될 수 있다. 8장의 각 부분이 모두 진리의 주옥이다. 그 어느 것을 가지고도 긴 강연의 주제로 삼을 수 있다. 1절에서는 "그리스도 예수 안에 있는 자에게는 결코 정죄함이 없다"고 했고, 7절에서는 "육의 생각은 죽음이며……"라고 했으며, 10절에서는 "그리스도께서 너희 안에 계시면, 몸은 죄로 말미암아 죽은 것이나……"라고 했는데, 이 모두가 신앙상의 큰 진리다. 이것을 자세히 설명하기는 쉽지 않다. 보석은 쌓여서 산을 이룬다. 그 어느 것부터 평가를 해야 할지 알 수 없다.

바울의 문제는 — 요한과 그 밖의 성서 기자의 문제도 마찬가지다 — 현대인의 그것과는 달리 논리적이 아니고 누적적이다. 하나의 진리를 순서에 따라 차근차근 서술하는 것이 아니라, 하나의 진리 위에 다른 진리를 포개 나감으로써 연속적으로 깨닫게 하는 것이다. 마치 여름의 뭉게구름을 바라보는 것 같기도 하고, 또는 첩첩으로 포개진 산봉우리를 바라보는 것 같기도 하다. 1절에서 2절까지를 보면 속죄의 진리, 성결의 진리, 성령의 진리, 부활의 진리가 서로 중첩되어 제시되고 있다. 바울은 하나님의 사자로서 권위를 가지고 거의 위압적으로 우리에게 다가온다. 그래서 우리는 먼저 무엇부터 취해야 할지 망설여진다. 그의 말은 친근감이 있고, 그 뜻은 너무나 깊어서 섭취하고 소화시키기가 벅찰 정도다.

이런 경우에 누구나 한꺼번에 몽땅 씹어 소화시킬 수는 없다. 그 한 절, 한 단어만으로도 충분하다. 그 한 절을 깊이 연구해도 전 편에 일관되게 흐르는 중심 진리에 도달할 수 있다. 마치 지구 표면의 어느 지점을 뚫어도 4천 마일의 깊이까지 파고 들어가면 마침내 지구의 중심에 도달하는 것과 같다. 가령 1절을 끝까지 파고 들면 복음의 중심 진리에 도달한다. 6절, 10절도 마찬가지다. 필요한 것은 우리 각자가 바울의 마음이 되는 일이다. 우리 각자가 바울과 함께 마음을 복음의 중심점에 둔다면, 그의 말은 모두 내 것이 되어 주해하지 않고도 분명히 알 수 있다.

1절을 보면 그 속에는 두 가지 진리가 들어 있다. 그 첫째는 '그리스도 안에 있는 자'이며, 둘째는 '정죄함이 없다'는 것이다. 그리스도 안에 있다는 것은 그와 한 몸이 되는 것이다. 내가 그 안에 있고, 그가 내 안에 있는 상태에 들어가는 것이다. 그러므로 9절의 '하나님의 영이 너희 속에 계시면'과 '그리스도께서 너희 안에 계시면'이란 말도 또 2절의 '예수를 죽은 자 가운데서 살리신 이의 영이 너희 안에 계시면'이란 말도 그 뜻은 '그리스도 안에 있는 자'라는 말과 같다. 신자는 그리스도 안에 있는 자이며, 동시에 그리스도가 신자의 영으로서 그 안에 계신다. '그리스도 안에 있는 자'란 말 속에는 성령 내주(內住)의 진리가 밝히 드러나 있다.

또한 '정죄함이 없다'는 1절이 나타내는 두 번째 복음 진리다. '정죄함이 없다'는 구원의 소극적인 측면이다. 그러나 구원 그 자체를 나타내는 말임에는 명백하다. 그리고 그 적극적인 측면을 말한 것이 6절의 '생명'과 '평안'이다. 10절에서는 "영혼은 의로 말미암아 살리라"고 했고,

11절에서는 "너희 죽을 몸도 살리시리라"고 했다. 그 이후의 절에서 하나님의 아들이 되는 일, 그리스도와 함께 후사가 되는 일도 그 안에 포함된다. 그러므로 '정죄함이 없다'란 말의 뜻은 매우 깊고도 넓다. 하나님이 그리스도를 통해 내려 주신 은혜가 모두 그 속에 들어 있다.

이렇게 보면 1절은 8장 전체의 제목이라고 볼 수 있다. 나머지 38절은 이 1절의 보충 설명 또는 주해라고 볼 수 있다. "그리스도 예수 안에 있는 자에게는 결코 정죄함이 없다"고 한다. 내가 신앙으로 그리스도 안에 있고, 그리스도께서 성령으로 내 안에 계신 이상, 나는 의롭게 되고, 깨끗함을 받고, 마침내 부활하여 구원이 완성된다는 것이다.

여기에 1~4절까지의 의역을 소개하면 다음과 같다.

> 이상에서 설명한 바에 의하면, 크리스천 곧 그리스도 예수 안에 있는 자는 더 이상 정죄함을 받는 일이 없다. 또 다른 이유를 말해 보면, 그리스도 예수 안에 있는 생명의 성령의 역사는 죄와 죽음의 역사에서 나를 해방하였다. 왜냐하면 율법의 무능한 것, 곧 육신으로 인해 약한 것을 하나님은 실행하셨기 때문이다. 곧 그 외아들을 죄와 육신의 형상으로, 속죄의 희생제물로 보내시어 그 육신에 있어 죄를 벌하셨다. 이는 율법의 의가 우리 크리스천에게서 성취되게 하기 위함이다.

2절은 성령의 성화시키는 힘을 나타낸 말씀이다. 성화력은 성령만 가진 것이 아니다. 신앙, 그것도 성화하는 힘이다. 그리스도의 생애도 큰 성결의 능력이다. 우리는 그리스도를 우러러보면 신앙적으로도 깨끗함을 받는다. 그러나 성결은 가장 철저하게 성령의 강림으로 말미암아 이루어진다. 그리스도 예수로 말미암은 생명의 성령이 신자에게 임하면,

그의 속에서 역사하는 죽음과 죄가 쫓겨난다. 유명한 스코틀랜드의 설교가 닥터 찰머가 '새로운 사랑의 내쫓는 힘'이라고 말한 대로다. 거룩한 생명의 하나님의 영이 마음에 임할 때, 죽음의 죄의 영은 쫓겨나고 신자는 속박에서 해방된다. 여기서 '법'이라고 한 것은 '권능'이란 뜻이다. 권능은 반드시 법을 따르기 마련이다. 이 경우에는, 생명의 성령의 권능으로 말미암아 죄와 그 결과인 죽음의 권능에서 해방되었다고 해석하면 그 뜻이 명백해진다. 또 해방된다(현재)가 아니라 해방되었다(과거)다. 바울은 과거에 어떤 명확한 체험으로 성령을 받아 죄 소멸의 은혜를 받았던 것이다.

3-4절은 해석하기가 어렵다. 말은 간단하고 의미는 깊다. 이것을 모두 해석하려면 복음을 전부 설명해야 한다. 그리스도의 성육, 수난, 부활, 승천의 의미를 밝혀야만 이 두 절의 의미를 알 수 있다. 여기서 이러한 설명을 다 할 수는 없다. 설명을 하지 않더라도 그 근본 의미를 탐구할 길은 있다고 생각한다. 기독교가 죄를 어떻게 보는지를 알면 이 두 절의 의미를 알 수 있다. 유명한 영국의 설교가 닥터 조에트의 말을 빌면, 죄는 eruption(폭발)이며, corruption(부패)이며, disruption(분열)이다. 죄는 악이 겉으로 폭발한 것이다. 그러나 그 원인은 속에 있는 마음의 부패에 있고, 또 분열에도 원인이 있다. 하나님에 대한 사람의 관계가 분열하여 마음의 부패가 시작되었다. 그러므로 죄를 없애려면 부패를 없애야만 한다. 부패를 없애려면 하나님과의 분리(아버지와 아들 사이의 분열)를 바로잡아야 한다. 죄의 원인을 여기서 찾아내지 않고는 그것을 없앨 수가 없다.

그리고 하나님이 그 아들을 죄 있는 육신의 형상으로 보내어 속죄의 희생으로 삼으셔서 그 육신의 죄를 벌하셨다는 것은 죄를 근본적으로 끊어 버리기 위함이었다. 하나님이 취하신 이 방법을 설명하기는 어렵다. 그러나 그 목적은 여기에 있었다. 그리고 이로 말미암아 우리의 죄가 실제로 그리고 근본적으로 없어졌다. 이것은 신자의 체험이기에 의심할 여지가 없다. 그리스도의 생애로 말미암아 하나님과 사람의 관계가 바로잡히고, 둘 사이에 교통의 길이 열렸다. 그리스도를 통하여 생명의 하나님의 영이 죽음의 사람에게 전해져서, 그 결과 사람이 죄와 죽음에서 벗어나게 된다. 이것이 기독교의 근본 교리다. 이 교리를 명백하고도 간결하게 전한 것이 로마서 8장 3, 4절이다. 어렵다면 어렵다. 깊다면 깊다. 그러나 이 구절들은 복음 진리의 명백한 기술로서 뜻이 가장 명백하다. 바울이 기록한 이 대목은 큰 진리다. 이것을 이해하지 못하는 것은 말이 어렵기 때문이 아니다. 우리의 마음이 죄로 더러워져 그 명백한 뜻을 받아들이지 못하기 때문이다. 그러나 이것은 성령을 좇는 자의 눈에는 일목요연하다.

사람은 하나님을 떠나 죄의 상태에서 살아왔다. 그리스도는 둘 사이에 들어와 그 분열을 재결합시켜 주시며, 하나님이 사람에게 임하시고, 사람이 하나님에게로 가는 길을 열어 주셨다. 이리하여 하나님의 영이 사람에게 임하심으로써, 사람은 하나님의 뜻을 행할 수 있게 되었다.

제37강

구원의 완성(4)

8장 5-13절

로마서 8장 1-13절까지를 읽을 때 누구에게나 명백한 것은 '육'이란 말이 많이 나온다는 것이다. 이 말은 3절에서 나오기 시작하여 13절까지에 무려 열세 번이나 나온다. 바울은 왜 이 말을 이렇게 많이 사용하였는가? 그것은 영의 반대는 육이므로, 육을 알면 영을 알 수 있기 때문이다. 다시 말하면, 영의 일을 명백히 하기 위해서는 육을 알 필요가 있는 것이다.

유의할 것은, 로마서 8장을 연구할 때의 마음가짐이다. 이 장은 구원의 완성에 관한 것으로, 바울의 신앙의 절정이요 극치를 다루고 있다. 따라서 이것은 이해하기가 쉽지 않다. 더구나 바울은 이제까지와는 달리 여기에 여러 장을 사용하지 않고 겨우 한 장만을 사용했기 때문에, 글이 매우 압축되어 있어서 이해하기가 더욱 힘들다. 이해하기 어려운 것을 남에게 해석해 주고 설명하기는 더욱 힘들다. 또 해석을 들었다고 해서 금방 알게 되는 것도 아니다. 이러한 대 문장에 대해서는 성령의 지도에 따라 신앙의 체험을 거듭해 가면서 이해하는 수밖에 없다. 곧 설명이나 해석을 거치지 않고, 단지 바울의 말 그대로를 마음에 담아 깨달아질 때까지 기다리는 수밖에 없다. 그리고 이런 때를 위해서는 두 가지 예비 행위가 필요하다. 첫째는, 있는 그대로 이 장을 외우는 일이다. 이것은 이 본문을 그대로 맛보는 방법이다. 둘째는, 오해하는 일이 없도록 오해될 만한 부분을 잘 공부해 두는 일이다.

그런 의미에서 이 강의는 '육'이란 말을 설명하여 이 말에 대한 오해를 없애고자 한다. 우리는 먼저 다음과 같은 말에 유의하자.

육의 일을 생각하는 것은 죽음이다(6절).
육의 일을 생각하는 것은 하나님을 거스르는 일이기 때문이다(7절).
육에 있는 자는 하나님을 기쁘시게 할 수 없다(8절).
만일 육을 좇아 섬긴다면 죽는다(13절).

사람은 이 세상에서 육신에 싸여 살고 있다. 가장 귀하다고 하는 영혼조차도 육신 안에 머물러 있다. 그런데 육신이 살아가기 위해서는 음식, 의복, 주택이 필요하다. 만일 육을 돌보는 것이 나쁘다면, 사람은 한시도 생존할 수가 없다. 그렇다면 바울이 한 위의 말들은, 마치 우리더러 '자살하라'고 하는 것과 마찬가지가 아닌가? 만일 그렇다면 이는 사람에게 불가능을 강요하는 셈이다.

단지 위의 말뿐이 아니다. 성서 중에는 금욕주의를 권장하는 듯한 곳이 다른 데도 꽤 많다. 우선 예수의 말씀을 보더라도 산상수훈에 "목숨을 위하여 무엇을 먹을까, 무엇을 마실까, 몸을 위하여 무엇을 입을까 염려하지 말라"(마 6:26)는 말씀이 있고, 육의 생명을 버리기를 권장하는 듯한 말로서 "누구든지 나를 위하여 자기 목숨을 잃으면 얻으리라"(마 16:25)는 말씀도 있다. 또 독신생활을 권장하는 듯한 말로서는 "천국을 위하여 스스로 된 고자도 있다"(마 19:12)는 말씀이 있다. 그 밖에도 많이 있으나 일일이 다 들 수는 없다. 또 예수의 교훈 외에도 이와 비슷한 말이 꽤 많다. 그 중에 바울이 한 "땅에 있는 지체를 죽이라"(골 3:5)와 같은 말은 분명히 금욕을 권장하는 말 같다. 그래서 기독교를 금욕주의 종교라고 생각하는 사람들이 있다. 이러한 사람들은 위와 같은 말을 인용하여 자기의 소신을 뒷받침하려 든다.

이같이 기독교를 금욕주의, 은둔주의의 가르침이라고 보는 사람은 크게 두 종류로 나눌 수 있다. 첫번째 부류의 사람들은 불신자 가운데 있다. 그들은 기독교를 금욕, 은둔의 가르침이라 단정하고, 실행 불가능하기 때문에 도저히 받아들일 수 없다고 한다. 그들은 기독교를 자연의 법칙을 무시하고, 존재의 근본을 뒤흔드는 것이라고 생각한다. 또는 한때 이 가르침을 받아들였던 자로서 훗날 이렇게 생각하고 기독교를 버리고 떠난 자들도 많다. 그들은 이렇게 말한다. "기독교는 금욕주의로서 도저히 실행할 수 없는 가르침이다. 그러므로 그 신자라고 자칭하는 자도 물론 이것을 행하지 않는다. 아니, 행할 수 없다. 따라서 신자가 되는 것은 위선자가 되는 것이다. 행할 수 없는 것을 믿고 그것을 행하는 체할 뿐이다. 이것은 확실히 위선자의 행위다. 우리는 이 같은 위선의 생활을 견딜 수 없어서 이 가르침을 버리고 자연인이 되었다. 우리는 이제 자연인이 되어 자연 그대로의 생활을 하고 있다. 저 위선자들은 우리를 멸시하지만, 위선자로서 자신을 속이고 남을 속이는 것보다는 자연인이 되는 편이 훨씬 정직하다." 이렇게 말하며 그들은 기독교를 깎아 내리고 자신의 입장을 옹호한다.

기독교를 금욕의 종교라고 보는 두 번째 부류의 사람들은 신자 중에 있다. 이것은 옛날부터 지금까지 하나의 흐름을 이루어 역력히 존재하고 있다. 기독교의 역사를 보면, 금욕적 경향은 때를 달리하여 여러 곳에서 나타났다. 참으로 기독교를 금욕의 가르침으로 알고 금욕 실행에 그 마음과 몸을 바친 사람은 옛날부터 꽤 많았던 것이다. 중세기에 이 경향이 얼마나 두드러졌는지는 누구나 잘 아는 바다. 사막에 은둔하여 고행난업에 종사한 사람이 많았던 것, 수도원이 왕성했던 것 등 어느 것이나 현저한 사실이다. 그리고 대개는 처참한 파선(破船)의 역사를 좋은 교훈으로서 후세에 남겼음에도 불구하고, 아직도 오히려 금욕적 생활을 좇는 것이 하나님의 뜻을 행하는 일이라고 생각하는 사람이 적지 않다. 오늘날 미국에도 세카파란 금욕주의의 일파가 있고, 또 구교에서는 신부를 독신자에 한하는 정도다. 그리고 이것은 단지 기독교만이 아니다. 불교나 회교의 역사를 보아도 금욕염세의 색채를 반드시 따르고 있다. 개인으로서 금욕 생활에 몰두한 이도 꽤 많으며, 또 하나의 종파로서 이를 존중한 것도 적지 않게 나타났다. 무릇 종교란 종교에서 이 경향은 면할 수 없는 것 같아 보인다.

그러나 기독교는 과연 금욕 은둔의 종교일까? 바울이 죽이라고 한 '육'이란 말의 뜻을 어떻게 해석할 것인가? 이것은 분명히 중대한 문제다. 먼저 유의할 것은, 기독교의 근본 정신은 결코 금욕 염세에 있지 않다는 사실이다. 그리스도가 종종 혼인의 예를 들어 자기를 신랑에 비유한 것은 잘 알려진 사실이다. "혼인 집 손님들이 신랑과 함께 있을 동안에 슬퍼할 수 있겠느냐?"(마 9:15)고 하여 자기를 신랑에 비유하고, 또 자기의 재림을 신랑이 오는 것에 비유하였다(마 25-26장). 그리스도는 신랑이고, 신자는 신랑의 친구이거나 또는 신부라고도 했다(바울이 고린도후서 11:2에서 "내가 너희를 정결한 처녀로 한 남편인 그리스도께 드리려고 중매함이로다"라고 말한 것을 보라). 예수는 실제 생활에서 요한의 금욕 생활과는 대조적으로 '먹고 마시기를 즐기는 사람'이라는 말을 들을 정도였다. 요한의 제자들이나 바리새인들이 금식하는 데 반하여, 그의 제자들은 금식하지 않았다(마 9:14). 그의 생활에는 무어라고 표현키 어려운 일종의 아름다운 자연미가 있었다. 그것은 금식이나 그 밖의 금욕적 행위를 마치 종교의 중요한 요소라고 생각하고 있던 바리새인들과는 현저한 대조를 이루었다. 예수의 교훈과 생애를 보면, 기독교는 금욕의 종교가 아닌 것이 명백하다.

기독교는 금욕주의의 종교가 아니며, 도리어 금욕주의를 배격한다. 바울은 말년에 기독교 신도들 사이에 금욕적 경향이 일어났을 때 이를 경계하라면서 이렇게 말하였다. "너희가 세상의 초등 학문에서 그리스도와 함께 죽었거든, 어찌하여 세상에 사는 것과 같이 법조문에 순종하느냐? 곧 붙잡지도 말고 맛보지도 말고 만지지도 말라 하는 것이니……"(골 2:20-21). 이것은 금욕을 일삼는 낡은 율법 밑에 있는 것을 비난한 말이다. 또 그는 결혼을 금하는 한 파를 이단으로 규정했다(딤전 4장). 즉 "혼인을 금하고 식물을 폐하라"는 가르침을, 사람을 '미혹케 하는 영과 귀신의 가르침'이라고 단정했다. 그리고 "하나님이 지으신 모든 것이 선하니 감사함으로 받으면 버릴 것이 없다. 하나님의 말씀과 기도로 거룩하여졌다"고 가르쳤다. 그러므로 바울을 금욕주의자로 보는 것은 그의 말 한두 마디를 읽고 오해한 결과에 지나지 않는다.

기독교는 금욕주의 종교가 아니다. 그렇다고 그 반대인 방종주의 종교도 아니다. 기독교는 주의가 아니라 생명이다. 죽은 원리나 율법이 아니라 살아 있는 하나의 생명이다. 생명이기 때문에 고정된 규칙이나 주의 또는 법칙이 없다. 언제나 발랄하게 움직이는 것이다. 이제 로마서 8장 13절을 보면 "만일 육을 좇아 살면 반드시 죽으리라. 만일 영(성령)으로써 몸의 행실을 죽이면 살리라"고 한다. 생명이 움직이는 곳에는 이런 역사가 나타난다. 자기 힘으로 육을 죽이는 것이 아니다. 율법으로 육을 억제하는 것이 아니다. 성령의 힘으로 적절히 육을 부리는 것이다. '몸의 행실을 죽인다' 고 하지만 사람의 본성인 욕망을 억눌러 버린다는 뜻이 아니다. 육으로 하여금 사람을 지배하지 못하게 하는 것이다. 곧 육의 지배를 벗어나는 것이다. 성령의 힘으로 육의 지배를 벗어나 성령의 인도 아래서 적절히 욕망을 조종해 가는 것이다. 이것이 바울이 한 말의 의도다. '영(성령)으로써' 라는 말에는 깊은 뜻이 있다. 이 말이 없으면 바울도 보통의 금욕적 신자와 다를 것이 없다. 이 말에는 기독교의 특질이 포함되어 있다.

성령은, 그리스도를 믿고 우러러보는 결과로서 주어진다. 이 성령을 받아 그 지도와 능력에 자기를 맡길 때, 사람은 육에게 지배되지 않고 육을 적절히 지배할 수 있다. 금욕이라고 하는 한쪽의 극단에 치우치지 않으며, 방종이라고 하는 다른 한쪽의 극단에 치우침이 없이 알맞게 조절해 가는 것이다. 성령으로써 육을 지배하는 길은 첫째로는 효과적이라는 장점이 있다. 자기 힘이 아니라 성령의 능력을 의지하기 때문에 실패로 돌아갈 염려가 없다. 그래서 효과적이다. 그리고 두 번째 장점은 이 길을 따를 때 자연스럽고 무리가 없으며, 또 보기 흉하지 않다는 점이다. 법의 테두리를 벗어나지 않는 것이다. 그러므로 이 둘은 확실히 그 장점이다.

그러므로 기독교는 이른바 '특별히 정결함'(외모로 정결한 행위를 하는 것)을 요구하지 않는다. 특별히 어떤 정결한 생활 — 보통 사람의 그것과 모양을 달리한 생활 — 이를테면 독신, 은둔 생활 등을 할 필요가 조금도 없다. 보통 사람의 보통 생활을 하면 된다. 다만 신앙인으로서 이것을 미화해야 한다는 것이 다를 뿐이다. 이것이 곧 성령 아래 있는 생활이다. 진정한 정결함이란 도리어 이런 생활 속에 있다. 형식상의 정결을 숭상하는 금욕, 은둔의 수도 생활은 사람을 정결케 하기는커녕 도리어 큰 부패를 초래한다. 불교, 회교 그리고 기독교의 역사가 이것을 입증한다. 사람은 아무리 금욕적인 고행난업을 일삼더라도 도저히 정욕을 끊을 수가 없다. 부자연스럽게 금욕 생활을 해도 도리어 참담한 실패를 불러올 뿐이다. 성령을 받고 성령의 인도에 따라 적절히 육을 다스려 가는 것 외에, 사람이 육을 이길 수 있는 길은 없다.

그러면 욕망은 어느 선에서 제한해야 하는가? 그것은 자기를 의롭다 하지 않는 범위에서라고 할 수 있다. 이를테면 자선은 어떤 물건을 버린 것으로 일종의 욕망의 제한이다. 이 자선을 행하고 나서 자기를 의롭게 여겨 깨끗하다고 하며 선한 일을 했다고 자랑해서는 안 된다. 자랑할 수 없는 정도에서 베풀 것이다. 자기를 깨끗하다고 하지 않을 정도에서, 곧 자연스럽게 할 수 있는 정도에서 베풀면 된다. 다만 성령의 인도 아래서 하지 않으면 안 된다. 그러므로 때에 따라 변화가 있고, 증감이 있을 수 있다. 성령이 풍성히 내리면 구제의 정도 역시 풍족해지며, 성령의 힘을 느끼는 일이 적을 때는 구제의 양도 적어지는 것이다.

규칙이 아니다. 주의가 아니다. 억지로가 아니다. 성령에 이끌리는 생활이다. 그러므로 금욕이라 하지만 보통 금욕이 아니다. 금주, 금연 같은 것도 우리는 주의나 율법에 못이겨 행하는 것이 아니다. 성령으로 충만하여 마음에 평안과 만족을 맛보는 자연스런 결과로서, 저절로 술이나 담배를 끊게 되는 것이다. 이것이 기독교 신자의 금욕(구태여 금욕이라 할 수 있다면)이다.

핵심강해

금욕과 영적 변화

성서의 말씀은 그대로가 모두 진리다. 여기에 주해를 붙일 필요가 없다. 주해를 붙이다가는 도리어 그 뜻을 손상시킬 우려가 있다. 시인 휘트먼이 자기를 노래한 말에 이런 것이 있다.

나는 안다, 나의 존엄을. 그러나 나는 나 자신을 남이 설명해 주거나 이해해 주기를 바라지 않는다. 이 근본 원칙은 해석이 필요 없다. 나는 있는 그대로다. 그것으로 충분하다. 아무도 나를 알아주지 않아도 좋다. 그리고 모두가, 모든 사람이 다 나를 알아주어도 또한 만족한다.

이 말은 시인에 대해서보다는 오히려 성서의 말씀에 대해서 진리다. 성서는 영혼의 근본 법칙에 대하여 말한 것이므로, 이것은 해석이 필요 없다. 성서는 있는 그대로 충분하다. 사람이 오해한다고 해도 자기를 위해서는 슬퍼하지 않는다. 또 구태여 자기를 설명하거나 이해해 주기를 바라지도 않는다.

"육의 일을 생각하는 것은 죽음이다. 영의 일을 생각하는 것은 생명이며 평안이다……육의 일을 생각하는 것은 하나님을 거스르는(대적하는) 일이다……육에 거하는 자들은 하나님을 기쁘시게 할 수 없다"(롬 8:6-8)고 한다. 이것은 성서의 말씀으로서 그대로가 큰 진리다. 여기에 설명을 덧붙일 필요가 없다. 이것은 존엄하여 손댈 수가 없으며 하나님의 말씀으로서 믿고 받아들일 뿐이다. 혹시 오늘 이해할 수 없으면, 그냥 기억에 담아두고 성령의 역사로 나의 체험이 되어 나타나기까지 기다리면 된다. "육의 일을 생각하는 것은 죽음이다"라는 말은 아주 강하고 명확하고 깊은 진리다. 인생은 70%가 성욕이고 30%는 식욕이라고 한다. 곧 그 전부가 육욕이라는 것이다. 여기에는 고민과 치욕과 죽음과 멸망이 따르는 것이 명백하다. 그러나 개인과 사회와 국가의 관심을 육에서 영으로 옮길 때 생명과 평안이 있다. "영의 일을 생각하는 것은 생명이요 평안이다"라고 한 그대로다. 인생의 위대한 일은 다 영계에서 행해진다. 위인이란 영의 사람이요, 대 국민이란 영적으로 위대한 국민이다. 부자는 돈이 많아서 위대한 것이 아니다. 강국은 영토가 넓다고 위대한 것이 아니다. 큰 종교와 큰 사상과 큰 문학과 큰 미술을 가지고 있는 자는 작더라도 크다. 약하더라도 강하다.

    성서의 말씀은 그대로가 큰 진리다. 사람이 여기에 설명을 더한다고 더 큰 진리를 만들 수는 없다. 순금은 도금할 필요가 없다. 태양을 비출 만한 등불은 없다. 그러나 우리는 성서의 말씀을 오해하거나 남용하는 일은 막아야 한다. 그것은 물론 성서를 위해서는 필요치 않다. 그러나 성서 말씀에 접하는 사람을 위해서는 필요하다. 우리는 성서의 말씀에 접할 때 때로는 현혹되거나 데일 위험이 있다. 그래서 성서 주해라기보다는 오히려 성서 변증이 필요하게 되는 것이다. 신학의 한 분야로서 변증학이 있는 것은 이 때문이다.

    "육의 일을 생각하는 것은 죽음이다", "하나님을 거스르는 일이다", "육에 거하는 자들은 하나님을 기쁘시게 할 수 없다"고 한다. 이 말씀을 문자대로 해석하면 심상치 않은 일이 일어난다. 곧 살아 있어서는 안 된다는 말이 되는 것이다. 육의 일을 생각하는 것은 죄요 그 결과는 죽음이며 하나님을 거스르는 것이고 하나님을 기쁘시게 하지 못하는 일이라면, 신자는 육을 죽이도록 노력하지 않으면 안 된다. 그리고 동일한 사실을 가르치는 듯한 성서 구절은 다른 데도 있다. 그리스도의 말씀으로서는 "내가 너희에게 이르노니 (육의) 목숨을 위하여 무엇을 먹을까, 무엇을 마실까, 몸을 위하여 무엇을 입을까 염려하지(신경쓰지) 말라……"(마 6:25), "누구든지 나를 따라오려거든 자기를 부인하고 자기 십자가를 지고 나를 좇으라. 누구든지 제 목숨을 구원하고자 하면 잃을 것이요, 누구든지 나를 위하여 제 목숨을 잃으면 얻으리라"(마 16:24-25)가 있다. 또 예수가 독신 생활을 권장하는 듯한 말씀으로는 "어머니의 태로부터 된 고자도 있고, 사람이 만든 고자도 있고, 천국을 위하여 스스로 된 고자도 있다"(마 19:12)를 들 수 있다. 그 밖에도 다 인용할 수 없을 정도다. 특히 "땅에 있는 지체를 죽이라"(골 3:5)는 바울의 말은 가장 명백히 육의 생명 자체를 부정한 것처럼 보인다.

그러면 기독교는 금욕주의인가? 또는 더 나아가 은둔주의나 '자아를 죽이는' 주의인가? 많은 사람은 그렇다고 한다. 그리고 그들은 자신들의 주장을 증명하기 위해 성서에서 많은 말씀을 인용한다. 이렇게 주장하는 사람은 두 종류로 나눌 수 있다. 첫째는 기독교를 반대하는 사람이요, 두 번째 부류는 금욕주의를 실행하는 사람이다. 첫번째 사람은 "기독교는 명백히 금욕주의다. 그러므로 도저히 그대로 실행할 수 없다. 자연의 법칙을 무시하고 존재의 근본을 깨뜨리는 것이다. 그러므로 믿어서는 안 된다. 물리쳐야 한다"고 말한다. 이렇게 말하고 기독교를 떠난 자가 많다. 그리고 공공연하게 이렇게 주창하지는 않더라도, 기독교를 이렇게 해석하고 그 엄격한 요구에 견디지 못하여 떠난 자가 적지 않다.

두 번째는 기독교를 금욕주의라고 받아들여서 그대로 실행하는 사람이다. 이런 사람은 과거에도 있었고, 또 현재에도 있다. 로마 가톨릭 교회에서 교직은 모두 독신자다. 기독교회에서도 일찍부터 금욕주의가 생겼다. Encratite라는 일파는 결혼과 음주를 엄금하였다. 유명한 성(聖) 시므온은 사막에 높은 기둥을 세우고 그 위에 앉아 비바람을 맞으며 30년간을 살았다. 오늘날도 향락주의가 왕성한 미국에까지 셰이커 일파가 있어 중세 시대의 금욕주의하에서 공산 생활을 한다고 한다. 이것은 다 널리 알려진 사실이다. 비단 기독교만이 아니라 종교란 종교는 다 이런 경향이 있다. 불교와 회교에도 금욕주의의 교파가 있다. 이 또한 널리 알려진 사실이다. 스웨덴의 유명한 탐험가 스반 헤진이 티벳에서 실제로 보았던 극단적인 금욕 생활, 일본의 종교 역사에서 호넨의 제자였던 무사시 땅의 사부로(三郞爲守)가 자살을 했던 일(호넨상인의 행상 그림 28을 보라), 그 밖에도 불에 타 죽은 일, 입물에 빠져 죽은 일, 단식하다 죽은 일 등의 예가 있었다. 이처럼 금욕주의는 기독교에만 있는 것이 아니다. 열심 있는 종교적 신앙이 있던 곳에는 반드시 금욕주의가 있었던 것이다.

기독교는 과연 금욕주의인가? 그렇지 않다. 어느 면에서는 그렇게 보이지만, 그 근본 정신을 찾아보면 결코 그렇지 않음을 알 수 있다. 그리스도는 언제나 자신을 신랑에 비유하여 말씀하셨다. 요한의 제자가 예수님께 와서 "우리와 바리새인들은 종종 금식하는데, 당신의 제자들은 금식하지 않는 것은 무슨 까닭입니까?"라고 물었을 때, 예수님은 "혼인 집 손님들이 신랑과 함께 있을 동안에 슬퍼할 수 있겠느냐?"(마 9:14 이하)

라고 대답하였다. 그리고 "인자는 와서 먹고 마시었다"(마 11:19)라고 말씀하셨다. 그리스도는 신랑이며 신자는 신부요, 대망하는 구원은 어린 양의 혼인이라고 가르치는 기독교가 금욕주의 종교일 리가 없다. 그러므로 바울은 말년에 그의 말을 오해한 자들 가운데 금욕주의의 징후가 나타나는 것을 알고는 몹시 화가 나서 미혹되지 않도록 엄중히 경계하였다.

> 너희가 세상의 초등학문에서 그리스도와 함께 죽었거든 어찌하여 세상에서 사는 것과 같이 법조문에 순종하느냐? 곧 붙잡지도 말고, 맛보지도 말고, 만지지도 말라고 하니, 사람의 명령과 가르침을 좇느냐? 이런 것들은……지혜 있는 것같이 보이지만, 오직 육체 좇는 것을 금하는 데는 조금도 유익이 없다(골 2:20 이하).

그는 또 결혼을 금하는 이단을 강하게 책망하였다.

> 성령이 밝히 말씀하시기를 후일에 어떤 사람들이 믿음에서 떠나 미혹하게 하는 영과 귀신의 가르침을 좇으리라 하셨으니, 자기 양심이 화인 맞아서 외식함으로 거짓말하는 자들이라. 혼인을 금하고 식물을 폐하라 할 터이나, 식물은 하나님이 지으신 바니 믿는 자들과 진리를 아는 자들이 감사함으로 받을 것이니라. 하나님의 지으신 모든 것이 선하매 감사함으로 받으면 버릴 것이 없나니, 하나님의 말씀과 기도로 거룩하여짐이니라 (딤전 4:1 이하).

기독교는 금욕주의가 아니다. 물론 그 반대로 방종주의도 아니다. 그렇다, 기독교는 죽은 주의가 아니다. 살아 있는 생명이다. 영의 생명으로 육의 생명을 대신하는 길이다. 육에 거하지 않으며, 육의 지배를 받아 육으로 하여금 자기 위에서 왕노릇 하지 못하게 하는 가르침이다. 그리고 율법의 계명으로 육을 죽이는 것이 아니라, 영의 권능으로 육을 죽이는 것이다. 그러므로 바울은 "만일 영으로써 몸의 행실을 죽이면 살리라"(롬 8:13)고 말한다. 고행(苦行)이나 금욕으로써가 아니라 '영으로써' 다.

이 길은 결코 애매모호한 것이 아니다. 가장 상식적이고, 효과적이고, 영속성 있는 길이다. 항상 믿음으로 예수를 우러러보고 그 상으로 성령을 받아 성령의 인도를 따라 행하면, 육은 적절히 조종된다. 한편으로는 금욕에 이르지 않으며, 다른 한편으로는 방종에 이르지 않는다. 하나님은 우리가 육에 거하는 동안은 세상의 이른바 '특별한 결백'을 요구하시지 않는다. 크리스천에게도 또한 아름다운 자연의 길이 있다. 그리고 우리는 사람의 계명과 가르침을 따라 '특별한 결백'을 실천해서 신앙의 정상에 올라갔어도 교만해져서는 안 된다. 성령의 역사를 믿고 만족해야 한다.

많은 사람이 이런 길을 걸어 깨끗한 생애를 보냈다. 금욕주의가 행해지는 곳이 결코 깨끗한 곳은 아니다. 루터는 결혼을 함으로써 유럽 교직 계급의 도덕을 더욱 높였다. 가장 아름다운 가정 생활을 한 것은 청교도들이었다. 뉴잉글랜드 문학은 가장 건전한 문학으로 꼽힌다. 휘티어의 「스노우바운드」, 롱펠로우의 「에반젤린」, 그 밖에 브라이언트, 로우엘 등의 작품은 모두 청교도의 자유롭고 청결한 분위기를 노래한 것이다. 고귀하고 청결한 사상과 실행은 '영으로써 몸의 행실을 죽이는' 데서 생겨난다.

욕망은 어느 정도까지 제한해야 하는가? 자기를 의롭다고 하지 않을 범위 내에서 행할 것이다. 스스로 알맞다고 생각되는 정도로 구제하라. 자신을 제어하는 데도 이 법칙을 따르라. 단, 영(靈)의 분량에 증감이 있음을 잊지 말라. 하나님은 그 자녀의 기도에 응답하시어 성령을 주신다. 많이 구하는 자에게 많이 주시고, 적게 구하는 자에게 적게 주신다. "이는 하나님이 성령을 한없이 주심이니라"(요 3:34)고 했다. 그런데 욕망의 제한은 하나님에게서 받는 성령의 많고 적음에 따라 그 정도가 다르다. 오늘 기꺼이 천 원을 바칠 수 있는 사람은 내일 마찬가지로 만 원을 바칠 수 있다. 담배, 술, 극장 관람 같은 것을 죄악으로 볼 수는 없다. 그러나 만일 그리스도의 영을 풍성히 받으면 스스로 애쓰지 않더라도 그런 취미를 끊게 된다. 베드로는 "구주 예수 그리스도의 은혜와 그를 아는 지식에서 자라 가라"(벧후 3:18)고 했다. 그리고 은혜에서 자라 가면 갈수록 육의 욕망은 적어진다. 이것이 진정한 욕망 감퇴법이다. 무엇을 하든지 성령의 인도를 따르라. 성령을 떠나 율법과 규칙 밑에서 억지로 행할 때 행위에 무리가 생겨 하나님은 물론이고 사람도 기쁘게 할 수가 없다. 사도들은 "성령과 우리는 이 요긴한 것들 외에 아무 짐도 너희에게 지우지 아니하는 것이 가한 줄 알았다"(행 15:28)고 했다. 길은 여기에 있다.

보충

육이란 무엇인가?

육, 몸, 지체는 결국 같은 것을 말한다. 그럼 육이란 무엇인가? 육을 아는 것은 성서를 연구하는 데 매우 중요하다. 도덕적으로 본 육이 육욕인 것은 누구나 안다. 식욕, 성욕, 그 밖에 모든 생존의 욕구가 육욕 곧 육인 것도 누구나 안다. 이렇게 보는 것은 대체로 잘못이 없다.

그러나 육욕이 곧 육이라 하여 육을 죄와 똑같이 보아서 안 된다. 먹는 일, 아기를 낳는 일은 결코 죄가 아니다. 생명은 하나님에게서 나온 것이다. 생명을 유지하고 또 계속 살아가는 것이 죄일 수는 없다. 그러므로 "육의 일을 생각하는 것은 죽음이다. 하나님을 거스르는 일이다……육에 거하는 자들은 하나님을 기쁘시게 할 수 없다"(롬 8:6-8), "땅에 있는 지체를 죽이라"(골 3:5)고 할 때, 이는 육과 함께 육욕을 죽이라는 말이 아닌 것이 분명하다. 왜냐하면 만일 그렇다면 하나님이 만물을 지어 사람에게 주시고 "생육하고 번성하여 땅에 충만하라……내가 온 지면의 씨 맺는 모든 채소와 씨 가진 열매 맺는 모든 나무를 너희에게 주노니 너희 식물이 되리라"고 하신 말씀이 무효로 돌아가기 때문이다. 생명이 나쁜 것일 까닭이 없다. 육의 생명도 마찬가지다. "하나님이 그 지으신 모든 것을 보시니 보시기에 심히 좋았더라"고 했다. 그렇다, '좋았더라' 이므로 나쁠 까닭이 없다(창1:28 이하 참조).

그러면 하나님을 거스르는 것, 죽여야 할 것, 육이라고 해서 퇴치해야 할 것은 무엇인가? 그것은 육 그 자체가 아니라 육이 영화(靈化)한 것, 육이 주인이 되고 영이 그 노예가 된 것이다. 미워하고 죽여야 할 것은 이런 의미에서의 육이다. 육화한 영 혹은 육적인 영, 그것이 육이다. 그러므로 해부학적, 생리학적인 육이 아니다. 도덕적 또는 정신적인 육이다. 하나님을 배반한 영이 절제 없는 육욕으로 나타나기 때문에 이것을 줄여서 육이라 칭한다. '육'은 영이다. 이것을 잊지 말아야 한다.

이것을 가장 잘 뒷받침하는 것은 갈라디아서 5장 19-21절이다.

육의 일은 현저하니, 곧 음행과 더러운 것과 호색과 우상 숭배와 술수와 원수를 맺는 것과 분쟁과 시기와 분냄과 당 짓는 것과 분리함과 이단과 투기와 술취함과 방탕함과 또 그와 같은 것들이라.

이는 모두 그릇된 영이 육에 나타나는 행위이지, 육 그 자체의 행위가 아니다. 특히 시기, 당파심, 분열, 이단, 투기 등은 순전히 영적인 행위다. 이것이 하나님을 거스르는 것, 끊을 것, 죽여야 할 것임은 물론이다. 또 같은 것을 입증하는 말씀으로 골로새서 3장 5절을 들 수 있다.

그러므로 땅에 있는 지체를 죽이라. 곧 음란과 부정과 사욕과 악한 정욕과 탐심이니 탐심은 우상 숭배다.

이 경우에 죽여야 할 것은 지체 곧 육신이 아니라, 음란과 부정과 탐욕 등의 악한 생각이다. 정당한 육의 욕구가 아니라, 비뚤어진 육욕의 남용이다. 히브리서 13장 4절은 이 일에 관한 좋은 주해다.

여기서 육이 무엇인지는 명백하다. 육은 먹는 일이 아니다. 결혼하는 일이 아니다. 육의 생명을 지탱하며 그 정당한 발달을 도모하는 일이 아니다. 이른바 '육'이란 자기를 중심으로 하여 만사 만물을 자기를 위해 쓰는 일이다. 그러므로 미워하는 일, 시기하는 일, 도둑질하는 일, 아첨하는 일, 남의 명예를 손상시키는 일이 모두 다 육이다. 이런 의미에서 죄는 모두 육이다. 많은 경우에 육과는 아무런 관계도 없는 것 같이 보이는 죄 또한 명백한 육이다.

보통 육이라 하면 식욕과 성욕만을 뜻하는 것같이 생각한다. 방탕과 술취함과 음란과 호색이 육의 행위의 전체인 것같이 생각한다. 그러나 분쟁도 육이며, 질투도 육이다(롬 13:13 참조). 그런데 가장 미워할 육은 영화된 육이다. 세리와 창녀를 육의 사람의 모델로 보는 것은 얕은 견해다. 육의 사람의 모델은 오히려 서기관과 바리새인이다. 신학 박사와 천박한 교회 신자. 그러므로 예수는 이러한 교회 신자에게 말씀하셨다. "내가 진실로 너희에게 이르노니 세리들과 창녀들이 너희보다 먼저 하나님 나라에 들어가리라"(마 21:31).

마태는 한 번 탐욕 때문에 나라를 팔아 이방인 로마의 관리가 되어 자기의 사복을 채웠지만 그리스도의 부름을 받아 회개하고 예수의 제자가 되었다. 막달라 마리아는 정조를 팔아 더러운 구렁에 빠져 있었지만 주님으로부터 구원을 받아 거룩한 여종이 될 수 있었다. 그들은 둘 다 육의 사람들이었다. 그러나 주님의 눈으로 보실 때는 비교적 가벼운 죄인들이었다. 그러나 서기관과 바리새인은 세리와 창녀보다 훨씬 무겁고 나쁜 육의 사람들이었다. 그들은 어쩌면 술을 마시지 않고 음란에 빠지지 않아서 영의 사람이라고 세상의 환영을 받았을지는 모른다. 그러나 그들은 내심으로는 순전한 육의 사람들이었다. 그들은 '교인 하나를 얻기 위하여 바다와 육지를 두루 다니며'(마 23:15) 충분히 그들의 육욕을 발휘했다. 먼저 제거할 것은 바리새인의 누룩이다. 이것은 참으로 육소(肉素)라고 불러도 좋다. 종교적 질투심, 신학자의 악의(*Odium Theologicum*), 이것이 타락한 육정이다. 무엇보다 미운 것, 역겨운 것은 이것이다. 육은 특히 바리새인의 누룩이다.

제38강

구원의 완성(5)

8장 14-17절

　로마서 연구가 어려운 것은, 우리가 바울의 마음으로 들어가기가 어렵기 때문이다. 만일 우리가 그의 입장에 설 수 있다면, 그의 사상은 결코 이해하기가 어렵지 않다. 그런데 어느 사이에 우리는 자신의 입장으로 돌아가, 거기서 바울을 바라보기 때문에 이해하기가 어렵게 되는 것이다. 그러므로 이따금씩 이미 말한 것을 돌이켜 보면서 앞으로 나아갈 필요가 있다. 8장을 연구하면서, 우리는 이따금씩 7장까지 논의해 온 것을 상기하고 반복 학습해야 한다.
　이제 여기서 '죄'의 문제에 대하여 이미 말한 바를 다시 생각해 보자. 일반적으로 하나하나의 악을 죄라고 생각하는 사람이 신자 가운데도 많다. 그러나 바울이 말하는, 그리고 기독교가 말하는 죄란 A는 악한 행위, B는 부덕의 문제가 아니다. 하나님을 떠나 있는 일, 그것이 곧 죄다. 기독교에서 말하는 죄란 도덕적이 아니라 종교적이다. 사람과 사람 사이의 선악의 문제가 아니다. 그것은 하나님과 사람의 관계 속에서 성립하는 것이다. 구약성서를 읽을 때, 우리는 늘 이 사실을 잊어서는 안 된다. 거기서는 죄란 언제나 하나님께로부터 떠나는 것이기 때문에, 죄를 지었을 때는 어떻게 하나님께로 돌아가느냐가 문제다. 이렇게 볼 때, 레위기에 기록되어 있는 각종 제사 같은 것은 매우 뜻 깊다. 왜냐하면, 그것은 바로 하나님과 사람 사이의 막힌 담을 제거하고, 둘의 관계를 회복하기 위한 일이기 때문이다. 참으로 하나님께 돌아가는 것이 첫번째 문제다. 이른바 도덕적인 선악의 문제는 첫번째 문제가 아니다.

전구는 그것만으로는 아무런 빛을 내지 못한다. 그것을 전선에 이어야만 비로소 빛을 발할 수 있다. 사람은 전구와 같은 존재다. 혼자 있으면 어둠이 있을 뿐이다. 이것이 곧 죄요 불신이다. 그런데 하나님께는 이어지기만 하면, 마치 전구가 전선에 이어지듯 즉시 빛을 발하여 주위를 비춘다. 전구는 전선을 떠나서는 혼자서 아무리 애써도 빛을 발하지 못한다. 이와 마찬가지로 사람이 하나님을 떠나서 하는 노력이나 수양, 또는 선행은 아무리 쌓고 쌓아도 영(Zero)을 쌓아 올리는 것이다. 우리는 자신의 일체의 생각, 연구, 계책, 노력을 버리고 다만 생명의 근원이신 하나님께로 돌아가기만 하면 된다. 이것이 회개요 복귀며, 죄를 떠나는 일이다. 이렇게 하면 전선에 이어진 전구와 같이 저절로 빛을 발할 수 있는 것이다.

사람들은 대개 날마다 세 번 자기를 돌이켜 본다고 한다. 그것은 보통 도덕적으로는 귀한 일이다. 하지만 기독교에서는 아무런 효과가 없다. 반성이니, 수양이니, 자기 개선이니 하는 것을 날마다, 시간마다 반복해도 아무 소용이 없다. 마치 더러운 늪에서 맑은 물을 길어 올리려는 것과 같이 소용없는 일이다. 이런 헛된 짓을 집어치우고 하나님께로 돌아오면 당장 생명의 본원에 이어지기 때문에 어디선지 모르게 새로운 생명과 빛이 내게 임함을 느낄 것이다. 하나님께 나를 맡겨 드리고 그리스도를 우러러봄으로 그분을 나의 '의'로 삼는 것이 최상, 최대, 최초의 일이어야 한다. 사람은 혼자 있으면 어둠과 죽음이 있을 뿐이다. 그러므로 현재에도 장래에도 영원한 미래에까지도 하나님과 함께 있지 않으면 빛을 발할 수 없다. 내세에 완성되고 영화된다고 해도, 그것은 결코 하나님을 떠나 자립하는 의미에서의 완성과 영화가 아니다. 하나님은 영원히 빛과 생명의 근원이시다. 여기에 조물주인 하나님의 영광이 있다. 사람은 영원히 하나님을 좇아 그 빛과 생명에 참여해야 한다. 여기에 피조물인 인간의 영광이 있다. 그런데 반성, 수양, 노력에만 치중하는 사람들은 이 간단한 진리를 깨닫지 못하고, 사람은 자립하여 빛과 생명을 발할 수 있다는 잘못된 상념에 사로잡힌 이들이다. 곧 피조물인 인간의 위치를 잊어버리고, 조물주의 위치에 자기를 높이 올리려는 것이다. 이것은 도덕적 차원에서는 선일지 모르지만, 종교적으로 말하면 불행이며 '무모'한 짓이라고 말하는 수밖에 없다.

회개하고 하나님께로 돌아오면 즉각 '하나님의 자녀'가 된다. 요한일서에는 우리가 "하나님의 자녀라"고 쓰여 있다. 그리고 로마서 8장 14절은 "하나님의 영으로 인도함을 받는 그들은 곧 하나님의 아들들이라"고 한다. 그러면 하나님의 자녀가 되는 길은 무엇인가? 요한복음 1장 12절에서는 "영접하는 자 곧 그 이름을 믿는 자들에게는 하나님의 자녀가 되는 권세를 주셨다"고 말한다. 예수를 영접하고 그분을 하나님의 독생자로 믿은 자에게는 그 신앙을 보셔서 성령을 주시고, 그를 '하나님의 자녀'로 삼으신다. 그러나 이렇게 된 자라도 일단 그리스도와의 연결이 끊어지면 하나님의 자녀가 아니다. 그는 하나님의 독생자인 그리스도와 연결되어 있을 때에만 하나님의 자녀다. 사람은 그리스도 안에 있을 때에만 하나님의 자녀다. 요한복음 15장의 포도나무의 비유가 잘 보여 주는 대로, 하나님의 자녀는 줄기인 외아들 예수 그리스도의 가지인 것이다. 그리고 줄기에 가득한 생명의 진액을 받아, 줄기와 한 몸이 되어 성장하는 것이다. 로마서 8장 14절 이하를 배우기에 앞서 이 사실을 미리 알아두어야 한다.

기독교는 인류가 전부 하나님의 자녀이고, 따라서 인류가 다 형제 자매임을 가르치는 종교라고 생각하는 사람이 더러 있다. 심지어 전도자라는 사람들 가운데도 이렇게 말하는 사람이 간혹 있다. 그러나 성서는 태어난 그대로의 사람을 결코 '하나님의 자녀'라고 부르지 않는다. 다만 '사람의 아들', '아담의 자손', '이 세상의 아들들'이라고 한다. 오직 그리스도를 믿고 하나님께로 돌아와 하나님의 나라에 들어갈 수 있는 자만을 '하나님의 자녀'라고 한다. 즉 '하나님의 자녀'란 인류 전체를 가리키는 말이 아니라, 그 적은 부분을 가리켜 하는 말이다. 이렇게 말한다고 해서 인류의 적은 부분만이 하나님의 사랑 안에 살고, 나머지는 다 하나님에게 미움을 받고 있다는 말이 아니다. 여기서는 다만 성서에 기록되어 있는 말 뜻을 밝혀 놓은 것뿐이다.

조금 앞으로 올라가 9절을 보면, 거기에는 유의할 어구가 있다. "만일 하나님의 영이 너희 속에 계시면 너희는 육에 있지 아니하고 영에 있다. 누구든지 그리스도의 영이 없으면 그리스도의 사람이 아니다"라고 한다. 이외에도 '성령'이란 말은 16, 23, 26절 등에서 여러 번 사용되고 있다. 여기에는 하나님의 영, 그리스도의 영, 성령, 이렇게 셋이 있다. 그러나 이 셋은 서로 다른 것 같기도 하고, 또 동일한 분을 가리킨 것 같기도 하다. 고린도전서 12장에도 "은사는 여러 가지나 성령은 같고 직임은 여러 가지나 주는 같으며 또 역사는 여러 가지나 모든 것을 모든 사람 가운데서 역사하시는 하나님은 같다"(고전 12:4-6)고 하여, 성령, 그리스도, 하나님의 세 분이 신비롭게 열거되어 있다. 하나님은 한 분이 아니라, 아버지, 아들, 성령의 3위로 되었다는 이른바 삼위일체의 가르침이 나타나 있는 것이다. 요한복음 14장에서는 "예수께서 대답하시기를, 사람이 나를 사랑하면 내 말을 지키리니……우리가 그에게 와서 거처를 그와 함께 하겠다"고 하였다. 이것은 3위의 하나님이 신자 안에 계시는 것을 뜻한다고 볼 수 있다.

로마서 8장에 의하면, 사람이 구원받는 것은 참으로 이 아버지인 하나님과 그리스도와 성령의 공동 작업이다. 다시 말하면, 삼위일체 하나님의 역사다. 왜 셋이 하나이고 하나가 셋인지 그 이론적 설명은 할 수 없다. 이것의 유추(analogy)를 자연계에서 들 수는 있으리라. 또 그 밖에 이해를 돕기 위한 다소의 설명은 할 수 있으리라. 그러나 문제는 요컨대 체험상의 사실이다. 이것은 하나님의 능력을 체험하고, 주의 인도하심을 따르고, 성령의 도움을 느껴 본 사람의 영혼이 이해할 수 있는 진리다. 참으로 자신의 구원이 이 세 분의 공동 작업으로 이루어지는 것을 체험하고, 또 셋이라지만 사실은 하나 안에 있는 셋임을 실감한 자에게는 삼위일체라는 교리처럼 큰 만족을 주는 것이 없다. 아버지는 위로부터, 외아들은 옆으로부터, 성령은 아래로부터 역사하여 사람의 구원을 이루어 주신다. 곧 A는 부르시고, B는 도우시며, C는 껴안으시는 것이다. 이것이 사람이 구원받는 유일한 길이다.

여기에 한 가족이 있다. 그 중 한 아들이 집을 나가 좋지 않은 길로 들어섰다고 하자. 그때 온 집안 식구가 총동원해서 그 아들이 도로 집으로 돌아오게 하려고 한다. 아버지는 위엄으로써 하는 사랑, 어머니는 자비로써 하는 사랑, 형은 동정으로써 하는 사랑을 가지고 세 방면에서 협동작업을 하여 그 아들을 구원하려고 힘쓴다. 이렇게 세 사람에 의한 공동의 사랑이 있기 때문에, 아무리 고집센 불량아라 하더라도 마침내 회개하고 돌아올 수밖에 없다. 하나님은 사람의 연약함을 아신다. 사람은 세 방면에서의 포위 공격을 당하지 않고는 쉽사리 하나님께로 돌아오지 못한다. 그래서 하나님의 영은 아버지와 같이, 성령은 어머니와 같이, 주 그리스도의 영은 형제와 같이 위에서, 아래서, 옆에서 함께 역사하실 때 비로소 사람을 구원할 수 있다. 마치 사람의 몸에 병이 생겼을 때 온몸이 총동원하여 병을 고치려고 크게 활동하는 것같이, 한 사람의 길 잃은 자녀를 구원하기 위해서는 성삼위 하나님의 총체적인 활동이 필요한 것이다. 이렇게 하여 사람은 하나님의 자녀가 된다. 이로써 하나님의 자녀 된 특권과 영예와 행복과 은총을 알 수 있다. 그런데 이 셋은 셋이면서 하나라고 하는 것이 삼위일체의 교리다.

삼위일체란 이론상으로는 쉽게 이해할 수 없다. 그렇다고 해서 이 귀한 진리를 부정하려는 것은 크게 어리석은 일이다. 모든 진리, 특히 종교적 진리는 두뇌로 알았다고 해서 참으로 안 것이 아니며, 두뇌로 몰랐다고 해서 참으로 모른 것이 아니다. 두뇌는 단지 이론이라는 표면적인 것을 아는 정도의 작용밖에 하지 못한다. 그러나 영혼으로 체득하는 것은 이와는 크게 다르다. 영혼이 원하는 것은 이론이 아니다. 실감이다. 삼위일체 같은 교리도 이론적으로는 충분히 설명이 되지 못한다. 그러나 하나님의 자녀가 된 자는 실증상으로 이 진리를 체득한다.

　하나님의 영으로 인도함을 받는 자는 하나님의 아들이다(14절). 이 영은 아바 아버지라고 부르는 영이다(15절). 성령은 우리가 하나님의 자녀임을 입증하신다(16절). 이렇게 이미 하나님의 자녀가 되었다. 그러면 자녀로서 물려받는 기업이 무엇인가? 17절에서는 "우리가 자녀라면 또한 후사다. 곧 하나님의 후사요, 그리스도와 함께 후사가 되었다"고 말한다. 하나님의 자녀가 되었으면 그리스도와 함께 후사가 된다고 한다. 그러면 무엇을 기업으로 받게 되는가? 그것은 먼저 개조된 몸을 받고, 개조된 전 우주를 기업으로 받는다. 이것이 하나님의 자녀의 특권이며 영광이다. 전 우주를 개조하여 그를 믿는 자에게 주시려는 것이 하나님의 뜻이다. 32절에서 "자기 아들을 아끼지 아니하시고 우리 모든 사람을 위하여 내어주신 이가 어찌 그 아들과 함께 모든 것을 우리에게 은사로 주지 아니하시겠느냐?"고 한 것을 보라. 만물이라고 했다. 우리는 우주 만물을 하사해 주실 것을 정말로 대망하고 있는가? 우리의 희망이란 어느 정도의 희망인가? 우리 인간은 참으로 보잘것없는 것을 최대의 희망으로 바라고 있지 않은가? 마치 아이가 작은 장난감을 얻은 것으로 만족하고 어버이가 더욱 좋은 것을 주려는 생각을 해도 이것을 모르고 있는 것같이, 인류는 좁은 땅에서 작은 지위, 작은 명예, 작은 재산을 얻으려고 아둥바둥하며 하나님이 전 우주를 주려고 기다리고 계시는 것은 모르고 있다. 작은 장난감을 가지고 크게 만족을 느끼는 아들을 보고 어버이가 가엾게 보는 것같이, 하나님은 작은 것을 얻어 가지고 뽐내며 만족해하는 인간을 가엾게 보신다. 참으로 전 우주를 얻을 영광이 인류 앞에 있는 것을 모르고, 너무나 보잘것없이 작은 지상의 일득일실(一得一失)에 웃고 우는 어리석은 인간이여!

　개조된 우주 만물을 주시는 것, 이것이 하나님 편에서 본 인간의 구원이다. 하나님의 아들이 된 것은 이것을 받기 위함이다. 죄에서 구원받고, 죽음에서 구원받고, 마침내 전 우주를 받고, 거기에 한없는 생명을 부여받는 것, 이것이 곧 구원이다. 하나님의 마음은 항상 이러하시다. 그런데 사람은 여기까지 아르지 못한다. 크리스천이라는 사람들까지도 대개 작은 수양, 도덕적 개선, 사회 봉사, 천박한 사랑의 실천으로 만족하고 있는 상태다. 이것은 참으로 크리스천 된 의미를 모르기 때문이다. 하나님이 사람을 하나님의 아들로 삼으신 마음을 모르기 때문이다. 우리는 과연 이런 큰 희망을 품고 그것을 위해 성서 연구를 하고 있는가? 작은 도덕이나 작은 개선이나 사회 구제 같은 것을 목적으로 삼고 성서를 연구하고 있지는 않은가? 우리는 깊이 반성해 보아야 한다.

　"하나님의 후사이며 그리스도와 함께 후사 된 자다"라고 한 것을 보면, 바울의 가슴은 이러한 크나큰 희망으로 뛰었음에 틀림없다. 그리고 자신이 묘사한 하늘나라의 영광에 도리어 눈이 부신 것같이 느꼈음에 틀림없다. 빛이 너무나 찬란하면 사람은 눈이 부셔서 잘 볼 수가 없다. 그래서 꿈에서 깬 것같이 크리스천이 이 세상에서 받는 고난을 생각하고 그는 이렇게 말했다. "우리가 만일 그와 함께 고난을 받으면 그와 함께 영광도 받을 것이다"(17절 후반). 이 세상에서 그리스도와 함께 고난받는 것은 크리스천의 당연한 운명이다. 지금의 고난, 그리고 이후의 영광, 이것은 연속되는 일의 앞과 뒤다. 또 이 고난은 저 영광의 다른 측면이라고 말할 수 있다. 그러므로 고난을 호소하며 슬픈 한탄만을 늘어놓아서는 안 된다. 영광의 다른 측면으로서의 고난을 생각해야 한다. 그리고 이

'고난' 이야말로 크리스천 특유의 고난이다. 이런 '탄식' 이야말로 크리스천 특유의 탄식이다. 너무나 큰 영광이기 때문에 탄식도 클 수 있다. 그러므로 우주와 함께, 하나님과 함께, 그리스도와 함께, 성령과 함께 탄식하는 슬픔이다. 이런 심각하면서 장엄한 탄식이 또 어디에 있겠는가? 깊고도 큰 탄식, 이것은 도저히 붓으로도 말로도 나타낼 수 없는 것이다.

그러나 18절에서는 "생각건대 현재의 고난은 장차 우리에게 나타날 영광과 능히 비교할 수 없다"라고 말하였다. 모든 크리스천의 고난은 장차 받을 영광에 비하면 너무나 작은 것이다. 그만큼 장차 받을 영광이 큰 것이다. 아아, 누가 이 영광에 심장이 뛰지 않으랴! 누가 이 영광의 약속에 환희의 기름이 온 마음과 온 영을 적시는 것을 느끼지 않을 수 있으랴! 입에서 큰 환희의 노래가 튀어나올 수밖에 없는 것이다.

핵심강해

하나님의 자녀와 그 영광

"하나님의 영으로 인도함을 받는 그들은 곧 하나님의 아들이라"(14절)고 한다. 그러면 어떻게 하나님의 아들이 될 수 있는지가 선결 문제다. 이것을 분명히 나타낸 것이 요한복음 1장 12절이다. "영접하는 자 그 이름을 믿는 자들에게는 하나님의 자녀가 되는 권세를 주셨다"고 했다. 하나님의 외아들인 예수를 영접하고 그가 모든 사람을 비추는 참 빛(요 1:9)이라는 사실, 곧 그가 자기에 대하여 증거하시는 그 말씀을 믿는 자에게 하나님은 그 신앙에 따라 하나님의 아들이 되는 권세를 주셨다는 것이다. 그러나 직접적으로 하나님의 아들이 되어 버린 것이 아니다. 하나님의 외아들과 연결되어, 그 안에서 하나님의 아들이다. 사람은 신앙으로 예수와 연결되어 있는 동안만 하나님의 아들이다. 일단 그 연결이 끊어지면 다시 원래의 불신자로 되돌아가는 것이다. "나는 포도나무요 너희는 가지니 저가 내 안에 내가 저 안에 있으면 이 사람은 과실을 많이 맺나니 나를 떠나서는 너희가 아무것도 할 수 없다"(요 5:5)고 예수가 말씀하신 그대로다. 아들이 되는 것은 아들에게 연결되는 것이다. 그리고 줄기에 충만한 진액을 받아 한 몸이 되어 성장하는 것이다. 사람이 신앙으로 하나님의 아들 예수와 연결될 때, 예수에게 충만하신 하나님의 영이 그에게 전해져서 또한 예수와 같이 하나님의 아들이 되는 것이다. 이 마음을 가지고 로마서 8장 14절 이하를 읽을 때 그 뜻이 분명해진다.

하나님은 삼위시다. 아버지와 아들과 성령이시다. 그리고 사람의 구원은 하나님의 공동 사업이다. 그것이 이 장에 밝히 드러나 있다. 신자의 영에 삼위 하나님의 영이 계신다. 2절에서 '예수를 죽은 자 가운데서 다시 살리신 이의 영'이라 한 것은 아버지인 하나님의 영을 가리킨다. '그리스도의 영', '아들의 영'이라 함은 성자인 하나님의 영이다. 그리고 성령, 성령, 성령이라고 되풀이하여 말하는 것은 성령인 하나님을 가리킨다. 이리하여 삼위의 하나님의 영이 신자의 영에 계시어 그 구원을 이루신다. 요한복음 14장 23절에서 "예수께서 대답하시기를 사람이 나를 사랑하면 내 말을 지키리니……우리가 저에게 와서 거처를 저와 함께 하리라"고 한 것은 이것을 말한다. 예수 한 분(나)이 아니다. 아버지와 아들과 성령(우리)이 신자의 영에 영원히 계신다는 것이다. 이는 신성의 깊은 신비에 관한 것이다. 인간의 이성으로는 설명할 수 없는 것이다. 그러나 신자의 영적 실증에 비추어 보면 이해할 수 없는 일이 아니다. 그것은 하나님이 총동원하여 사람을 구원하시는 것이다. 아버지는 위에서, 아들은 옆에서, 성령은 아래서 신자를 도우신다. 하나님은 오직 한 분이라 하여, 단 한 분의 하나님이 구원하시는 것보다 훨씬 깊고 또 정이 담겨 있는 구원의 방법이다(9절 및 14절에서 '하나님의 영'이라고 한 것은 삼위 하나님의 영 전체라고도 혹은 아버지인 하나님의 영이라고도 해석할 수 있다. 그러나 후자 곧 아버지인 하나님의 영이라고 해석하는 편이 이 장 전체의 의미를 더욱 명백하게 한다고 생각한다).

14-16절을 다음과 같이 해석하면 뜻이 더 분명해진다.

**무릇 아버지의 영으로 인도함을 받는 사람은 곧 하나님의 아들이다.
너희가 받은 것은 종의 영 곧 다시 무서워하는 영이 아니라 아들인 하나님의 영을 받아 아들이 되었으므로 우리는 아바 아버지라 부르는 것이다.**

성령이 친히 우리의 영과 함께 우리가 하나님의 자녀임을 증언하신다.

요한일서 5장 8절에서는 "증거하는 이가 셋이니 영과 물과 피다. 또한 이 셋이 합하여 하나다"라고 하였다. 영은 물론 성령이다. 그리고 피는 물론 아들인 하나님이 흘리신 속죄의 피다. 그리고 물은 아버지인 하나님이 부으시는 성령이라고 풀이할 때, 이 구절은 위의 3절의 요약이라고 볼 수 있다.

아들에게 기업이 없을 수 없다. 하나님의 아들의 기업은 개조된 우주다. 개조된 몸에 개조된 우주를 주신다. 여기에 하나님의 아들의 특권과 영광이 있다. "자기 아들을 아끼지 아니하시고 우리 모든 사람을 위하여 내어주신 이가 어찌 그 아들과 함께 모든 것을 우리에게 은사로 주지 아니하시겠느냐? (32절)라고 하였다. 하나님은 자기 아들에게 주시려고 만물 곧 우주를 지으신 것이다.

영광은 지극히 크다. 그러나 영광에는 고난이 따른다. 그리스도와 한 몸이 되어, 그의 영광과 고난을 함께 담당하는 것이다. 고난은 영광의 그림자다. 렘브란트의 그림에 있는 것같이 크리스천의 생애에는 빛이 강한 만큼 어둠도 짙다. 그러므로 신자의 영광은 고난을 떠나서는 말할 수 없다. 그렇다, 신자는 자신에게 임하는 영광이 얼마나 큰가를 알기 때문에 도리어 고난을 기뻐한다. 바울은 "환난 중에도 즐거워하였다"(5:3)고 말한다. 사도 야고보는 "형제들아, 너희가 여러 가지 시험(환난)을 만나거든 온전히 기쁘게 여기라"(약 1:2)고 말하였다. 또 사도 베드로는 "너희가 지금은 여러 가지 시험을 만나서 잠깐 근심하지 않을 수 없었으나 오히려 크게 기뻐하였다"(벧전 1:6)라고 말하였다. 환난을 호소하면서 동정을 얻으려는 것이 아니다. 도리어 이것을 자랑한다. 크리스쳔은 그리스도인이다. 그리스도에게는 환난이 있었다. 이와 비슷한 환난이 신자에게도 임하는 것은 당연하다. 그런데 신자가 당하는 환난은 얕은 육신의 환난이 아니다. 넓은 우주적 환난과 깊은 영적 환난이다. 우주는 크리스쳔과 함께 괴로워하고 성령 또한 크리스쳔과 함께 탄식하는 것이다.

제39강

구원의 완성(6)

8장 18-22절

하나님의 자녀가 된 자는 그리스도와 함께 후사가 된 자다. 곧 개조된 우주 만물을 받을 자다. 이 크나큰 영광을 받을 크리스천에게 지금 닥치는 것이 '고난'이다. 그러나 "생각건대 현재의 고난은 장차 우리에게 나타날 영광과 족히 비교할 수 없다"(18절). 영광에서 고난으로, 고난에서 영광으로, 사상은 이렇게 엎치락뒤치락한다. 마치 구름 위에 구름이 솟아서 포개어지듯, 위대한 사상은 연달아 솟아올라 독자를 현란케 한다. 그리고 이것만으로 그치는 것이 아니라 큰 사상은 큰 사상 위에 더욱더 겹쳐 떠오른다.

크리스천에게 지금 닥치는 것은 고난이다. 그리고 뒤에 받을 것은 우주 만물이다. 이 사실을 염두에 두고 우리는 19절 이하를 읽어야 한다.

19 피조물이 고대하는 바는 하나님의 아들들이 나타나기를 기다림이다.
20 피조물이 허무한 데 종속되는 것은 자기의 뜻이 아니다. 곧 종속게 하

시는 이로 말미암음이다. 21 또 피조물 스스로가 썩어짐의 종살이에서 벗어나 하나님의 아들들의 영광스러운 자유에 들어가는 것이 허락되는 희망을 가졌다. 22 모든 피조물이 이제까지 함께 탄식하고 함께 고통하는 것을 우리가 안다.

여기서 '피조물'이란 무엇을 의미하는가? 원어 *ktisis*(크티시스)는 창조의 행위를 가리키기도 하고 창조된 물건(곧 우주 만물)을 가리키기도 한다. 그러나 후자인 경우에 이 말은 우주 만물 중에서 그 일부를 제외한 나머지 인류만을 가리키는 수가 있다. 이를테면 골로새서 1장 23절에서는 이 말을 '만인'이라 번역하고, 마가복음 16장 15절에서는 '모든 사람'이라고 번역하고 있다. 이와 반대로 인류를 제외한 다른 무생물과 유생물 전체를 가리키는 경우도 있다. 곧 이 말은 전 우주를 가리키든지, 인류만을 가리키든지, 또는 인류 이외의 유생물과 무생물 전부 곧 '자연'을 가리키든지, 이 셋 중의 하나여야 한다. 그리고 이 경우에 이 말은 '하나님의 아들들'과 대립되어 사용되고 있으므로, 적어도 '하나님의 아들들'은 이 말에 포함되어 있지 않다. 또 불신자도 신자가 영화될 때 함께 영화된다는 것은 성서의 원리에 어긋나는 일이므로 제외하고 보아야 한다. 신자와 불신자를 합치면 전 인류가 된다. 그러므로 여기서 말하는 '피조물'이란 인류를 제외한 우주 만물 곧 '자연'을 가리키는 것이라고 보는 수밖에 없다(마이어의 「로마서 주해」에 나오는 명석한 설명을 보라). 이 견해는 옛부터 많은 우수한 학자들이 지지해 왔다. 교부 시대의 대 학자 크리소스톰을 비롯하여 종교개혁 시대의 학자로 에라스무스, 칼빈, 그리고 근세의 학자로 트루크, 호프만, 마이어, 고데 등 많은 일류 성서학자들이 이 견해를 지지하고 있다.

바울은 여기서 피조물의 깊은 희망과 탄식을 말하고 있다. 자연은 현재 허무한 데 매여 있지만, 그것은 물론 자원해서 그렇게 된 것이 아니다. 다만 인류의 타락 때문에 자연계에까지 이런 불운이 임했다. 그러므로 자연계는 하나님의 아들들의 영화와 함께 자신들도 부흥, 완성되기를 고대하고 있다. 그들은 이제까지 고통하고, 탄식하고, 간절히 희망하며 자유에 들어갈 날을 고대하고 있다는 것이 바울이 로마서 8장 19-22절에서 논한 줄거리다.

바울의 글에는 사람에 관한 일에 비유한 것이 많다. 그는 신앙의 삶을 종종 달리기 경주에 비유하였다(고전 9:24 이하, 빌 3:12-14, 딤후 4:6-8 등). 신자의 단체는 사람의 몸에 비유하였다(고전 12장 등). 또 신자의 활동은 군인, 스포츠맨, 농부들에 비유하였다(딤후 2:3-6). 그는 인간과 그 활동에 깊은 흥미를 느낀 사람이었다. 그러나 그는 자연물에 대해서는 별로 언급하지 않는다. 사람이 자연물을 복제한 미술에 대해서는 말하지 않는다. 그러므로 바울은 자연과 미술에 대하여 냉담하다고 말하는 사람이 있다. 하지만 미술에 대해서는 여기서 말하지 않지만 자연에 대해서는 과연 그가 냉담하였는가? 하기는 그는 낱낱의 자연물에 대해서는 말하지 않는다. 그러나 그에게는 깊고 깊은 자연관이 있었다. 그는 자연의 겉을 보지 않고, 그 속과 마음을 깊이 들여다본 사람이었다. 이것을 나타낸 것이 로마서 8장의 이 몇 절이다. 그는 마음속으로 자연의 신음 소리를 듣고, 그 비참한 상태를 공감하고, 그 부흥과 완성의 희망을 강조했다. 참으로 우주 만물의 대변자인 것처럼, 그는 여기서 절절한 신음, 갈망의 노래를 불렀다. 그의 자연관은 예언자 이사야의 그것과 같다. 그것은 근대 문인의 자연관보다 훨씬 뛰어난 것이다.

천지 만물은 이제 '썩어짐의 종'으로서 허무한 데 종속되어 있다고 한다. 20절에서 '피조물이 허무한 데 종속되고 있는 것'이라고 한 것은 '얽매인 것'이라고 개역해야 한다. 곧 이미 이루어진 일로 기록되었다. 그러면 언제, 어떻게란 문제가 남는다. 이 문제에 대답해 주는 것은 창세기 3장 17, 18절이다. 곧 "내가 너더러 먹지 말라 한 나무 실과를 먹었은즉 땅은 너로 인하여 저주를 받고……땅이 네게 가시덤불과 가시를 낼 것이라"고 했다. 이것은 하나님이 아담에게 하신 말씀이다. 곧 시조의 타락 때문에 땅도 허무한 데 종속되어 사람의 종살이를 하게 되었다는 것이다. 참으로 자연과 사람은 이상한 끈으로 맺어져 있다. <u>사람이 죽으면 자연도 죽고</u>, <u>사람이 살면 자연도 산다</u>. <u>인류의 타락은 분명히 자연의 사멸을 불러왔다</u>. 사람과 자연은 운명을 같이한다. 사람이 죄의 포로가 되어 타락함으로 만물도 허무한 데 종속되고 있다. 사람과 자연 가운데는 일관되게 하나의 마음이 흐르고 있다. 자연은 사람과 함께 괴로워하면서 현재 여기까지 왔다. 이리하여 만물은 사람과 한 가지로 그 창조된 목적을 이루지 못한 채 신음을 계속하고 있다. 이것이 자연계의 실상이다. 다음에는 바울의 자연관이 잘 나타나 있다.

"피조물이 허무한 데 종속된 것은 그 원하는 바가 아니다. 곧 이것을 종속게 하신 이로 말미암는다"(8:20)고 했는데 그 마지막 어구의 뜻에 대해서는 여러 가지 설이 있다. '이것을 종속게 하신 이'란 무엇을 가리키느냐가 문제다. 어떤 사람은 '하나님'으로 보고, 어떤 사람은 '사탄'으로 보고, 어떤 사람은 '아담'으로 본다. 어쨌든 바울은 만물 사멸의 원인이 인류의 타락에 있다고 보았다. 만물을 허무한 데 종속게 하는 능력은 사탄에게도 아담에게도 없으므로 역시 '하나님'이라고 보는 편이 옳을 것 같다.

자연을 썩어짐의 종으로 보는 바울의 자연관은 보통 사람의 그것과는 전혀 다르다. 보통 사람은 자연을 아름다움이 가득 찬 것으로 보고 그에 비해서 사람의 더러움을 탄식하며, 자연에서 항구 불변을 보고 인간 세상의 덧없음을 슬퍼한다. 그러나 이것은 천박한 자연관이다. 자연은 아름답지만, 그것은 겉만 그렇게 보이는 것이다. 한 단계 더 깊이 그 속에 들어가 보면 추악함, 혼란, 잔인, 투쟁으로 가득하다. 온갖 꽃이 아름답게 피어 있는 숲속에서는 무서운 생존 경쟁, 살벌한 약육강식이 자행되고 있다. 그들은 모두 저보다 약한 것을 학대하고 저보다 강한 것에게는 학대받는 비참한 상태다. 땅 위의 어느 곳에서나 이 일이 자행되는 동시에, 물 속의 어느 곳에서나 마찬가지로 이 일이 자행되고 있다. 더구나 이것은 단지 자신의 생존에 필요한 범위에 그치는 것이 아니라, 다른 생명을 죽임으로써 통쾌감을 느끼는 잔학에까지 미치고 있다. 족제비가 닭을 물어뜯는 경우 같은 것이 그 예이다. 단지 다른 생명을 죽임으로써 통쾌감을 느끼는 것이다. 또 고양이가 쥐를 농락하다가 죽이는 것은 남이 괴로워하는 것을 보고 통쾌감을 느끼는 잔학성의 발로다. 그 밖에도 예를 들자면 한이 없다. 참으로 자연계에서는 밤낮으로 괴로움의 부르짖음이 일어나고 있다. 그들은 한결같이 자신의 해방과 자유를 원하고 있다. 그리고 하나님의 아들들의 영화와 함께 자기들도 부흥, 완성되기를 갈망하고 있다. 참으로 바울이 여기에 적은 그대로다.

<u>인류의 타락은 땅의 타락을</u> 불러일으켰다. 사람은 얼마나 땅을 황무케 하고 있는가? 가령 땅을 어머니라 하고, 인류를 그 아들이라 하자. 어머니인 땅은 얼마나 많은 물자를 그 아들을 위하여 마련해 두었는가? 먼저 그 중 하나로서 석탄을 들 수 있다. 이것은 몇만 년에 걸친 긴 세월의

산물이며, 다시 얻을 수 없는 귀한 물자다. 그런데 인류는 탐욕 때문에 이것을 너무나 낭비하여 120년 후에는 땅 속에서 석탄을 볼 수 없을 것이라고 한다. 석유도 마찬가지다. 근대의 석유 남용은 그것이 다 떨어질 때가 가까웠음을 예감케 한다. 이런 것은 모두 전쟁이나 평소의 전쟁 준비 혹은 공업에 사용되는 것인데, 좋게 사용되는 경우는 적고 대개는 인간의 어리석은 호기심, 탐욕, 사업 확장 심리의 충족을 위해 낭비되고 있다. 이것은 한두 가지의 예에 지나지 않는다. 타락한 인류가 자연계를 정복한다고 하면서 파괴해 온 것은 너무나 명백한 사실이다.

그런데 바울은 이 썩어진 자연이 인류의 완성과 함께 완성된다고 말한다. 이사야 11장 1-9절에 나오는 예언자 이사야의 큰 희망이 곧 로마서 8장 19-20절에 언급된 사도 바울의 대 희망이다. 이것이 사도행전 3장 21절에 나오는 '만물의 회복'이다. 이 완전한 평화, 만물 구원의 완성에 대한 희망을 미신이라며 비웃는 사람이 많다. 그러나 우리는 이것을 확신한다. 사람에게 자연을 지배하는 능력이 있음은 사실이다. 성 프랜시스 같은 성자가 동물을 잘 다룰 수 있었던 것을 기억하라. 그렇다면 사람이 잘 될 때 자연도 잘 되며, 사람이 완전히 구원받을 때 자연도 완전히 구원받을 것이라고 보는 것은 결코 불합리한 것이 아니다.

아아, 하나님의 능력은 무한하다. 우주 만물의 운명은 아직 끝이 아니다. 언젠가 우주의 개조는 인류의 완성과 함께 이루어질 것이다. 하나님이 지으신 우주 만물의 밑바탕에는 아직 회복될 능력이 숨어 있다. 물론 하나님께는 전능하신 힘이 있다. 오늘의 자연 과학도 우주에 잠재한 일종의 원대한 목적을 인식하고 이 성서적 희망을 부인하지 않을 뿐만 아니라, 도리어 뒷받침해 준다. 하나님은 언젠가 그 무한한 능력으로 우리를 부활시키시고, 동시에 자연을 부활시키시고, 그리하여 우주 만물을 창조하신 최초의 목적을 반드시 완성하실 것이다. 하나님은 그리스도 안에서 우리의 깊은 죄를 사하시고, 우리를 깨끗하게 하시고, 큰 은혜를 비같이 우리에게 쏟아부어 주셨다. 이 은혜는 우리가 완전한 구원에 이를 때까지 그치지 않을 것이다. 우리도 거기에 이르기까지는 만족해하지 않는다. 우리는 이제까지 받은 은혜로 미루어 보아 더욱 큰 은혜를 주실 것을 믿는다. 그리고 우리는 자연 또한 회복되기를 바란다. 하나님은 그 지으신 자연의 황폐를 반드시 고쳐 주실 것이다. 이리하여 사람과 자연이 함께 구원받고 만물이 모두 완성되어 오직 평화와 기쁨만이 온 천지에 충만하게 될 것이다.

  이런 큰 소망이 없다면, 복음은 복음이 아니다. 이런 큰 실현이 없다면, 하나님은 하나님이 아니다. 만일 복음이 이보다 더 못한 것이라면, 그것은 복음이 아니다. 만일 하나님이 이보다 더 못한 분이라면, 그분은 하나님이 아니다. 사람이 자연과 함께 구원받는 것, 이것이야말로 복음적 구원이다. 여기에 인류의 소망이 걸려 있다.

핵심 강해

자연의 탄식과 그 구원

바울에게는 두 가지 없는 것이 있었다고 한다. 그 하나는 미술을 보는 눈이고, 다른 하나는 자연을 보는 눈이라고 한다. 그는 그리스의 아테네에 가서 그 놀랄 만큼 수많은 미술 작품을 접하고도 조금도 흥미를 느끼지 못했다. 그는 단지 거기서 인류의 타락을 가져온 우상 숭배의 죄악을 보았을 뿐이다. 그것은 사도행전 17장에 자세히 쓰여 있다. 미술가의 입장에서 볼 때, 바울은 몰취미하고 풍류를 모르는 사람이다.

또한 바울에게는 자연을 보는 눈이 없었다. 그는 여러 차례 지중해를 건너고, 타우라스 산을 횡단하고, 아나토리아 고원(지금의 소아시아)을 답파했지만, 일찍이 한 번도 자연미에 관해 찬양의 말을 입 밖에 낸 적이 없다. 그에게는 워즈워드, 브라이언트의 자연관이 없을 뿐 아니라, 공중의 새와 들의 백합화를 사랑하시던 주 예수의 사랑조차 없었던 것 같다. 바울은 미술적으로 무능했으며, 자연적으로 빈약했던 것 같아 보인다.

그러나 미술에 관한 것은 별문제로 하고, 자연에 관한 한 바울은 결코 무능하지 않았다. 그에게도 확실한 자연관이 있었다. 이것을 전하는 것이 로마서 8장 19-22절이다. 바울의 자연관은 성서 기자의 그것이다. 특히 예언자 이사야의 자연관이다. 그 자연관이야말로 그리스 철학의 흐름을 따르는 근대인의 자연관보다 훨씬 깊은 것이었다. 이사야도 바울도 자연의 표면에는 눈길을 주지 않았다. 깊이 그 심정 속에 들어가서 그 신음 소리를 듣고 희망의 노래를 불렀다. 그들은 "사람과 자연은 동일체다. 둘은 영욕을 같이하여 사람이 저주받을 때 땅도 저주받으며, 사람이 영화롭게 될 때 땅도 영화롭게 된다. 그러므로 사람의 고난은 땅도 이를 나누며, 사람의 기쁨에는 땅도 함께 춤춘다"고 하였다. 여호와는 아담에게 "내가 너더러 먹지 말라 한 나무 실과를 먹었은즉, 땅은 너로 인하여 저주를 받는다"(창 3:17)고 말씀하셨다. 땅은 사람과 운명을 같이하게 된 것이다. 사람은 이제 하나님을 떠나 죄 안에 거한다. 이와 함께 땅에도 저주가 임하여 만물 곧 피조물이 저주받은 상태에 있다. "피조물이 허무한 데 종속한다"고 함은 이 상태를 말한다. 사람이 하나님을 떠나 그 하는 일이 전부 허무(실패)로 돌아가는 것같이, 땅과 땅 위의 만물 또한 그 지음 받은 목적에 이르지 못하고 실망과 비탄의 소리를 지르고 있다는 것이다.

사람은 자연의 아름다움을 노래한다. 그러나 그 아름다움은 겨우 그 표면에 그친다. 한 걸음 더 나아가 그 이면에 들어가면, 자연은 미(美)가 아니라 추(醜)다. 조화가 아니라 혼란이다. 평화가 아니라 전쟁이다. 여름에 산과 들에 온갖 꽃이 다투어 피는 모양은 아름답지만, 풀숲 속에 얼마나 엄청난 살벌과 부패가 연출되고 있는지를 안다면, 시인의 마음은 공포에 떨고, 찬양의 노래는 그칠 것이다. 뱀은 개구리를 잡아 삼키려 하고, 개구리는 벌레를 잡아먹으려 하고, 벌레는 서로를 죽이려 한다. 그 뱀을 노리는 독수리가 있다. 그 독수리를 노리는 다른 새가 있다. 꾀꼬리 소리는 아름답지만, 뱀이 그 둥지에 몰래 들어가 그 알을 삼키려 하고, 매는 그 새끼와 어미새를 엿보아 단란한 보금자리를 파괴하려 한다. 때까치의 잔인함이나 올빼미의 음흉함이나 두견새의 교활함같이, 새들의 습성을 연구해 보면 봄의 동산, 여름의 숲이 결코 에덴 동산이 아님을 알 수 있다. 물 속에서도 마찬가지다. 못에 몇 마리의 칠성 장어가 있으면 다른 물고기들의 배에 구멍을 뚫고 피를 빨아먹어 결국 그 씨를 말려 버리고 만다. 정어리, 꽁치 등은 고래나 돌고래의 먹이가 되어 없어지며, 고래나 돌고래는 또 자신들을 공격하는 범고래가 있어 이것을 몹시 무서워한다. 고양이가 쥐를 농락하는 모양, 족제비가 닭을 습격하는 모습을 보면 너무나 무정하고 잔인하다. 꽃피는 벚나무는 아름답지만, 그 여린 잎사귀를 갉아 먹는 벌레는 보기만 해도 흉칙하다. 솔잎을 갉아먹는 송충이, 벼를 말리는 세균 등 이루 셀 수가 없다. 참으로 땅에 귀를 대고 들으면 자연의 신음 소리가 들린다. 곧 "나는 아프다. 나는 괴롭다. 사람의 아들들아 어서 구원받아 그대와 함께 나도 구원해다오. 나는 썩어짐의 종살이를 견딜 수가 없구나. 그대와 함께 하나님의 자녀들이 누리는 영광의 자유에 들어가기를 바란다"고 외친다. 자연은 사람과 함께 저주받고, 사람과 함께 속박되어, 사람과 함께 해방을 부르짖고 있다.

이리하여 인류의 구원은 만물의 구원과 함께 이루어진다. 예언자 이사야는 완전한 구원에 대하여 말하였다.

> 이새의 줄기에서 한 싹이 나며 그 뿌리에서 한 가지가 나서 결실할 것이요……여호와를 경외하는 신이 그 위에 강림하시리니 그가 여호와 경외함을 즐거움으로 삼을 것이며, 그 눈에 보이는 대로 심판하지 아니하며, 귀에 들리는 대로 판단하지 아니하며, 공의로 빈핍한 자들을 심판하며, 정직으로 세상의 겸손한 자를 판단할 것이며……공의로 그 허리띠를 삼으며, 성실로 몸의 띠를 삼으리라. 그때에 이리가 어린양과 함께 거하며, 표범이 어린 염소와 함께 누우며, 송아지와 어린 사자와 살찐 짐승이 함께 있어 어린아이에게 끌리며, 암소와 곰이 함께 먹으며, 그것들의 새끼가 함께 엎드리며 사자가 소처럼 풀을 뜯어먹을 것이며, 젖 먹는 아이가

독사의 굴에 손을 넣을 것이라. 나의 거룩한 모든 곳에서 해됨도 없고 상함도 없을 것이니, 이는 물이 바다를 덮음같이 여호와를 아는 지식이 세상에 충만한 것임이니라 (사 11장).

"나의 거룩한 산 모든 곳에서 해됨도 없고 상함도 없을 것이다." — 이것이 완전한 평화요 완전한 구원이다. 사도행전 3장 20절에서 말하는 '만물의 구원'은 바로 이것이다.

제40강

구원의 완성(7)

8장 22-27절

로마서 8장은 한절 한절이 다 깊은 사상의 압축이다. 각각 그 한절 한절이 충분히 한 회의 강연 제목이 될 수 있다. 특히 오늘 연구하는 부분은 그러한 느낌을 더해 주는 곳이다. 그러나 오늘은 '세 가지의 신음'이란 것만을 주제로 하여 바울의 마음을 더듬어 보기로 한다. 이것으로 그가 말하는 바를 다 알 수는 없다 하더라도, 꽤 많은 것을 알 수 있을 것이다. 이제 다음 성구에 유의하라.

22 피조물이 다 이제까지 탄식하며(신음하며) 함께 고통하는 것을 우리가 안다. 23 다만 이것들뿐 아니라, 성령의 처음 익은 열매를 받은 우리도 스스로 속으로 탄식하여(신음하여) 자녀가 될 것, 곧 우리 몸이 구원될 것을 기다린다. 26 성령도 또한 우리의 약함을 도우신다. 우리가 마땅히 빌 바를 알지 못하나, 성령이 말할 수 없는 탄식으로(신음으로) 우리를 위하여 친히 간구하신다.

'탄식'이라고 번역된 것은 오히려 '신음'이라고 번역해야 한다. 22절과 23절에는 동사, 26절에는 명사를 썼는데, 셋 다 '신음'이다(영어 성서의 groan, groaning). 곧 여기에서는 세 가지 신음을 말하고 있다. 첫째는 만물의 신음, 둘째는 크리스천의 신음, 셋째는 성령의 신음이다.

'피조물'의 신음에 대해서는 지난 번 강의에서 말한 대로 참으로 위대한 자연관이다. 22절의 '고통'은 해산의 고통을 뜻한다. 위대한 어머니인 우주 만물은 신음하며 해산의 고통을 하고 있다는 것이다. 무엇 때문에 신음하면서 괴로워하는가? 그것은 구원받아 영화된 하나님의 자녀들을 낳기 위함이며, 그와 동시에 자신 또한 구원받아 회복되고 완성되기 위함이다. 우리는 지금 이 위대한 어머니의 태 속에 들어앉아 자신의 출생을 기다리며 어머니의 고통 소리를 귀로 듣고 있는 것이다. 참으로 웅대한 사상이요 깊고 아름다운 자연관이다. 자연 깊숙이 헤치고 들어가 거기서 통절한 고민의 부르짖음을 들으며, 더구나 그 고민이 절망의 그것이 아니라 희망의 그것임을 시인한다. 그 깊음이여! 그 아름다움이여!

요즘의 자연과학도 만유는 자기를 위하여 존재하는 것이 아니라, 어떤 큰 목적을 위하여 존재하는 것임을 인정하기 시작했다. 만물은 반드시 자기를 위해서만 존재하는 것이 아니라, 각각 남을 돕기 위해 존재하며 또 일한다. 그리고 서로 협력하여 어떤 공동의 목적을 향하여 나아가고 있다고 한다. 이것이 요즘의 개조된 자연과학의 가르침이다. 그러므로 바울이 여기서 말한 만물 완성의 희망은 반드시 한 종교적 열성분자의 꿈이라 하여 물리칠 것이 아니다. 요즘의 과학은 그것을 뒷받침하면 했지 결코 배척하지 않는다. 우리가 만일 바울의 이 마음을 가지고 천지만물을 대한다면, 그 신음이 '해산의 고통'임을 알고 봄을 기다리는 사람의 마음과 같이 더 없는 희망의 즐거움에 가슴이 뛰놀 것이다. 그럴 때는 들에 피는 한 포기 들꽃에서도, 공중에서 들리는 종달새의 노랫소리에서도 희망의 빛과 노래를 깊고 강하게 맛볼 수 있을 것이다.

첫번째 신음은 자연 만물의 신음이다. 두 번째 신음은 신자의 신음이다. 이것을 적은 것이 23절이다. '성령의 처음 익은 열매를 받은 우리'는 크리스천을 가리킴이 분명하지만, 그것이 초대 신자(A)를 가리키는 것인지 혹은 일반적으로 모든 신자(B)를 가리키는 것인지는 분명치 않다. 에라스무스를 비롯하여 올스하우젠, 마이어 등 A설을 취하는 학자가 적지 않으며, 크리소스톰을 비롯하여 칼빈, 토루크, 고데 등 B설을 취하는 학자 또한 많다. A설을 따르면 '성령의 처음 익은 열매'는 초대 교회에 내린 은혜를 후세의 그것과 대비하여 가리킨 것이 되고, B설을 따르면 신자가 이 세상에서 받는 은혜를 이 다음에 받을 은혜와 대비시켜 가리킨 것이 된다. 영원한 진리를 말하는 것에 치중하는 바울의 마음에 비추어 보면 B설 쪽이 더 유력하다고 생각된다.

이런 크리스천이 마음속으로 신음하며 자녀가 될 것, 곧 우리 몸이 구원받을 것을 기다린다는 것이다. '자녀가 될 것'이란 하늘나라에 영접받아 하나님의 자녀로서의 위상을 갖추게 될 것을 말한다. 지금 이미 하나님의 자녀이지만, 더욱 이름과 실상이 갖추어진 하나님의 자녀가 되는 것, 곧 그리스도를 닮는 것을 말함이다. 바꾸어 말하면, '우리의 몸이 구원받을 것'이다. 몸까지 구원받으면 모두 구원받는 것이다. 우리가 탄식하는 최대 원인은 이 연약한 육신 가운데 영혼이 갇혀 있기 때문이다. "마음에는 원이로되 육신이 약하다"(마 26:41). 이 몸까지 성결함을 받지 않고는, 구원은 완성된 것이 아니다. 바울도 이렇게 생각하고 우리도 이렇게 생각한다. 그에게는 죄의 탄식이 있고, 또 몸의 탄식이 있었다. 그러므로 그는 이미 완전히 구원받았다고는 결코 말하지 않았다. "처음 믿을 때보다 우리의 구원이 더욱 가깝다"(롬 13:11)고 하여, 단지 구원이 완성될 날을 대망하였다. 그때 몸도 구원받으리라는 것 곧 영광의 몸을 받으리라는 것을 그는 확신하며 의심하지 않았다.

이 부활의 몸을 바라고 신음한다. 이것이 크리스천의 신음이다. 부활에 관해서 과학적으로 혹시 반대가 있을지도 모른다. 그러나 이 부자유한 몸에 갇혀 있는 사람의 영혼은 깊은 신음, 곧 탄식이 있는 것이 사실이다. 이 신음, 곧 탄식은 무엇을 의미하는가? 이것은 구원받아 영화되어 몸과 영혼이 함께 완전에 이르기를 애원하고 있는 신음이다. 영혼은 영원히 썩지 않는 장막, 영광의 몸을 받지 않고는 만족하지 못한다. 또 예수 안에 있는 자의 부활을 믿는다. 신음하면서 인내하며 그 날을 기다린다. 이것은 슬픔의 신음이 아니다. 해산의 고통의 신음이다. 그러므로 신음하면서 기다리는 것이다. 그래서 24, 25절에서는 "우리가 구원을 얻은 것은 희망으로써다. 보이는 희망은 희망이 아니다. 보는 것을 누가 바라겠는가? 만일 우리가 아직 보지 못하는 것을 바라면 인내로써 이를 기다린다"라고 말한다. '인내'란 박해 중에도 변하지 않으며 또 믿음에 굳게 서 있는 것을 의미한다(산데이). 이런 인내로써 그날을 신음하며 기다리는 것이다.

자연의 신음이 있고, 신자의 신음이 있고, 또 성령의 신음이 있다. 성령의 신음은 세 번째 신음이다. 위에 든 26절이 그것이다. 성령 또한 우리의 연약함을 도우신다. 그리고 우리가 마땅히 빌 바를 알지 못할 때(어떻게 무엇을 비는 것이 참 기도인지 알지 못하여 빌지 않을 것을 빌거나 또 빌어야 할 것을 빌지 않을 때), 성령이 친히 말할 수 없는 신음으로 우리를 위하여 간구하신다. 얼마나 깊은 말씀이며, 얼마나 위대한 사상인가? 펜과 입으로는 이를 다 설명할 수가 없다. 다만 이 말씀을 우리의 영혼에 담아 두고 음미할 뿐이다.

도대체 '신음' 이란 무엇인가? 신음이란 말로 다할 수 없는 감정의 발로다. 이것은 문법상 감탄사(Interjection)라 하며, '아아', '오오' 따위가 곧 신음이다. 사람이 밖으로 발하는 것 중에 가장 깊은 것은 웅변이 아니라 '신음' 이다. 죽음의 경우, 삶의 경우, 그 밖의 큰 사건이 닥쳤을 경우, 크게 감동한 경우, 큰 사상이 깨달아진 경우, 큰 희망에 가슴이 뛰는 경우 - 이런 때 언어는 마음의 발표를 할 수 없으며 다만 신음의 감탄사만이 엉겹결에 튀어나오는 것이다. 언어로 옮길 수 없는 경우, 곧 입으로 말할 수 없는 경우에 '신음' 소리가 자신도 모르게 나오는 것이다. 신음이란 이렇게 깊은 것이다. 이 신음을 천지 만물이 발하고, 크리스천이 발하고, 성령도 발하신다. 그러므로 지극히 숭고하며, 비할 데 없이 장엄하다.

"성령이 친히 말할 수 없는 신음으로 우리를 위하여 간구하신다"고 했다. 우리는 무엇을 빌어야 할지 모른다. 기도해도 참 기도가 되지 않는 경우가 많다. 이 부족한 것을 성령이 채워 주신다. 이 경우의 '간구하다' 는 본 뜻이 '중재하다' 다. 성령은 신자가 연약하기 때문에 도우시며, 그 기도가 부족하기 때문에 그를 위하여 아버지께 중재하시는 것이다. 이것은 신자의 깊은 체험이다. 성령이 우리 속에 계시어 우리의 약함을 도우시고, 우리의 기도가 부족하기 때문에 우리를 위하여 아버지께 중재하신다. 우리의 죄를 대신해서 아버지께 사죄하며, 우리의 구원을 위하여 아버지께 간청하며, 말로 표현할 수 없는 신음으로 아버지께 나를 대신하여 간구하신다. 이러한 때의 간구는 물론 '신음'이다. 오직 신음이다. 그러나 몇만의 단어보다 더 절실한 신음, 한량없는 생각이 들어 있는 신음이다. 이 성령이 신음하시며, 우리 속에서 간구하시며, 또 중재하신다. 하나님 자신이 나를 구원하시려고 항상 나와 함께하면서 일하신다. 이것을 알면, 우리가 어찌 감사하지 않을 수 있겠는가? 다만 감사의 신음이 있을 뿐이다.

27절에서는 "사람의 마음을 감찰하시는 이는 성령의 생각도 아신다. 이는 (성령이) 하나님의 뜻대로 성도를 위하여 간구하시기 때문이다(중재하시기 때문이다)"라고 말한다. '사람의 마음을 감찰하시는 이'란 하나님을 가리킨다. 시편 7편 9절에서는 "의로우신 하나님이 사람의 마음과 생각을 감찰하십니다"라고 하였다. 이 하나님은 물론 '성령의 생각'을 잘 아신다. 즉, 그분은 신자를 도와 그 부족함을 채워 주시는 성령의 생각, 성령의 신음하는 의미를 잘 아신다. 우리를 위한 그 간구는 고스란히 그분에게 도달한다. 원래 성령은 다만 자신의 마음으로만 성도를 위하여 간구하시는 것이 아니다. '하나님의 뜻대로' 성도를 위하여 간구하시는 것이다. 곧 성령이 신음하며 신자를 위하여 간구하시는 것은 전혀 하나님의 뜻대로 하시는 것이다. 그러므로 그 간구, 그 중재의 한없는 효과를 우리는 미루어 알 수 있다.

진정한 기도는 보통 기도가 아니다. 일종의 예언이다. 곧 반드시 성취될 일을 미리 말로 나타내는 일이다. '하나님의 뜻대로 간구하신다'는 기도는 이런 종류의 기도다. 그러면 구태여 기도하여 기원의 뜻을 나타낼 필요가 없지 않느냐고 반문할지도 모른다. 그러나 진정한 기도는 기원이라 하여 어떤 소원이 이루어지기를 구하는 것이 아니다. 기도는 영혼의 호흡이다. 온갖 감정이 복받쳐서 그것이 저절로 밖으로 나타나는 것일 뿐이다. 쓸데없이 긴 말을 늘어놓아 여러 가지 일을 열거하는 것이 진정한 기도는 아니다. 종교적으로 타락한 바리새인은 거짓으로 길게 기도하는 것이 그 특징이었다(마 23:14). 또 참 하나님을 믿지 않는 이방인은 중언부언하면서 기도하였다(마 6:7). 이것은 모두 주께서 싫어하시는 일이었다. 거짓 신자와 우상 신자는 모두 이른바 열심 있는 기도를 하는 자다. 똑같은 말을 되풀이하고 되풀이하여 오랫동안 사람들 앞에서 기도한다. 이것은 '말을 많이 하여야 들으실 줄 생각하기'(마 6:7) 때문이다. 기도의 본질을 완전히 오해하여, 기도란 인간적인 열심이 하나님의 마음을 움직여 내 소원을 이루는 것이라고 생각하기 때문이다. 그러나 이런 것은 결코 기도가 아니다. 어거지로 떼를 쓰는 것이다. 참 기도는 하나님의 뜻대로 하는 간구다. 성취된 일의 예언이다. 기도가 이루어졌다는 것은 성취될 일을 빌었다는 것뿐이다. 성령이 사람의 속에 계시어 그 사람을 대신해서 하나님의 뜻대로 간구하시는 것, 이것이 진정한 기도다.

세 개의 큰 신음 — 그것은 세 개의 큰 예언의 소리다. 성취될지 안 될지 확실치 않은 것을 기원하여 신음하는 것이 아니다. 반드시 성취될 큰 완성의 날을 우주와 신도와 성령이 신음하면서 대망하고 있는 것이다. 확신을 가지고, 마치 한겨울에도 얼마 후엔 반드시 봄이 온다는 것을 확신하고 기다리는 것처럼 기다리는 것이다. 그렇다, 큰 완성의 날, 우주의 완성, 인류의 완성, 새 하늘과 새 땅이 출현하는 날, 그날을 온 자연과 크리스천과 성령이 확신을 가지고 신음하면서 대망하는 것이다. 이것이 현재의 상태다. 상상만 해도 너무나 엄청난 일이다.

핵심강해

세 가지 탄식

"피조물이 다 이제까지 함께 탄식하며 함께 고통하는 것을 우리가 안다"(롬 8:22)고 했다. '탄식하다'는 '신음하다' 또는 '웅얼거리다'라는 뜻이다. '고통하다'는 '해산의 고통 중에 있다'라는 뜻이다. 우주 만물은 이제 신음하며 해산의 고통 중에 있다는 것이다. 위대한 어머니 우주는 완전한 우주를 낳아서, 완전한 구원을 받은 하나님의 자녀들을 영접하려고 지금 신음하면서 고통을 겪고 있다는 것이다. 참으로 웅대한 사상이다. 허공에 소용돌이쳐 새 우주를 만들려 하는 성운, 지옥의 가마처럼 용암으로 들끓는 분화구, 육식 동물의 습격을 받아 비명을 지르며 신음하는 사슴과 염소, 이 모두가 우주의 신음이 아닌 것이 없다. 그러나 희망 없는 무익한 노고가 아니다. 희망에 찬 해산의 고통이다. 여기에 성서의 자연관의 아름다움이 있다.

또한 신자의 신음이 있다. 성령의 처음 열매를 가진 우리 크리스천도 마음속에서 탄식하며(신음하며), 자녀 될 것 곧 우리 몸이 구원받을 것을 기다린다(23절). 우주의 신음에 대응하여 신자의 신음이 있다. 신음에 응하는 신음이다. 신자의 신음은 몸이 구원받기 위한 신음이다. 그 영혼은 이미 구원받았다. 아직 구원받지 못한 것은 그 몸이다. 몸이 구원받지 못하면 영혼은 완전히 구원받지 못한 것이다. 마치 아내가 구원받지 못하면 남편도 완전히 구원받지 못한 것과 마찬가지다. 그러므로 크리스천은 그 몸이 구원받기를 원하고 이를 바라며 신음하는 것이다. "아아,

나는 괴로운 사람이다. 이 죽음의 몸에서 누가 나를 구원하랴"고 탄식하며, "내게 죽지 않을 영광의 몸을 줄 분은 누구인가?"라고 신음하는 것이다. 이것은 희망 없는 무익한 고통이 아니다. 우주의 고통과 마찬가지로 희망 있는 해산의 고통이다. 하나님은 이미 그리스도의 몸의 부활로 말미암아 그리스도를 믿는 자의 몸의 구원을 보증하셨다.

그리고 또 하나의 신음이 있다. 그것은 성령의 신음이다. "성령도 또한 우리 연약함을 도우신다. 우리는 마땅히 빌 바를 알지 못하나 성령이 친히 말할 수 없는 탄식으로 우리를 위하여 간구하신다"(26절)고 한다. '탄식'은 앞의 경우에서와 같이 '신음'이다. 우주가 신음하고, 신자가 신음하고, 성령 또한 신음한다고 한다. 참으로 놀라운 말씀이다.

도대체 신음이란 무엇인가? 신음이란 말로 다할 수 없는 감정의 표현이다. '아아', '음', '오오' 혹은 '어머나' 등으로서 문법에서는 감탄사라고 한다. 마태복음 23장에서 그리스도가 학자와 바리새인들을 꾸짖을 때 하신 말씀은 이런 것이었다. "아아, 화 있을 것이다"라고 번역된 것은 단지 '우아이'란 감탄사였다. "우아이, 학자와 바리새인이여"라고 그는 말씀하셨다. 이는 "말로써는 나타낼 수 없는 기가 막힐 너희들이여!"라고 하는 것과 같다. 인생의 가장 깊은 것은 말이 아니라 신음이다. 죽음의 고통, 해산의 기쁨, 이 모두가 언어 이상이다. 우리는 '아아' 또는 '오오'라고 부르짖어 우리의 가장 깊은 감정을 나타낸다. 바울은 "말로 다할 수 없는 그의 은사를 인하여 하나님께 감사한다"(고후 9:15)고 하여 은혜도 감사도 언어를 초월했다고 하였다. 침묵은 최대의 웅변이라 지만, 과연 많은 경우에 신음 또는 웅얼거림은 말 이상의 말, 글 이상의 글이다. 그리고 우주가 신음하고 신자가 신음하고 성령 또한 신음한다고 하여, 바울은 여기서 그야말로 말로 다할 수 없는 깊은 사실을 말하고 있는 것이다.

"성령이 친히 말할 수 없는 신음으로 우리를 위하여 간구하신다"고 한다. '간구하다'는 '중재하다'라는 뜻으로 깊은 체험의 말이다. 나의 기도는 낮고 얕은 기도다. 사람은 자신의 일을 모른다. 그러므로 성령께서 사람을 대신하여 간구하신다고 한다. 더구나 신자의 밖에서가 아니라, 안에서 그의 영과 함께하시면서, 그와 한 몸, 한 영이 되어서, 그를 대신하여 간구하신다고 한다. 이 경우에 기도는 말이 아니다. 신음이다. '아아' 또는 '오오'의 연속이다. 말하기에는 너무나 깊다. 예수가 겟세마네 동산에서 하신 기도는 이런 기도였을 것이다. 말은 해도 짧다. 피땀이 흐른다. "아버지여, 뜻대로 하옵소서"라는 상태를 히브리서 기자가 "그가 육신에 있을 때에 슬피 부르짖어 눈물을 흘리며 기도하셨다"고 기록한 꼭 그대로다.

믿음이 두터운 어머니의 기도가 있는 아이는 안전하다. 신자에게는 하나님 자신 곧 성령의 기도가 따른다. 그런데 신자의 기도가 이루어지지 않는 경우는 있지만, 성령의 기도가 이루어지지 않는 경우는 결코 없다. "사람의 마음을 감찰하시는 이가 성령의 생각을 아신다. 이는 하나님의 뜻대로 성도를 위하여 간구하시기 때문이다"(27절)라고 한다. 진정한 기도는 예언이다. 이는 반드시 성취된다. 신자는 성령으로 말미암아 사실로 나타날 일을 기원으로서 미리 하나님께 구하는 것이다. 세 개의 신음은 세 개의 큰 예언이다. 우주와 신자와 성령은 말할 수 없는 신음으로 만물의 완성, 하나님의 자녀들의 출현, 하늘나라의 건설을 예언하고 있다. 이 3대 예언이 있는데 우리가 무엇을 의심하랴. 비록 땅이 흔들리고 바다가 울부짖고 산이 바다 가운데 옮겨지는 일이 있다 하더라도, 우리가 무엇을 두려워하랴. 천지 만물과 나의 영혼과 하나님 자신이 내 신앙의 증명자이다. 할렐루야!

제41강

구원의 완성(8)

8장 28-31절

만물과 크리스천과 성령은 동일한 한 가지 일을 대망하며 신음한다. 신음하면서, 어떤 한 가지 일을 대망한다. 어떤 한 가지 일이란 구원의 완성이다. 다시 말하면, 크리스천이 구원의 완성을 바라며 하는 신음은 자연과 성령의 신음으로 말미암아 도움을 받는다. 이리하여 우리의 궁극을 향한 걸음은 힘을 얻게 되는 것이다. 그러므로 바울은 28절에서 자연스럽게 다음과 같이 말한다.

또 모든 일은, 하나님의 뜻대로 부르심을 입은 하나님을 사랑하는 자를 위하여, 모두 합력해서 유익을 가져옴을 우리가 알았다.

이것을 완전한 번역이라고 할 수는 없다. 그러나 우리 나라 사람들이 이 번역을 읽기 시작한 지 수십 년, 이미 어떤 말씀은 우리에게 친숙해져서 그것을 개역하지 않는 편이 도리어 낫다. 이 절도 그러한 말씀 가운데 하나다.

'하나님의 뜻대로 부르심을 입은 하나님을 사랑하는 자'란 크리스천이다. 바울은 대개 그냥 크리스천이라 하지 않고 다른 말로 부른다. 이것이 그의 특징 중의 하나다. 혹은 '하나님의 사랑하심을 입고 성도로 부르심을 입은 모든 자'(롬 1:7)라 하고, 혹은 '예수 그리스도 안에 있는 자'(롬 1:8)라 한다. 그 밖에도 여러 가지 표현의 호칭이 있다. 28절을 원어의 순서대로 번역하면 '하나님을 사랑하는 자, (곧) 하나님의 뜻대로 부르심을 입은 자'가 된다. 크리스천은 '하나님을 사랑하는 자'다. 그러나 우리 편에서 먼저 작심해서 하나님을 사랑하게 된 것이 아니다. 먼저 하나님이 그 뜻대로 우리를 부르시고, 그리스도 안에서 우리를 의롭다 하시고, 우리를 하나님의 자녀로 삼으시는 은혜를 내려 주신 것이다. 이 사랑에 감격하여 우리도 하나님을 사랑하게 된 것이다. 곧 우리에 대한 하나님의 사랑이 먼저였다. 그에 대한 우리의 사랑은 나중이다. 누구나 자신이 노력하여 하나님을 믿고, 하나님을 사랑할 수는 없다. 하나님이 먼저 우리를 부르시고 그의 사랑으로 우리의 불신과 완고한 마음의 바위를 깨뜨리셨기 때문에, 거기서 하나님을 사랑하는 생명의 샘물이 콸콸 솟아 오른다.

이러한 자를 위해서는 "모든 것이 합력하여 유익이 된다"고 한다. '모든 것'은 만사 만물이다. 좋은 일뿐만이 아니다. 나쁜 일도 물론 포함되어 있다. 그 모든 것(all things)이 신자를 위하여 합력해서 유익이 된다는 것이다. 바울은 "……을 우리는 알았다"고 하여 이것을 자기의 확실한 지식으로서 말한 것이다. 참으로 놀랄 만큼 큰 확신이라고 하지 않을 수 없다.

그러나 이것은 반드시 바울 한 사람의 확신만은 아니다. 오늘날까지 많은 크리스천이 그 생애의 실증으로서 이것을 알았다. 확실한 신앙생활을 여러 해 계속한 사람은 누구나 이 사실을 안다. 이것은 체험적인 사실이며, 이론 여하와는 전혀 관계가 없다. 보통 사람의 생각은 이론적으로는 제법 합리적이다. 곧 친구는 나를 도와주는 자, 적은 나를 해치는 자, 성공은 나를 돕고 실패는 나를 방해하는 것, 행운은 나를 돕고 재난은 나를 방해하는 것이라고 생각한다. 그러므로 적과 실패와 재난은 그들이 극도로 싫어하는 바다. 그러나 크리스천에게는 친구도 적도 성공도 실패도 행운도 재난도 모두가 자기를 돕는 것이다. 음흉한 적의 습격을 받으면 누구나 기분이 나쁘다. 그러나 지나고 나서 생각해 보면 적 또한 나를 도운 자, 하나님이 나를 도우려고 보내신 자, 그가 있었기 때문에 도리어 내가 살아났다고 깨닫게 된다. 또 실패, 곤궁, 고난을 당하면 어쩔 수 없는 고민 속에 빠져 외롭다고 탄식하지만, 지나고 보면 이것도 하나님의 사랑의 방문이며, 이것이 있었기 때문에 천국으로의 행진이 다행히 지속되어 온 것임을 깨닫게 된다. 또 사랑하는 자를 잃어버린 슬픔 같은 것은 도저히 말로 표현할 수 없으며, 이 기도가 이루어지지 않으면 차라리 전 우주가 무너지라고 할 정도의 열렬한 기도도 보람 없이 절망과 애통이 떠나지 않고 내 심장을 찢는다. 그러나 뒤에 가서 조용히 생각하면, 이 비애가 있었기 때문에 현재의 신앙의 기쁨이 있으며, 그런 애통이 있었기 때문에 내 영혼이 하늘나라에 연결되어 떨어지지 않았다. 참으로 하나님을 사랑하는 자에게는 모든 일이 합력하여 유익이 된다. 궂은 일이 닥치면 닥칠수록, 하나님의 은혜는 더욱더 커진다.

이상의 설명으로 28절의 큰 뜻은 밝혀졌지만, 다시 이 절을 자세히 살펴보면 바울의 뜻이 더 한층 깊다는 것을 알게 된다. 먼저 '모든 것'이 합력하여 유익이 된다고 했는데, '모든 것'이란 무엇을 뜻하는가? 원어 panta(판타)는 '모두'를 의미한다. 그러므로 그 모든 일과 모든 물건이 포함된다. 따라서 전후의 관계로써 그 포함하는 내용을 짐작하여 정하는 수밖에 없다. 그러나 고데의 설명이 가장 정당하다고 여겨진다. 그는 이 말을 주해하여 "우리 위에 일어나는 일체를 가리킨다. 특히 현세의 불완전과 세상 사람들의 죄의 결과로서 일어나는 고통 전체를 가리킨다"고 말한다. '모두'는 모든 일이며 선악을 다 포함하는 말이지만, 이 경우에는 세상에서 말하는 나쁜 일 쪽으로 필자의 마음이 더 기울어진다.

이 모든 것이 '모두 합력하여 유익이 된다'고 한다(원어의 sunergo, 영어의 work together). 모든 사건 하나하나가 유익이 되는 것이 아니다. 모든 사건이 합동하여 하나의 목적을 위하여 역사하는 것이다. 신자의 이익을 위하여 모든 것, 특히 세상 사람들이 재앙, 고통이라고 하는 일들이 협동하여 역사하는 것이다. 모든 것은 하나님이 우리의 이익을 위하여 마련하신 것이다. 환난도 고통도 재앙도 박해도……내 창자를 도려내는 듯한 일체의 것이 그가 나의 이익을 위하여 마련하신 소중한 무대다. 바울은 이렇게 과감하게 말하고 있다. 또한 우리의 실증도 이렇게 과감하게 부르짖는다.

하나님을 사랑하는 자를 위하여 모든 것이 함께 역사하여 '유익이 된다'고 한다. 이것은 오히려 '선을 이룬다'고 번역해야 한다(원어의 eis agathon, 영어의 for good). 여기서 누구의 선을 가리키냐는 문제가 제기된다. 물론 신자의 선을 위하여라는 뜻을 포함하고 있음에는 틀림없다. 그러나 과연 그것뿐일까? 만일 신자의 선을 위해서만이라면 신자를 교만하게 만들 염려가 있다. 신자는 우주의 주권자가 아니다. 우주의 중심도 아니다. 또 신자의 구원이 하나님과 우주의 전 목적도 아니다. 만물은 크리스천의 것이지만, 크리스천은 그리스도의 것이다(고전 3:22-24). 그러므로 인간 중심이 아니다. 하나님 중심이다. 따라서 '선을 이룬다'는 말에서 우리는 하나님의 선을 생각해야 한다. 하나님의 목적의 성취, 이것이 곧 선이라고 생각해야 한다. 이런 의미에서 우리는 원문에서의 이 절의 구에 유의해야 한다. 원문에서는 마지막 구가 '하나님의 뜻대로 부르심을 입은 자에게는' 이다. '뜻'은 목적이다. 원어에서는 이것을 *prothesis*(프로세시스)라 한다. 곧 하나님이 미리 정하신 목적을 가리킨다. 신자는 이 거룩한 목적을 위해 부르심을 입었다. 이 거룩한 목적은 곧 선이다. 모든 것이 이 하나님의 목적을 위하여 역사한다. 신자만의 선이 아니다. 하나님은 그 미리 정하신 선한 목적을 위하여 모든 것을 운영하시는 것이다. 이것이 곧 모든 것이 선을 향하여 일한다는 뜻이다. 하나님의 크고 선한 목적 가운데는 사람의 선도 포함된다. 모든 것이 하나님의 큰 선을 위하여 역사할 때, 그것은 크리스천을 위해서도 선을 위하여 역사하는 것이다.

그러면 하나님의 이 선한 목적(프로세시스)의 내용은 무엇인가? 디모데후서 1장 9절, 로마서 3장 24절, 에베소서 1장 3-11절 등이 모두 이 하나님의 목적의 설명이지만, 여기서는 다음의 29절이 그 목적을 설명하고 있다. 곧 "하나님은 미리 아신 자들을 또한 그 아들의 형상을 본받게 하기 위하여 미리 정하셨다. 이는 그 아들을 많은 형제 중에 맏아들이 되게 하시기 위함이다"라고 한다. 이것이 하나님이 미리 정하신 계획이며 목적 곧 프로세시스다. 만사 만물은 하나님의 이 큰 목적을 향하여 함께 역사한다. 하나님은 미리 아신 어떤 사람들을 그 아들 예수 그리스도를 닮은 자가 되게 하시려고 미리 정하신다. 그 목적은 그 외아들 그리스도를 닮은 많은 사람 중에서 맏아들이 되게 하려는 데 있다. 하나님의 주목적은 그리스도의 영화이지, 신자의 영화가 아니다. 하나님은 그리스도를 맏아들이 되게 하시는 것을 주(主)로 하고, 그 종(從)으로서 신자를 구원하신다. 이것이 하나님의 프로세시스, 곧 창세 전부터 세우신 하나님의 목적이다. 이 하나님의 선한 목적에 따라 신자는 부르심을 입고, 의롭다 함을 얻고, 깨끗함을 받아 영화롭게 된다. 신자가 구원받는 것은 하나님의 이 거룩한 목적 때문이며 또 그리스도의 영광 때문이다. 철두철미 그리스도가 주요, 신자는 종이다. 신자는 하나님 나라에서 그리스도라는 왕의 백성이 되기 위하여 구원받는 것이다. 곧 그리스도의 영광을 위하여 신자는 구원받는 것이다. 그러므로 30절도 이런 의미에서 읽어야 한다. "또 미리 정하신 그들을 부르시고 부르신 그들을 의롭다 하시고 의롭다 하신 그들을 영화롭게 하셨다."

이렇게 말하면 하나님은 독재 군주와 같고, 사람은 다만 그 기계로서 이용되는 데 지나지 않는 것같이 생각된다. 그러나 우주의 주재자이시며 절대자이신 그에게 독재권이 없다면, 우주는 혼돈에 빠지고 만다. 신자는 하나님이 세우신 이 큰 목적을 위하여 구원받았기 때문에 그 구원이 확실하다. 다시 말하면 자기를 위하여 구원받는 것이 아니라, <u>하나님을 위하여 또는 그리스도를 위하여 구원받았기 때문에 그 구원은 확실하다.</u> 만일 구원이 다만 신자를 목적으로 하는 것이며, 또한 만사 만물이 그 때문에 협력하고 있는 것이라면, 그것은 자신의 무가치를 잘 알고 있는 우리로서는 받아들이기 어려운 일이다. 가령 받아들일 수 있다 하더라도,

자기의 무가치와 죄악의 무거움을 생각할 때마다 반드시 깊은 불안이 밀려올 것이다. 그리고 자신과 같은 자는 도저히 구원받을 수 없다는 절망에 빠지게 된다. 이것은 양심이 예민한 자로서는 당연한 일이다. 그런데 자기의 구원은 자기를 위한 것이 아니라, 하나님께서 그리스도 왕국의 백성을 삼으시기 위하여 특히 죄인을 불러 구원하신다는 사실을 알게 될 때, 우리의 기쁨, 안심, 감사는 더욱더 커질 것이다. 크리스천의 진정한 안심은 여기에 있다. 그 안심이 깊고 큰 이유가 여기에 있다. 자기가 구원받는 이유를 조금도 자신에게서 발견하지 않고 하나님의 거룩한 목적에서 찾는다. 이리하여 나의 구원의 절대성을 아는 것이다.

그러면 하나님은 독재 군주로서 전혀 자기 본위인가? 아니, 그렇지 않다. 자기를 버리는 큰 희생 정신이 그의 특징이다. 그는 유일한 외아들을 주시기까지 세상 사람을 사랑하시고 사람을 구원하시기 위해 외아들을 십자가에 다셨다. 하나님과 외아들의 이런 크나큰 희생의 사랑에 감격하여, 사람은 하나님을 위하여 또 세상 사람을 위하여 자기를 희생하고 싶어한다. "우리가 하나님을 사랑한 것이 아니라 오직 하나님이 우리를 사랑하사 우리 죄를 위하여 화목제로 그 아들을 보내셨다. 이것이 곧 사랑이다. 사랑하는 자들아, 하나님이 이같이 우리를 사랑하셨으니 우리도 또한 서로 사랑하는 것이 마땅하다"(요일 4:10-11)고 한 그대로다.

또 다른 측면에서 보면 하나님은 외아들을 위하여, 외아들은 사람을 위하여 온 사랑을 쏟아주시기 때문에, 사람은 이 사랑을 받아 또 하나님을 위하여 온 사랑을 바친다. 하나님은 또 이를 받아 외아들에게 자기를 내어주고, 외아들은 사람에게 자기를 내어주고, 사람은 하나님에게 자기를 드린다. 이리하여 사랑의 흐름은 위에서 아래로 흐르고, 아래에서 위로 올라가 끊임없이 원을 그리며 순환한다. 이것이 사랑의 원이요, 은혜의 순환이다. 하늘과 땅을 일관하는 참으로 아름다운 영적 관계라 할 수 있다.

   이상과 같이 바울은 구원의 참 뜻을 알게 되어 그 심령에 형언할 수 없는 큰 안심을 품었기 때문에, 감사와 환희가 마음에 충만하여 마침내 힘있게 밖으로 솟구쳐 나왔다. 이것이 31절 이하에 기록된 큰 승리의 개가다.

핵심강해

구원받은 이유 (8:28-31)

"우리가 알거니와, 하나님을 사랑하는 자, 곧 그 뜻대로 부르심을 입은 자에게는 모든 것이 합력해서 선을 이룬다"(28절)고 했다. 바울의 이 말은 참으로 놀라운 말씀이다. 신자를 '하나님의 뜻대로 부르심을 입은 하나님을 사랑하는 자'라고 했다. 기독교 신자를 매우 깊이 정의한 것이다. 신자는 원래 자진해서 하나님을 믿고 그리스도의 제자가 된 것이 아니다. 그는 하나님에게 부르심을 입은 자다. 부르심은 하나님에게서 나왔다. 신자는 다만 이에 응한 것뿐이다. 그리고 부르심의 은혜에 응한 결과로 감사한 나머지 하나님을 사랑하지 않을 수 없게 되었다. 그러므로 신자의 믿음도 사랑도 원래 자기에게서 나온 것이 아니다. 하나님에게서 나온 것이다. 신자는 철두철미 하나님의 은혜의 산물이다. 이런 자에게는 만사가 합력하여 유익이 된다고 한다. '만사'다. 좋은 일뿐 아니라 나쁜 일도, 성공뿐 아니라 질병도, 이득뿐 아니라 손실도라고 덧붙여 말하였다. 모두 합력하여 해가 되는 것이 아니라 유익이 되는 것이다. 참으로 놀랄 만한 일이다. 세상에 어떻게 이런 일이 있을 수 있는가? 그런 사람이 어떻게 있을 수 있는가? "있는 것을 우리는 안다"고 바울은 힘주어 말한다. 바울의 신앙이 이 사실을 그에게 보여 주고, 그의 실증이 그 보여 준 것을 확인했다.

신자는 하나님을 사랑하는 자다. 그러나 그가 하나님을 사랑하는 것은 하나님이 먼저 그를 사랑하셨기 때문이다. 그는 하나님의 뜻 안에서 택함을 받아 부르심을 입은 자다. 바울은 하나님께 대한 신자의 사랑을 말할 때 신자의 사랑보다 더 큰 하나님의 사랑을 말한다. 이로써 바울이 가진 신앙의 성격을 엿볼 수 있다. '모든 것'은 무엇인가? 모든 일 외에 모든 물질을 포함한다. 또는 '모든 곤란'의 뜻은 모든 환난, 비통, 시험을 가리킨다고 스튜어트는 말한다. 만사 만물은 서로 연합하고 협동하여 한 큰 기관이 되어 신자의 이익을 위하여 역사한다는 것이다. 마치 장군이 모든 군사를 지휘하여 한 목적을 향하여 나아가는 것과 같다. 그리고 그 목적은 '선'이다. 누구의 선인가? 바울은 이것을 지목하지 않는다. 다만 '선을 향하여' 또는 선을 목적으로 일한다고만 말한다. 그 선이 무엇인지는 다음 절에서 밝혀진다.

신자는 하나님의 사랑의 목적물이지만, 그는 만물의 중심이 아니다. 만사 만물이 신자의 선을 목적으로 일한다고 하면, 신자를 너무나 떠받드는 잘못에 빠진다. "만물은 너희 것이다"라고 말한 바울은 다시 "너희는 그리스도의 것, 그리스도는 하나님의 것이다"(고전 3:22-24)라고 덧붙여 말하였다. 기독교는 인간 중심주의가 아니며, 신자 중심주의도 아니다. 하나님 중심주의다. 크리스천에게는 만사 만물이 선을 목적으로 역사한다. 반드시 자기의 선을 위해서가 아니다. 가장 큰 선이신 하나님의 선한 뜻이 성취되는 것을 목적으로 역사한다. 그러므로 신자는 기뻐한다. 하나님의 선, 만물의 선이 신자 자신의 선이기 때문이다.

"하나님은 미리 아신 자들을 또한 그 아들의 형상을 본받게 하기 위하여 미리 정하셨다. 이는 그 아들을 많은 형제 중에 맏아들이 되게 하기 위함이다"(29절). 만물의 목적이 여기에 있다. 그 아들 그리스도를 많은 형제 중에서 맏아들이 되게 하시기 위함이다. 하나님이 우리를 부르신 첫번째 목적은 우리를 구원하시기 위함이 아니라, 그 아들 그리스도를 영화롭게 하시기 위함이었다. 인간 사회에서도 가장 좋은 가정은 어린이 본위의 가정이다. 삼위 하나님의 거룩한 가정에서도 그 중심은 성자다.

"만물이 다 그(사랑하는 아들 그리스도)로 말미암고, 그를 위하여 창조되었다. 그가 만물보다 먼저 계시고 만물이 그 안에 함께 서 있다"(골 1:16-17)고 하였다. 그리고 신자도 만물의 한 부분이며 그가 구원된 것 또한 그리스도를 위해서다. 그리스도가 자기 형제 곧 자신의 거룩한 모습을 닮은 자 중에서 맏아들이 되시기 위함이다. 국왕에게 국민이 필요하듯이, 하늘나라의 왕이신 그리스도에게도 역시 구원받은 거룩한 백성이 필요하다. 그러므로 신자는 자신을 위하여 선택받고, 부름 받고, 의롭다 함을 얻고, 깨끗함을 받아 마침내 영광을 입는 것이 아니다. 임금이신 그리스도의 영광에 더욱 큰 영광을 더하기 위함이다. 하나님을 위한 구원이다. 인간을 위한 구원이 아니다.

그러므로 신자의 구원은 확실하다. 만일 우리 인간을 위한 구원이라면 우리는 우선 자신부터가 그것을 믿을 수 없다. 둘째로 비록 구원받았다 하더라도 불안해서 견딜 수가 없다. 자신의 부족을 자신이 누구보다 더 잘 알고서 놀라는데, 하나님이 우리에 대하여 놀라시지 않을 이유를 발견할 수가 없다. 그러나 하나님 자신을 위한 구원임을 알게 될 때, 우리는 안심하고 그분을 믿을 수 있다. 하나님이 외아들의 구원의 능력을 나타내시기 위해 특별히 죄인을 선택하고 그 구원에 이르게 하셨다는 것을 알면, 의문될 것이 조금도 없다.

또 우리같이 부족한 자들의 구원을 위하여 만물은 밖에서, 성령은 안에 계시면서 신음하고 탄식하신다는 것을 알기에, 우리는 놀라지 않는다. 그 아들의 선한 백성을 만들기 위하여 하나님이 만물로 하여금 서로 협동케 하여 우리의 구원을 완성하신다는 것을 알면 조금도 이상스러울 것이 없다. 나를 위하여 베푸신 은혜는 선뜻 믿기지 않는 은혜다.

그러나 하나님 자신을 위하여 베푸신 은혜이기 때문에, 이것은 잃어버릴 위험이 없다. 여기에 크리스천의 안심의 기초가 있다. 그는 자기가 구원받은 이유를 하나님의 변함없는 뜻에서 발견하기 때문이다. "옳습니다, 이렇게 된 것이 아버지의 뜻입니다"(마 2:26).

제42강

구원의 완성(9)

8장 31절 이하

지난 번 강의에서 말한 대로, 8장 29절에서 바울은 하나님의 주 목적은 그리스도를 많은 형제 가운데서 맏아들이 되게 하려는 것이며, 그리스도의 영화가 주(主)요, 신자의 영화는 종(從)이라는 깊은 진리를 설명했다. 그리고 30절에서 그는 "또 미리 정하신 그들을 부르시고, 부르신 그들을 의롭다 하시고, 의롭다 하신 그들을 영화롭게 하셨다"고 말한다. 이것이 하나님이 사람을 구원하시는 순서다. 이것을 29절과 합쳐서 살펴보면, 첫째는 미리 아신 일, 둘째는 미리 정하신 일, 셋째는 부르시는 일, 넷째는 의롭다 하시는 일(그리스도의 십자가로 말미암아 죄를 사하시고 의롭다 하시는 일), 다섯째는 영화롭게 하시는 일, 곧 영화(榮化)시키시는 일이다. 이 중에서 첫째부터 넷째까지는 사람의 과거와 현재에 관한 것이지만, 다섯째는 미래에 가서야 주어지는 것이다. 그러나 바울은 미래의 영화(glorification)가 너무나 확실하며, 그것을 바라고 사는 현재의 기쁨이 너무나 크기 때문에 자신도 모르는 사이에 저절로 '영화롭게 하셨다'고 하여, 이것을 이미 이루어진 일같이 과거형으로 썼다.

미리 정한다는 것은 '예정의 교리'인데 이것은 좀 어려운 교리다. 여기서는 예정의 교리를 자세히 말할 겨를이 없으므로 간단히 말하겠다. '미리 정하다'의 원어 *proorizo*(프로오리조)는 미리 경계를 세우다, 미리 확실히 정해 두다 등의 뜻을 지닌 말이다. 곧 <u>하나님이 어떤 사람을 구원하려고 미리 정해 두신다는 것</u>이다. 이것을 비근한 예를 들어 설명하면 깊은 산중에서 신전에 바칠 나무를 얻기 위해 십수 년 전부터 어떤 나무를 정해 두고 거기에 울타리를 쳐서 특별히 구별하고 보호하며 가지치기를 해주고 그 성장을 도와주는 것과 같은 것이다. 하나님도 사람을 구원하시려고 미리 이렇게 하신다. 이것은 교리로 볼 때 이론상의 어려움이 있음에도 불구하고, 크리스천의 개인적 체험으로는 매우 가치가 있는 것이다.

30절까지 썼을 때, 바울의 기쁨은 절정에 이르렀다. 구원의 완성, 완전한 승리, 무한한 생명, 의의 면류관, 영광의 몸을 부여받는 일, 그것은 한 점의 의심도 없는 확실한 일이었다. 지금까지 논한 것만 해도 감사하기 그지없는데, 또다시 의의 면류관이 손에 닿을 만큼 가까운 곳에 보인다. 아아 즐거운 승리의 예감이여, 또 승리의 실감이여! 바울의 이러한 차고 넘치는 심경에서 31절 이하의 위대한 개가가 저절로 솟구쳐 나왔다. 먼저 처음의 두 절을 보자.

> 31 그러면 이 일들에 대하여 무엇을 말하랴. 만일 하나님이 우리를 지키신다면 누가 우리를 대적하겠는가? 32 자기 아들을 아끼지 아니하시고 우리 모든 사람을 위하여 내어주신 이가 어찌 그 아들과 함께 모든 것을 우리에게 은사로 주지 아니하시겠는가?

'만일 하나님이 우리를 지키신다면'은 '하나님이 만일 우리 편이 되시면'이라고 개역해야 한다. 하나님은 그 큰 목적을 달성하기 위해서 우리를 구원하신다. 그러므로 비록 전 세계가 우리를 반대하여 일어서더라도, 이 하나님이 우리 편인 이상 무엇을 두려워하겠는가? 하나님이 함께 하시는 자를 누가 감히 건드릴 수 있겠는가? 작대기를 들고 하늘에 대항할 수 없듯이, 하나님이 함께하시는 자에게는 도저히 대적할 수 없는 것이다. 더구나 하나님은 그 외아들 그리스도까지도 아끼지 아니하시고 우리 모두(신자 전체)를 위하여 죽음에 내어주신 분이다. 이러한 하나님이시므로 그리스도와 함께 모든 것을 은사로 주실 것임에 틀림없다. 가장 귀한 외아들까지도 아끼지 않고 선뜻 내어주신 그가, 그보다 더 못한 모든 것을 조금도 아낌없이 그 자녀들에게 주시리라는 것은 의심할 여지가 없다 – 이같이 바울은 힘있게 단정하고 있다.

여기에서 '모든 것'이란 무엇을 가리키는 것이겠는가? 어떤 사람은 우리의 구원에 필요한 모든 사실이라 보고(산데이), 또 어떤 사람은 그리스도 안에서 주어지는 모든 은혜라 본다(마이어). 또한 어떤 사람은 이미 말한 모든 은혜라 보고(고데), 어떤 사람은 우리에게 좋은 모든 것이라 보고(비트), 또 어떤 사람은 우리의 행복에 필요한 모든 것이라고 본다(존 브라운). 모두가 대동소이하다. 무엇 무엇을 가리킨다고 한정하기는 어렵지만, 모든 은혜를 가리키는 것임에는 분명하다.

하나님이 이미 우리 편인데 누가 우리를 대적할 수 있으랴, 하나님이 이미 외아들을 우리에게 주셨는데 어찌 그와 함께 모든 것을 주시지 않겠느냐고 말한 바울은 또다시 승리가 확실함을 소리 높여 부르짖고 있다.

33 하나님이 택하신 자를 고소할 자가 누구냐? 의롭다 하시는 하나님이시냐? 34 정죄할 자가 누구냐? 죽었다가 다시 살아나시고, 하나님의 우편에 계시며 우리를 위하여 간구하시는 그리스도시냐? 35 그리스도의 사랑에서 우리를 끊을 자가 누구냐? 환난이냐, 혹은 고민이냐, 박해냐, 굶주림이냐, 헐벗음이냐, 위험이냐, 검이냐?

이 세 절은 각각 하나의 질문으로 되어 있다. 그러나 세 번째 질문인 35절에는 일곱 개의 질문이 들어 있다. 그러므로 모두 아홉 개의 질문이 있는 셈이다……누구냐……누구냐……누구냐고 바울은 여기서 도전적 태도로 질문을 연발하며, 아니다, 아니다, 아니다란 대답을 그 속에 포함시키고 있다.

8장 첫머리에서 바울은 "그리스도 예수 안에 있는 자에게는 결코 정죄함이 없다"고 하였다. 그리고 갖가지 하나님의 은혜를 들고 난 후, 구원의 완성에 대한 희망을 노래하면서 32절까지에 이르렀다. 여기 와서 새삼스럽게 '정죄함이 없다'고 말하는 것은, 그에게 넘쳐나는 승리의 기쁨이 허락하지 않았다. 따라서 펜은 저절로 도전적으로 움직여 "……송사할 자는 누구냐?", "……정죄할 자는 누구냐?" 등으로 연달아 질문하며, 아니다, 아니다, 아니다란 강한 부정을 그 말 속에 담고 있다. 원래 바울을 몹시 괴롭힌 것은 죄의 문제였다. 어떻게 하면 하나님 앞에 의롭게 될 수 있는가, 어떻게 하면 심판의 자리에서 정죄받지 않을 수 있는가? 이것이 그를 가장 괴롭힌 문제였다. 그가 젊은 시절, 유망한 바리새파 학도였을 때도 이것은 그를 몹시 괴롭혔다. 그 후 그리스도의 모습을 보고 신앙에 들어온 후에도 이 문제는 여전히 그를 심각한 고민에 빠지게 하였다. 참으로 항상 바울을 하나님 앞에 고발하는 집요한 적이 있었다. 어떻게 이 대적을 쳐부술 것인가? 어떻게 이 대적의 고발을 무효로 만들 것인가? 이것이 오랫동안 그의 최대 관심사였다. 아아, 성실하고 진지한 영혼의 투사여! 하나님은 그의 고민을 불쌍히 보셔서, 마침내 신앙과 환희로써 그를 감싸셨다. 그를 괴롭히던 적은 보기 좋게 박살났다. 그리고 승리의 함성이 저절로 터져나왔다. 이것은 자기의 행위로 말미암은 승리가 아니다. 의지의 분발에 의한 사탄의 정복이 아니다. 그 같은 믿을 수 없는 것을 가지고 어떻게 사람의 능력 이상인 대적 사탄을 넘어뜨릴 수 있으랴. 다행히도 하나님의 아들 그리스도가 나를 대신하여 뱀의 머리를 부수어 버렸다. 나는 이제 그리스도를 의지하며, 승리의 연속과 은혜의 단비를 맛보고 있을 뿐이다. 지금까지는 사탄의 공격을 받아 고전에 고전을 거듭하였다. 방어전만 하느라고 무던히도 고생했다. 그러나 이제부터는 이미 도망치는 적을 뒤쫓는 추격전이다. 그러므로 "정죄하는 자가 누구냐…?"고 했다. 도망치는 적의 뒤에서 도망치는 총을 쏘는 것이다.

추격전의 유쾌함이여! 군인으로서 싸움터에 나가 고전하던 끝에 승리하여 추격전으로 옮아가는 때처럼 유쾌한 일은 없을 것이다. 댄버에서 크롬웰이 스코틀랜드 병사를 추격하는 것은 얼마나 유쾌했는가? 그러나 이 세상에서의 싸움은 아무래도 좋다. 인생 최대의 전쟁인 사탄과의 결사의 전투에서, 방어전의 쓰라림을 통절히 맛보고 있던 자가 갑자기 어느 한 순간 하늘로부터 빛이 임하자 적이 순식간에 도망쳐 버리고, 뒤에서 이것을 추격하는 전투로 바뀌어 버릴 때의 통쾌함과 즐거움이야말로 얼마나 클 것인가? 바울이 인생 최대의 전쟁에서 추격전으로 옮아간 것이 바로 33절 이하다. 이 추격전의 여유와 유쾌함은 이제 이기고도 남음이 있구나 하는 심정으로 나타났을 것이다. 그러므로 37절에서 그는 "그러나 우리를 사랑하시는 이로 말미암아 이 모든 일에 이기고도 남음이 있다"고 말한다.

33-37절에 대해서도 조금 설명하자. 33절은 "하나님이 택하신 자를 고소할 자가 누구냐? 의롭다 하시는 하나님이시냐?"고 말한다. 누가 하나님의 택하신 자를 고소할 수 있겠는가? 우주의 절대자인 하나님이 택하신 자를 하나님께 고소할 수 있는 자가 누구이겠는가?(한 나라의 주권자가 용서한 죄인을 고소할 능력을 가진 자가 누구이겠는가?). 사람들 가운데는 고소할 자가 없다. 그러면 하나님이 하나님께 고소하시겠는가? 그런데 그 하나님은 죄인을 '의롭다 하시는 하나님'이 아닌가? 의롭다 하시는 하나님이 어떻게 고소하실 수 있겠는가? 용서하시는 하나님이 어떻게 동시에 벌하실 수 있겠는가? 그것은 불가능한 일, 도저히 있을 수 없는 일, 웃기는 일, 어리석은 일이다. 그런 일은 있을 리가 없다는 것이다.

34절은 "정죄할 자가 누구냐? 죽었다가 다시 살아나시고 하나님의 우편에 계시어 우리를 위하여 간구하시는 그리스도인가?"라고 말한다. 지금 그리스도 안에 있는 자를 정죄할 자가 어디에 있는가? 그에게 멸망의 선고를 내릴 자가 누구인가? 그리스도인가? 그건 도저히 불가능한 일이다! 그리스도는 우리를 의롭게 하려고 죽었다가 다시 살아나셔서 지금은 우리를 위하여 간구하고 계시는 분이 아닌가? 그분이 우리를 정죄하신다는 것은 상상조차 할 수 없는 일이다. 그런 불합리한 일이 어떻게 일어날 수 있겠는가?

바울의 추격전은 이제 바야흐로 절정에 이르렀다. 무엇이 이 큰 그리스도의 사랑에서 우리를 끊을 것인가? 환난인가? 아니다(환난이란 밖에서부터 엄습해 오는 괴로움이다). 고민인가? 아니다(고민이란 속에서 솟아오르는 괴로움이다). 박해인가? 아니다(박해란 신앙 때문에 받는 모든 고난을 가리킨다). 굶주림인가? 아니다(굶주림이란 박해의 결과로 생긴 생활의 궁핍에 대한 위협을 말한다). 헐벗음인가? 아니다(헐벗음은 박해 때문에 일어나는 옷이 없는 것을 말한다). 위험인가? 아니다(위험 또는 가난이란 고린도후서 11장에 나오는 강의 위험, 강도의 위험, 동족의 위험 따위다). 검인가? 아니다(검은 순교의 죽음을 의미한다). 이 모든 일들은 도저히 우리를 그리스도의 사랑에서 끊을 수 없다. 내게서 그에게로의 사랑이라면 몰라도, 그에게서 내게로의 사랑이므로 이 사랑에서 도저히 끊을 수 없는 것이다. "우리가 종일 주를 위하여 죽임을 당하게 되며 도살할 양같이 여김을 받았나이다"(시 44:22)라고 옛 시인은 비통하게 부르짖었다. 크리스천의 실망은 참으로 이것이다. 환난, 고민, 박해, 주림, 헐벗음, 위험, 검의 연속이다. 바울의 시대에도 어떠한 형태로든지 신앙을 위한 고난은 신앙의 사람을 둘러싸고 있었던 것이다.

이에 대하여 어떤 사람은 인내로써 가까스로 이길 것이다. 혹은 사려에 의하여 요행 이길 수 있었다고 안심할 것이다. 그러나 바울은 "우리를 사랑하시는 이로 말미암아 이 모든 일에 이기고도 남음이 있다"(37절)고 말한다. '우리를 사랑하시는 이'가 하나님을 가리키는지 그리스도를 가리키는지에 대해서는 논란이 있다. 그러나 35절에서 '그리스도의 사랑'이라고 한 것을 보면, 이것은 그리스도라고 보는 편이 옳을 듯하다(고데, 마이어, 산데이, 비트 등 우수한 학자들 가운데 이를 그리스도로 보는 사람이 많다). 곧 그리스도로 말미암아 이 모든 일에 이기고도 남음이 있다는 것이다. 가까스로 이기는 것이 아니다. 이기기만 하는 것이 아니다. 이기고도 남음이 있는 것이다. 이기고도 오히려 여력이 있어 여유 만만한 상태다. 마치 어른이 갓난아이의 손을 비트는 것같이 쉽사리 이길 수 있다는 것이다. 어떻게 이같이 손쉽게 모든 환난과 고통을 이길 수 있는가? 그것은 내 힘으로 싸우는 것이 아니라, 그리스도의 그늘에 나를 숨기고 그가 나 대신 싸워 주시도록 하기 때문이다. 나의 노력과 분투는 아무 소용이 없다. 다만 그리스도에게 숨으라. 그러면 그가 대신 싸워 주신다. 그러면 무서운 강적은 저절로 없어지고 만다. 그러므로 신앙의 생애에 두려워할 것은 하나도 없다. 그리스도에게 숨기만 하면 일은 모두 이루어진다. 그러므로 신앙을 숨기지 말라. 담대히 고백하고 엄숙하고 진지한 신앙생활로 들어가라. 그럴 때 박해는 여러 모양으로 닥칠 것이다. 그러나 '나를 사랑하시는 이'에게 자신을 숨기기만 하면 이기고도 남음이 있다.

33, 34절에 대해서는 이런 해석 외에 제2의 해석이 있다. 일본역 성서는 이것을 따랐다. 영어 성서도, 흠정역, 개역도 모두 이것을 택하였다. 그리스 원문은 문자상 둘 다 취할 수 있다. 이 둘 중 어느 하나를 정하기는 어렵다. 그러나 최근의 학자들은 대개 제2의 해석을 취한다. 이 제2의 해석은 이렇다.

하나님이 택하신 자를 고소할 자가 누구냐? 의롭다 하신 이는 하나님이시다. 정죄하는 자가 누구냐? 죽으신 이는 그리스도다. 그렇다, 그는 다시 살아나신 이, 하나님 우편에 계시면서 간구하시는 이다.

의롭다 하시는 하나님이 계신데 누가 우리를 고소할 수 있으랴. 우리의 죄 때문에 죽으시고 다시 살아나시고 이제 하나님 우편에 계시며 간구하시는 그리스도가 계신데 누가 우리를 정죄할 수 있으랴. 위의 두 해석 중 제1을 취하건, 제2를 취하건 말의 뜻에는 차이가 없으나, 제1은 그 수사법상 하나의 반어(아이러니), 일종의 해학(유머)이 담겨 있는 점에서 제2보다 재미있는 표현이다.

마지막으로 바울은 38, 39절에서 위대한 확신을 말한다. "혹은 죽음, 혹은 삶, 혹은 천사, 혹은 권세 잡은 자, 혹은 능력 있는 자, 혹은 현재 있는 것, 혹은 장차 있을 것, 혹은 높음, 혹은 깊음, 혹은 다른 아무 피조물이라도 우리를 우리 주 예수 그리스도로 말미암는 하나님의 사랑에서 끊을 수 없음을 내가 확신한다." 31절에서 시작한 개가의 결말로서 참으로 놀라운 말이다. '죽음'은 육신의 죽음이다. '삶'은 삶에 따르는 환난과 유혹이다. '권세 잡은 자'는 천사의 한 계급으로서 큰 천사라 할 수 있다. '능력 있는 자'는 지상에서의 권력자를 말한 것이다. 그렇다면 천사, 권세 잡은 자, 능력 있는 자라 하여 천상 천하의 모든 권력자를 의미한 것이리라. '지금 있는 것'은 현재의 모든 사물, '장차 있을 것'은 장차 일어날 모든 사물을 가리킨다. '혹은 높음, 혹은 깊음'은 천계와 지옥에 어떠한 신비와 이상(異象)과 무지의 힘이 있다 하더라도란 뜻인 것 같다. 위의 그 어떤 것으로도 우리를 하나님의 사랑에서 끊을 수 없다고 바울은 단언한다. 이 우주의 모든 것을 다 열거하고 나서, 만일 또 다른 우주가 있고 거기에 다른 존재들이 있다 하더라도 그것들도 결코 하나님의 사랑에서 우리를 끊을 수가 없다는 것이다. '다른 아무 피조물이라도……' 란 말이 그것을 가리킨다.

이상은 바울 시대의 우주관을 알고 나서 읽을 때, 그리고 다시 이것을 현대 과학이 말하는 우주관에 비추어 읽을 때 크나큰 흥미를 자아낸다. 천사에게 각 계급이 존재한다는 것은 당시 유대 신학의 신조였다. 또 하늘과 땅 위에 어떤 신비, 기묘한 능력이 존재할지도 모른다는 것이 당시의 생각이었다. 그런데 이제 분광기에 의한 천계의 연구와 라듐의 발견에 의한 물질 원소의 새로운 연구로 말미암아 하늘에도 땅에도 동일 물질만이 존재하는 것을 알게 되었으며, 또 물질은 모두가 단일 원소로 되었다는 것이 판명됨으로써 천상천하의 모든 것이 하나의 힘에서 나온 것임을 알게 되었다. 그러므로 하나님의 사랑에서 우리를 끊을 무섭고 괴상한 능력은 이제 아무데도 없다는 것을 알게 되었다. 따라서 바울이 여기서 말한 크리스천의 확신은 더욱 굳어진 셈이다.

바울은 모든 사물을 나열한 후에 "······우리를 우리 주 예수 그리스도의 사랑에서 끊을 수 없을 것임을 내가 확신하였다"고 한다. '확신하였다'는 확신시킴을 당하였다는 뜻이다. 자기 스스로 확신한 것이 아니다. 체험으로 확신하지 않을 수 없게 되었다는 것이다. 어쩔 수 없이 믿게 된 것이다. 체험으로써 확신하게 된 것이다. 이것은 '확신하였다'고 하는 것보다 훨씬 힘있는 말이다.

바울의 이 위대한 체험을 보면서 하나의 의문이 생긴다. 우리 자신의 죄는 우리를 이 하나님의 사랑에서 끊는 일이 없을 것인가 하는 의문이다. 다른 모든 사물은 확실히 하나님의 사랑에서 우리를 끊지 못한다. 그러나 죄는 어떤가? 내 죄가 나를 하나님의 사랑에서 끊을 수 있다면, 죄인인 우리는 늘 불안 속에서 살아야 한다. 그러면 신앙생활은 견딜 수 없는 무거운 짐이 된다. 그러나 지금까지의 하나님의 사랑은 우리의 죄 또한 우리를 하나님의 사랑에서 끊을 수 없다는 것을 확신케 한다. 나를 미리 아시고, 미리 정하시고, 부르시고, 의롭다 하신 하나님이 어찌 최후에 와서 나를 버리시겠는가? "너희 속에 착한 일을 시작하신 이가 그리스도 예수의 날까지 이루실 줄을 우리가 확신하노라"(빌 1:6). 이것이 바울의 확신이었다. 나는 종종 하나님의 뜻을 어긴다. 그리고 지금도 그렇다. 이후에도 그럴지 모른다. 연약한 존재이기에, 나 자신에 대해서 도무지 장담을 할 수가 없다. 그러나 하나님의 사랑은 나를 굳게 붙들고 떠나지 않는다. 우리의 죄가 아무리 깊다고 할지라도 이 사랑에서 나를 멀어지게 하지 않는 것이다.

그렇다면 천상 천하의 모든 것, 과거, 현재, 미래의 모든 일, 또 그 밖에 우주의 모든 사물과 나 자신의 한없는 죄까지도 나를 그리스도로 말미암는 하나님의 사랑에서 끊을 수 없다. 그렇다면 이제 내가 구원받는 것은 너무나 확실하다. 나의 구원의 완성, 나의 승리, 내가 그리스도와 같은 영광을 입는 일, 그것은 이제 너무나 확실하다. 그러므로 기뻐하라 사람들이여, 감사하라 사람들이여. 그리고 거문고 가락에 맞추어 기쁨의 개가를 소리 높이 부르자.

핵심 강해

구원의 개가

사람이 구원받는 것은 자기로 말미암지 않는다. 하나님으로 말미암는다. 자기 때문이 아니다. 하나님 때문이다. 그러므로 구원은 확실하다. 또 안전하다. 순서는 미리 아심 – 미리 정하심 – 부르심 – 의롭다 하심 – 영광을 주심이다. 그 목적은 '그 아들을 많은 형제 중에서 맏아들이 되게 하려 하심'이다. "만물이 그에게서 나오고 그로 말미암고 그에게로 돌아간다"고 했다. 사람이 구원받는 것은 완전히 하나님 중심이다 (11:36). "그러므로 이 일에 대하여 우리가 무슨 말하랴. 하나님이 만일 우리 편이라면 누가 우리를 대적하랴"(31절). 하나님 자신이 베푸신 구원이므로 아무도 이것을 빼앗을 수 없다. 이를 다음과 같이 풀이해 본다.

자기 아들을 아끼지 아니하고(아브라함이 그 아들 이삭을 아끼지 않았던 것같이), 우리 모든 사람(신자 전체)을 위하여 (죽음에) 내어주신 이가 어찌 그와 함께 모든 것(구원에 필요한 모든 것)을 우리에게 주시지 않겠는가? 의롭다 하시는 이는 하나님이시다. 정죄하는 자는 누구냐? 죽으신 이는 그리스도이시다. 그렇다, 그는 다시 살아나신 이, 하나님 우편에 계시어 우리를 위하여 간구하시는 이시다. 그리스도의 사랑에서 우리를 끊을 자가 누구냐? 환난인가, 고통인가, 박해인가, 굶주림인가, 헐벗음인가, 위험인가, 검인가? 이는 "우리가 종일 주를 위하여 죽임을 당하게 되며 도살할 양같이 여김을 받았나이다"(시 44:22)라고 기록된 것과 같다. 그러나 우리를 사랑하시는 이로 말미암아 이 모든 일을 이기고도 남음이 있다. 혹은 죽음, 혹은 삶, 혹은 천사들, 혹은 권세 잡은 자, 혹은 능력 있는 자, 혹은 현재, 혹은 미래, 혹은 높음, 혹은 깊음, 그 밖의 다른 어떤 피조물이라도 우리를 우리 주 예수 그리스도 안에 있는 하나님의 사랑에서 끊을 수 없음을 나는 확신한다(35-39절).

"그리스도 안에 있는 자에게는 결코 정죄함이 없다"로 시작된 8장은 "정죄하는 자는 누구냐?"라는 도전적 질문으로 끝난다. 바울이 무엇보다 무서워한 것은 최후의 하나님의 심판 자리에서 정죄받는 일이었다. 그리고 이런 일이 없음을 보증받고, 그는 개가를 부르지 않을 수 없었다. 이것이 그가 여기에 열몇 번에 걸쳐 도전적인 질문을 연발한 이유다. 그는 여기서 오랫동안 그를 괴롭혔던 적을 내쫓으면서 반문의 화살을 발사하고 있다. 바울은 여기서 신자를 하나님께 고소하는 자, 곧 사탄을 추궁하고 있는 것이다.

'권세 잡은 자'는 그리스 어의 아르카이인데, 천사의 한 계급을 가리키는 이름이다(엡 1:21). '능력 있는 자'도 이와 비슷하다. 천사와 권세 있는 자와 능력 있는 자라 하여, 천사의 세 계급을 가리켜 말한 것인 듯하다. 혹은 '하늘에서는 천사, 대 천사, 땅에서는 능력 있는 자'란 뜻인지도 모른다. 어쨌든 이것은 천상 천하의 세력을 통틀어 일컫는 말이다.

죽음의 공포, 삶의 유혹, 하늘 위의 세력, 땅 위의 권위, 이미 아는 현재, 아직 모르는 미래, 하늘의 이상, 땅 밑의 비밀, 그 밖에 완전히 별종의 세계가 있다 하더라도 그것이 우리를 우리 주 예수 그리스도 안에 있는 하나님의 사랑에서 끊을 수 없다. 그리스도 안에 있는 하나님의 사랑이다. 막연한 하나님의 사랑이 아니다. 명백히 지정된 하나님의 사랑이다. 의로써 나타난 사랑이다. 벌할 것을 벌하지 않고서는 용서하시지 않는 하나님의 사랑이다. 그러기에 귀하고 확실한 하나님의 사랑이다. 정의에 의하여 나타난 하나님의 사랑이기 때문에 우주 만물 중 그 어떤 것이라도 이 사랑을 무너뜨릴 수 없으며, 또한 우리를 그 사랑에서 끊을 수 없다고 바울은 말한다. 만유는 정의 위에 서 있다. 만유는 파괴되더라도 정의는 파괴되지 않는다. 그리고 정의 위에 서는 구원이므로 만유도 이를 뒤집을 수 없다고 바울은 말한다. '우리 주 예수 그리스도 안에 있는 하나님의 사랑', 그를 통하여 나타난 사랑, 자신은 죄가 없는 몸이면서 우리의 죄를 지시고 우리를 대신하여 십자가에서 죽음을 맛보신 그의 사랑, 이 사랑에서 끊을 것은 시·공간 안에는 결코 없다는 것이다.

그러면 "나의 죄는 어떤가?"라고 묻는 자가 있을 것이다. 천상천하, 현재, 미래, 나 이외의 어떤 것이라도 나를 그리스도에게 나타난 하나님의 사랑에서 끊을 수 없다 하더라도, 나 자신의 죄 또한 내가 받은 구원에서 나를 끊을 위험이 있지 않은가? "그렇다"라고 어떤 신학자는 답한다. 그러나 만일 그렇다면, 나의 구원은 가장 불안하다. 내 마음처럼 믿을 수 없는 것이 없다. "마음은 만물보다 거짓된 것이며 심히 악하다"(렘 17:9)고 했다. 만일 나의 구원이 나의 결심, 나의 노력, 나의 끊임없는 조심으로 말미암는 것이라면, 나는 아직 위험 중에 있다. 천사보다도, 대천사보다도, 죽음의 고통과 삶의 유혹보다도 위험한 것은 내 마음이다. 이것이 지켜지지 않고 그 안전이 보장되지 않는다면, 우리는 여전히 위험 가운데 있다.

도저히 안심할 수가 없다. 바울은 "너희가 항상 두렵고 떨림으로 너희 구원을 이루라"고 말하였다. 그러나 그렇게 말하자마자 그는 "너희 안에서 행하시는 이는 하나님이시니 자기의 기쁘신 뜻을 위하여 너희로 소원을 두고 행하게 하신다"(빌 2:12-13)고 하였다. 하나님은 내 속에 역사하셔서 나의 구원을 완성하신다. 바울은 "너희 안에 착한 일을 시작하신 이가 그리스도 예수의 날까지 이루실 줄을 우리가 확신하노라"(빌 1:6) 고 같은 빌립보서에서 말하고 있다. 내가 찾지 않았는데도 나를 만나 주신 이가, 나를 아시고, 정하시고, 부르시고, 의롭다 하시고, 깨끗하게 하신 이가 마지막 고비에 가서 나를 버리실 리가 있겠는가?

His mercies in past forbid me to think,
That he will at last allow me to sink.

나는 과거에 나타났던 그분의 은혜가 마지막에 가서 나를 멸망의 심연 속으로 빠뜨리고 말 것이라고는 도저히 생각할 수 없노라.

제43강

유대인의 불신과 전 인류의 구원(1)

9장 1-5절

　로마서 연구를 시작할 때 우리는 이 책의 본문을 세 개의 본관에 비유하였다. 그 중 제1본관이 가장 큰 것이다. 그리고 우리는 8장까지의 연구를 마쳤다. 일단 제1본관의 대규모 건물을 다 둘러본 셈이다. 그리고 그 구조의 크기와 내용의 아름다움에 놀랐다. 이제부터는 제2본관에 들어갈 차례다. 다시 말하면, 8장까지에서 개인의 구원에 관하여 다 말했으므로, 9장부터는 이스라엘 및 전 인류의 구원 문제로 들어가는 것이다.

　로마서는 위대한 책이다. 확실히 그렇다. 그러나 이것은 내용상으로 그렇단 말이지 분량으로는 큰 책이 아니다. 우리 글로 2만여 자, 이것을 성서 연구 지면에 인쇄하면 그 1/3을 채울 뿐이다. 글자에 내포된 사상은 높고도 깊지만, 글자 수로만 보면 하나의 작은 논문에 지나지 않는다. 바쁜 삶을 살았던 바울이었으므로, 혹시 하루 동안에 다 써버렸을지도 모른다. 당시에 그는 고린도 시에 묵고 있었다. 16장 22, 23절을 보면 다음과 같은 인사말이 쓰여 있다.

이 편지를 대서하는 나 더디오도 주 안에서 너희에게 문안한다. 나와 온 교회의 관리인 가이오도 너희에게 문안하고 이 시의 재무 에라스도와 형제 구아도도 너희에게 문안한다.

그는 가이오라는 신분이 꽤 높은 사람의 집에 손님으로 묵고 있었다. 그런데 어느 날, 서기인 더디오에게 이 편지를 받아 쓰게 했다. 아마 주인인 가이오, 시 재무(오늘날로 하면 경리 과장 정도일까?) 에라스도 등이 옆에서 듣고 있었을 것이다. 바울은 개인의 구원을 논하다가, 마침내 8장 끄트머리에 가서 큰 개가를 외친 후 일단 휴식을 취했을 것이다.

휴식 후에 바울은 또다시 내용을 불러 주기 시작하였다. 서기 더디오도 방청자도 바울의 열정이 점점 더 불타오르리라고 생각했을 것이다. 그런데 뜻밖에도 그의 모양은 확 바뀌었다. 말할 수 없는 고민이 그의 마음에 서려 있는 것같이 보였다. 비통한 표정이었다. 사람들은 모두 이 뜻밖의 일에 놀랐을 것이다. 그 놀라움을 멈추게라도 하려는 듯이, 그는 우선 다음과 같이 불러 주기 시작했다.

나는 그리스도 안에서 진실을 말한다. 나는 거짓을 말하지 않는다. 내 양심은 성령 안에서 함께 증거한다, 내게 큰 근심이 있음을. 내 마음에 그치지 않는 고통이 있음을. 나는 생각한다, 내 형제 곧 내 골육을 위하여는 그리스도에게서 끊어져 아나데마(저주받은 자, 멸망받기로 정해진 자)가 되어도 좋다(1-3절, 개역).

그는 먼저 자기가 진실을 말하고 거짓을 말하지 않는다는 것을 강조한다. '그리스도 안에서' 진실을 말한다면서, 나의 '양심'이 그 사실의 증명자라 하고, 더구나 그 증명은 '성령 안에서의' 증명이라고 한다. 그러면 그가 그리스도 안에서 진실을 말하고, 그의 양심이 성령 안에서 증명하는 사실은 도대체 무엇인가? 그것 때문에 그에게 '큰 근심'이 있고, 또 그의 마음에 '그치지 않는 고통'이 있다니 말이다. 이 일은 사람들이 인정하지 않더라도, 또 사람 중에는 한 사람의 증명자가 없더라도, 이것은 자기 마음의 실제적인 느낌이며 양심과 성령이 확실히 이것을 알고 증거한다고 그는 말한다. 그렇다면 그의 이 근심, 이 고통은 도대체 무엇으로 인한 것인가?

바울은 그것을 밝히 말하지 않는다. 감정의 불길이 그의 가슴속에서 타올라, 그의 입에서는 금세 3절의 강한 말이 튀어나와 버렸던 것이다. 이 절에 대해서는 여러 가지 견해가 있다. 그러나 동포인 이스라엘 민족을 위해서는, 자기가 그리스도에게서 끊어져 멸망에 이르더라도 구태여 사양하지 않겠다는 뜻임에 틀림없다. 이 말에서 알 수 있는 것은 그의 근심과 고통의 의미다. 그는 동포의 대부분이 그리스도를 배척하는 불신을 탄식하고 그 미래의 운명을 생각하면서, 가슴에 큰 근심과 고통을 품었던 것이다. 그래서 만일 자신이 멸망에 떨어짐으로써 그들이 구원에 들어가도록 할 수 있다면, 그들을 위하여 자기의 행복을 다 버리고, 그리스도에게서 떨어져 멸망에 떨어지더라도 좋다는 것이다.

8장을 불러 줄 때 바울의 기쁨은 더할 나위 없이 컸을 것이다. 그리고 그 끄트머리의 큰 개가에 이르러서, 그의 기쁨은 가슴이 터질 정도로 절정에 달했을 것이다. 그러나 이 기쁨이 지나간 후에 그는 차분히 생각해 보았다. 이 기쁨은 그리스도를 믿고 그를 받아들인 자만이 맛볼 수 있는 것이다. 그런데 그의 동포는 어떤가? 소수를 제외하고는 다 이 기쁨 밖에 있어서 저주받는 자가 되고 있지 않은가? 그는 이것을 생각하고 갑자기 근심에 사로잡히고 말았다. 온갖 생각이 가슴속에 오락가락해서 미처 그 이유를 말할 겨를도 없이 곧바로 3절과 같은 자기 희생을 각오한 애국적 열정을 토로했던 것이다. 율법을 버린 자라고 비난받으며, 나라를 잊어버린 자라고 욕을 먹던 그에게 이런 강렬한 애국심이 들끓고 있다는 것이 여기에 잘 나타나 있다.

 냉정한 비평가는 자기의 구원에 대하여 그토록 힘차게 개가를 부르던 그가 갑자기 자기는 멸망해도 좋다고 하는 것은 얼마나 모순된 일이냐고 말할 것이다. 그러나 그것은 천박한 견해다. 바울의 사심없는 애국심을 생각할 때, 그가 이런 위대한 자기 희생의 말을 한 것에 대하여 도리어 경의를 표해야 할 것이다. 그는 자신과 구원받은 자에 대하여 큰 기쁨을 맛보는 동시에, 멸망하는 동포에 대하여 큰 고통을 느껴, 자기가 멸망하는 한이 있더라도 그들을 구원하기를 원했던 것이다. 우리는 그의 불타는 애국심을 존경한다.

 1-3절에서 이상과 같은 우국의 충정을 말한 그는 4, 5절에서 다시 돌이켜 이스라엘의 특권을 말한다. 자녀 된 것, 영광, 언약, 율법을 받은 것, 예배, 약속, 이 모든 것들이 그들에게 속한 것이다. 이렇게 이스라엘에겐 여섯 가지 특유물이 있다. 뿐만 아니라 아브라함, 이삭, 야곱이 그들의 조상이다. 더욱이 주 예수 그리스도도 인간적인 면에서는 자기 민족이다. 바울은 이렇게 이스라엘의 우수한 점 여덟 가지를 든 다음에, 끝으로 그리스도에 대하여 "그는 만물 위에 계시어 세계에 찬양을 받으실 하나님이시다. 아멘" 이라고 말한다. 그는 그리스도를 하나님이라 부르며 이 찬미를 한다. 여기에는 철저한 그리스도 신성의 주장이 들어 있음

을 유의하라.

이렇게 하나님의 큰 은혜를 받고 있는 이스라엘이 가지고 있는 불신앙의 상태는 어떤가? 너무나 큰 모순이 아닌가? 이토록 동포의 불신이 크기 때문에 바울은 통한을 견딜 수 없어서 그들의 아나데마가 되고자 하는 것이다. 애국심의 절정이라 할 만하다. 그러기에 바울의 이 말은 우리의 가슴에 크게 와닿는 것이다. 원래 우리 나라 사람은 애국심이 강하기로 소문난 백성이다. 여기서 갑자기 나의 청년 시절이 생각난다. 당시에 나는 신앙에 들어와 큰 기쁨을 맛보았지만, 또한 갑자기 나의 사랑하는 부모, 형제 그리고 동포들이 아직도 이 빛을 받지 못하고 있는 것을 보고는 슬픔을 금할 길이 없었다. 그래서 애국심에 불타 동포의 구원과 일본의 기독교회를 위하여 일생을 바치려고 결심하였다. 우리는 함께 주 안에 있는 자들의 승리에 대하여 기뻐한다. 그러므로 큰 개가를 부른다. 그러나 그것으로 그쳐서는 안 된다. 아직도 동포의 대부분이 어둠 가운데서 헤매고 있는 상태에 깊이 유의하여, 동포의 구원을 위하여 분골쇄신(粉骨碎身)하는 애국적 열정을 가져야 한다. 자신의 구원에만 열중하고 동포의 불신을 근심하지 않거나, 또 동포의 구원을 위하여 열정을 일으키지 않는다면 아직 신앙이 얕은 사람이라 하지 않을 수 없다.

루터, 밀턴, 크롬웰을 보라. 크리스천 중에는 진정한 애국자가 많았다. 하나님을 모르는 자는 깊은 애국심을 품을 수가 없다. 우리 나라에 하나님이 내리신 사명이 있음을 알고, 동포를 하나님의 길로 인도하기 위해 모든 노력을 아끼지 말아야 한다. 이것이 가장 신성한 애국심이다. 진정한 애국자는 바울의 이 마음을 꼭 간직하고 있어야 한다. 오늘 우리 나라에서 애국심이 쇠퇴하고 있는 것은, 사람들의 애국심에 깊은 신앙적 기초가 없기 때문이다. 오직 나라 자랑, 민족적 편협, 미련한 적개심, 헛된 민족적 긍지, 이런 것만을 품고 있으면서 애국심의 소유자로 자처하는 자의 어리석음이여! 이러한 자는 있으나마나다. 또 있어도 곧 사라져 버린다. 사람들은 다 자기 중심의 이기적 동물이 되고 만다. 복음은 반드시 애국을 강조하지는 않는다. 그러나 복음은 사람의 마음을 근본적으로 움직이는 것이기 때문에 복음을 받아들인 사람에겐 참되고 깊은 애국, 애족의 마음이 생기게 마련이다. 복음이야말로 인간 고유의 애국의 정을 더 높고 더 깊고 더 깨끗하게 한다.

지금은 우리 국민의 애국심이 현저하게 저하되었다. 우리 국민처럼 애국심을 고취한 국민도 없다. 애국심은 우리 국민의 종교라 일컬어질 정도였다. 그런데 이제 애국심은 쓸어버린 듯이 없어졌다. 사람들은 이제 나라를 생각하지 않으며, 사회를 생각하지 않는다. 다만 자기 한 몸의 행복을 얻기에만 온 정력을 쏟고 있는 형편이다. 우리 민족은 짧은 세월 동안 한쪽 극단에서 다른 한쪽의 극단에까지 기울어졌다. 이것은 이상해 보이지만 결코 이상한 일이 아니다. 나라를 위해서만 나라를 사랑하는 애국심, 곧 달리 아무런 기초를 갖지 못한 천박한 애국심의 운명은 모두가 이렇다.

진정한 애국심이란 단순히 애국심만이 아니다. 깊고 넓은 어떤 정신이 밖으로 드러난 하나의 표현이다. 하나님의 사랑을 맛보고, 그 사랑에 힘입어 하나님을 사랑함과 동시에 사람을 사랑하고 전 인류를 사랑하게 된 결과로서 저절로 솟구치는 나라와 동포에 대한 사랑, 이것이 곧 진정한 애국심이다. 이런 애국심은 결코 세월과 함께 변하지 않는다. 아니, 세월이 갈수록 더욱더 뜨거워진다. 예수 그리스도는 이런 의미의 애국심을 풍성히 심었던 분이다. 그가 감람산에서 예루살렘 성을 내려다보며 그 운명을 생각하고, "아아 예루살렘아, 예루살렘아……" 하고 뜨거운 눈물을 흘린 것을 보라. 인류에 뿌리박은 깊고 깊은 애국심이 그의 마음을 점령하고 있었다. 바울의 애국심도 그랬다. 하나님을 사랑하고 인류를 사랑하는 기초에 선 애국심이었다. 예수의 애국심, 또 바울의 애국심, 그것이 그 후에 모든 진정한 크리스천에게 전해졌다.

그러므로 애국심의 모범적 본보기는 위대한 크리스천의 생애에서 찾아야 한다. 영국에서는 가장 순수한 애국심을 밀턴의 시에서 찾을 수 있다. 독일의 애국심은 루터로부터 함양되었다. 이탈리아 사람들은 오늘날도 사보나롤라를 애국자의 모범으로 우러러본다. 미국 사람들의 애국심은 필그림의 조상으로부터 발생했다. 신흥국 체코슬로바키아는 처음 나라를 세우던 때에 종교개혁의 희생자인 요한 후스의 애국심에 힘입은 바가 컸다. 이들은 모두 깊은 복음적 신앙으로 함양된 기독교의 애국심에 근원을 두고 있다. 복음을 근원으로 하여 솟아난 애국심만이 영원히 그치지 않는 깨끗하고 넓은 열정을 가지고 영구히 나라를 윤택게 할 수 있다.

그리스도의 애국심은 또한 구약의 위대한 예언자에 근원을 두고 있다. 애국적 사상 및 감정의 가장 순수한 모범은 구약의 예언서에서 발견할 수 있다. 그러기에 성서를 제외하고는 진정한 애국심이 일어날 수 있을지 의문이라고 해도 좋다. 우리 나라에서도 그 뿌리를 성서에 두지 않는 한, 진정한 애국심은 일어날 수가 없다.

동포의 불신은 바울을 근심하게 하고 괴로움을 가져다 주었다. 그러나 그는 실망으로 끝나고 말 사람이 아니었다. 그러므로 이스라엘의 구원이 어떤 형태로 어느 때에 가서는 마침내 이루어질 것을 믿었다. 이 일을 적은 것이 9, 10, 11장이다. 이것이 곧 바울의 이스라엘 구원론이다. 그는 이스라엘이 구원받을 때가 있음을 믿고, 이에 실망으로 시작하여 희망으로 마치고 있다. 우리도 우리 민족에 대하여 생각한다. 지금은 그들이 자기 중심에서 헤어나지 못하여 그리스도를 거부하지만, 하나님은 반드시 어떤 방법으로든지 사랑하는 이 백성을 구원하실 것이다.

그러므로 우리는 언젠가는 기쁨으로 거두어들일 날이 반드시 올 것을 믿고 지금은 눈물로 씨를 뿌릴 따름이다. 우리 겨레의 무정과 완고함과 냉담에도 개의치 않고 주의 말씀을 전할 뿐이다. 우리 민족의 현실은 우리를 매우 슬프게 한다. 그러나 우리 민족은 전에 우수한 종교가와 종교신자들을 많이 배출한 민족이 아닌가? 바울이 동포의 우수한 면을 들어 말한 것같이, 우리 또한 동포의 장점을 들어 말할 수 있다.

하나님은 마침내 사랑하는 우리 민족을 구원하실 것이다. 이렇게 생각하며 우리는 희망을 가지고 전도한다. 우리 나라뿐 아니라 동양 전체에 물이 바다를 덮음같이 하나님을 아는 지식이 충만할 때를 멀리 바라보면서, 이제는 우국의 충정과 동포를 위해 날마다 열심히 전도할 뿐이다. 이스라엘의 구원이 인류 전체의 구원과 서로 관련되어 뗄래야 뗄 수 없듯이, 우리 민족의 구원도 전 인류의 구원과 깊은 관계가 있다.

그러므로 우리 민족의 구원을 위하여 일하는 것이 바로 전 세계의 구원을 위하여 일하는 것이다. 우리는 복음을 위하여, 사랑하는 우리 민족을 위하여 또 세계 인류를 위하여 날마다 일하자. 그렇다, 날마다 일하자.

핵심강해

바울의 애국심

바울은 그리스 고린도에 있는 가이오의 집에 손님으로 묵고 있을 동안 더디오를 서기로 하여 이 편지를 받아쓰게 했다(16:22-23). 그는 아마 하루 동안에 이 편지를 다 써 버렸을 것이다. 아침에 시작하여 밤중쯤에 끝마쳤을 것이다. 그리고 아마 정오 조금 지난 때쯤에 8장을 다 써 버렸을 것이다. 화산에서 용암이 터져나오는 것같이 부풀어올라 터질 것 같은 그의 영혼은 그 위대한 사상을 토로하여 서기 더디오에게 받아쓰게 했다. 사람은 어떻게 구원받는가, 이것이 첫번째로 다루어진 문제였다. 그리고 이렇게도 설명하고 저렇게도 설명하는 중에 8장 끄트머리에 와서 그는 무한한 안도감을 느꼈을 것이다. 마치 길손이 험한 고갯길을 다 오르고 나서 꼭대기에서 한숨을 돌리는 것과 같았을 것이다. 그는 몸을 돌이켜 올라온 길을 내려다보며 큰 소리로 승리의 개가를 불렀을 것이다. 여기서 구술을 일단 중단하고, 구술자와 서기와 방청의 특권을 누리는 주인 가이오가 함께 다른 방으로 옮겨가서 점심 식탁을 대하였을 것이다.

휴식 후에 바울은 편지의 내용을 다시 불러주기 시작하였다. 그런데 개가를 불렀던 바울의 입에서 나온 말은 이상하게도 찬미가 아니라 신음 소리였다. 뒤를 돌이켜보고 노래했던 바울은 앞을 바라보고 신음하였다. 자신의 구원은 확실하다. 구원에 이르는 길은 뚜렷하다. 그러나 나의 동포는 어떻게 하나? 이스라엘은 어떻게 하나? 바울의 신음 소리는 잔잔한 저녁 바다에 멀리 메아리치는 대양의 웅얼거림과도 같았다.

> 나는 그리스도 안에서 진실을 말한다. 나는 거짓을 말하지 않는다. 나의 양심은 성령 안에서 함께 증거한다. 내게 큰 근심이 있음을, 내 마음에 그치지 않는 고통이 있음을. 나는 원한다. 내 형제 곧 내 골육을 위해서라면 그리스도에게서 끊어져 아나데마가 되더라도 좋다. 나는 이스라엘 사람들에 대하여 말한다. 자녀가 된 것, 영광, 언약, 율법을 받은 것, 예배, 약속, 모두가 그들에게 속했다. 열조는 그들의 열조다. 그리스도 또한 육신으로 말하면 그들에게서 나셨다. 그는 만물 위에 계셔서 세세토록 찬양을 받으실 분이다. 아멘(9:1-5).

유대인들은 바울에 대하여 "그는 반역자다. 이스라엘과 그 영광인 모세의 율법을 판 자다"라고 말하였다. 그러나 바울은 "그렇지 않다"고 말한다. "나는 내 나라를 생각하고 내 백성을 생각한다. 그들의 구원을 위해서라면 나 자신이 저주를 받아도 좋다. 나의 견딜 수 없는 근심과 고통은 그들이 복음을 물리치고 그 은혜에 참여하지 못하는 일이다." 바울은 여기서 모세를 본받아 말하고 있다. 모세도 이스라엘의 죄를 용서해 주시기를 빌었다.

> 슬픕니다. 이 백성이 자기들을 위하여 금신을 만들었으니 큰 죄를 범하였습니다. 그러나 합의하시면 이제 그들의 죄를 사하시옵소서. 그렇지 않사오면 원컨대 주의 생명 책에서 내 이름을 도말하시옵소서(출 22:31, 32).

우리는 이 이상의 애국심을 상상할 수 없다. 백성을 구원하기 위해서는 자신이 영원히 멸망해도 좋다는 것이다. 누가 크리스천에게는 애국심이 없다고 말하는가. 최상의 애국심은 크리스천에게서 일어난다. 루터, 사보나롤라, 크롬웰, 밀턴 그리고 "내게 만일 백의 생명이 있다면, 나는 이것을 몽땅 내 나라를 위하여 바치리라"고 말한 미국 혁명 시대의 애국자가 있었다. 미국에서 여덟 명의 아들을 모두 아낌없이 나라에 바친 남북 전쟁 시대의 어머니가 있었다. 기독교는 개인 도덕으로서는 장점이 있지만, 국가 도덕으로서는 결함이 많다고 말해 온 우리 나라의 많은 지식인들은 역사도 제대로 모르는 사람들이다.

통탄할 일은 마땅히 구원받아야 할 자가 구원받지 못하는 일이다. 그리스도를 낳은 이스라엘이 그리스도의 구원에 참여하지 못하다니! 이보다 더 통탄할 일이 어디 있는가? 그 이유를 알기까지 바울의 고민은 그치지 않았다. 일본 사람에 대해서도 같은 통탄이 일어나지 않는가? 일본 사람은 우수한 백성이 아닌가, 강한 종교심을 가진 백성이 아닌가, 혹은 유대인의 일파가 아닌가라는 설이 나올 정도다. 이 백성에게 과거 60년 동안 매우 좋은 복음이 전해졌다. 19세기 기독교 역사에서 일본에는 적지 않은 전도자가 파송되었다. 헤본, 브라운, 풀베키, 윌리엄즈 감독, 해리스 감독, W. S. 클락 등은 모두 위인이었다. 그리고 그들은 일본 사람을 위하여 생명을 아낌없이 바쳤다. 그러나 일본 사람은 국민으로서 아직도 그리스도를 거부하고 그를 따르지 않는다. 불교도는 수천만을 헤아리고 있는데, 기독교 신도는 30만 명에도 미치지 못한다. 일본 사람은 서양 선교사에게서 서양 문명은 전해 받으면서도 그리스도의 복음은 받으려 하지 않는다. 간혹 복음을 받는 자가 있기는 하지만, 굳게 복음을 지속하는 자는 극히 소수다. 대개는 신앙을 버리고 원래의 불신자로 되돌아가 버리는 것이 보통이다. 이것을 생각하면 우리에게도 또한 바울과 같이 '큰 근심, 그치지 않는 고통'이 없을 수 없다. 최후의 심판대 앞에서 그리스도는 일본 사람을 고소하여 다음과 같이 말씀하시지 않을까? "니느웨 사람은 요나의 설교를 듣고 회개하였다. 그런데 너희 일본 사람은 요나보다 큰 자의 가르침을 받고도 이를 돌보지 않고 육욕 문명에 탐닉하였다. 너희가 정죄받는 것은 당연하다"(마 12:41 참조).

그러나 바울은 그의 동포에 대하여 실망하지 않았다. 그는 유대인의 최후 구원을 믿었다. "이스라엘 사람이 다 구원을 얻으리라"(11:26)는 것이 그의 결론이었다. 우리 또한 일본 사람에 대하여 같은 신앙을 가져야 한다.

여기서 바울은 그리스도가 하나님이심을 명백히 가르치고 있다. "육신으로 말하면 그리스도는 또한 그들에게서 나셨다. 그는 만물 위에 계시어 세세토록 찬양을 받으실 하나님이시다. 아멘"(5절). 바울의 이 말에는 조금도 헷갈릴 것이 없다. 문법상 및 언어학상으로 보아 조금도 그 분명한 뜻을 오독할 수가 없다. 다만 그리스도가 하나님이신 것을 믿기가 너무나 어려운 까닭에, 이 1절에 관해서는 옛날부터 많은 해석과 읽는 법이 있어 왔다. 개정 신약성서의 난외(欄外)에서 '만물 위에 계시어……'를 앞 구절과 분리시켜 이것을 따로 하나님을 찬양하는 말이라고 보는 것 등이 그 중 하나다. 그러나 개인의 신앙 문제를 떠나 성서의 글자 자체로 볼 때, 이것이 그리스도를 하나님으로 나타낸 명백한 말임은 의심할 여지가 없다.

그리고 그리스도는 하나님이시다, 조물주시다라는 것은 여기에만 나오는 것이 아니라, 성서의 다른 곳에도 얼마든지 많이 나타난다. 요한복음 1장 1절이 그 중 하나다. "태초에 말씀이 계셨다. 말씀은 곧 하나님이

시다"라고 한 다음에, "말씀이 육신이 되어 우리 가운데 계셨다"고 쓰여 있다. 요한복음 기자는 바울의 이 말을 뒷받침하고 있다. 빌립보서 2장 6절에는 "그리스도는 근본 하나님의 본체이시면서도 하나님과 동등됨을 취할 것으로 여기지 아니하셨다"고 하였다. 하나님과 동등되다는 것은 하나님이시란 말이다. 골로새서 1장 16절에는 "만물이 그리스도에 의해 창조되었다", "만물이 그(그리스도)에게서 창조되었다"고 되어 있고, 17절에는 "만물은 그 안에서 함께 보존된다"고 쓰여 있다. 그리스도는 우주의 창조주이시며, 또 그 유지자시라는 것이다. 또 디도서 1장 3절에서는 그리스도를 '우리 구주 하나님' 이라는 명칭으로 부르고 있다. 같은 디도서 2장 13절에서는 신자는 "크신 하나님 구주 예수 그리스도의 영광이 나타나심을 기다린다"고 쓰여 있다. 그 밖에 이토록 분명하게 쓰여 있지는 않지만, 그리스도를 전능하신 하나님으로 해석하지 않고는 도저히 이해가 되지 않는 성서의 말씀은 이루 헤아릴 수 없을 정도로 많다.

 그러나 단지 글자의 문제가 아니다. 신앙적 체험의 문제다. 그리스도는 하나님이셔야 한다. 하나님이 아니면 죄를 용서하실 수가 없다. 신자는 그리스도에게 죄사함을 받고, 그가 참으로 '크신 하나님 구주 예수 그리스도' 이심을 안다. '인자가 땅에서 죄 사하는 권능이 있음을 알게 하려고' 그는 종종 기적을 행하셨다. "아들이 자유(죄에서의 석방)를 주면 너희는 참으로 자유를 얻으리라"고 말씀하셨다. 이는 하나님이 아니면 하실 수 없는 말씀이다. 그리고 이같이 말한 그 말씀이 실행되는 것을 알고, 우리는 그가 참으로 '만물 위에 계시어 세세토록 찬양을 받으실 하나님' 이심을 아는 것이다. 그리스도가 하나님이시기 때문에 우리도 세상도 그로 말미암아 구원을 받는다.

제44강

유대인의 불신과 전 인류의 구원(2)

9-10장

로마서 9, 10, 11장은 하나의 시리즈로 된 사상의 발표다. 그 내용은 유대 민족, 나아가서는 전 인류의 구원에 관한 중대한 문제다. 그러므로 독자는 우선 이 점에 유의해야 한다. 그런데 9장 9절쯤에서부터 바울이 논하는 바는 이른바 '예정'의 교리다. 좀 이해하기 어려운 교리가 여기에 나오기 때문에, 사람들은 한 문제에만 주의를 기울여 이것을 사색의 중심으로 삼고 논의의 초점으로 봄으로써 9, 10, 11장의 맥락을 놓치고 마는 수가 있다. 이것은 바울의 뜻을 이해하는 길이 아니다. 먼저 이 세 장 전체를 통독하고 나서, 그 전체의 중심점을 파악하는 것이 첫번째 문제다. 그 다음에 비로소 9장에서 논하는 어려운 문제를 고찰해야 할 것이다. 그리고 이 세 장의 큰 뜻은 유대인의 구원이 언제, 어떻게 실현되느냐는 문제에 대한 해답이다. 그는 9장의 4, 5절에서 유대 민족의 특권을 몇 가지 들었다. 이러한 특권을 하나님에게서 받아 온 민족이, 지금 그 큰 구원의 은혜에서 멀어져 가고 있는 것은 무슨 까닭인가? 이것은 단지 동포 이스라엘의 문제일 뿐만 아니라, 하나님의 섭리의 문제 곧 하나님이 세계를 어떻게 통치해 가시는가의 문제다. 이것이 해결되지 않은 채 그는 자기 동포를 제쳐놓고 이방 세계에서만 복음을 전파하는 자신의 사도직을 맡을 수 없었던 것이다. 그가 3년 동안 아라비아 지방에서 지냈다고 하는 명상과 기도의 세월은, 아마 이 중대한 문제의 해답을 얻는 계기가 되었을지도 모른다. 그토록 이것은 중대한 문제다.

그는 먼저 '신음'으로 이 중대한 문제를 시작하였다. '내게 큰 근심이 있는 것과 마음에 그치지 않는 고통이 있는 것'을 고백하였다. 그 근심과 고통은 동포인 이스라엘이 구원받지 못하는 데서 오는 것이었다. 그런데 그는 동포가 구원받지 못하는 이유를 세 가지 든다. 첫째 이유는 9장에, 둘째는 10장에, 셋째는 11장에 있다. 그들이 구원받지 못하는 첫째 이유는 하나님의 뜻에 의해서라는 것, 둘째 이유는 그들의 불신앙으로 말미암는다는 것, 셋째 이유는 이방인이 구원받기 위해서 그리고 그 결과로 전 인류가 구원받기 위해서라는 것이다.

9장은(정확히 말하면 9:6-1은) 위의 첫째 이유를 말한다. 그 요지는, 구원받는 것도 받지 못하는 것도 오직 하나님의 뜻에 달려 있다는 것이다. "육신으로 자녀 된 자, 이들은 하나님의 자녀가 아니며, 오직 약속으로 자녀 된 자가 그 후손이 되는 것이다"라고 8절은 말한다. 또 에서와 야곱이 모태에 있을 때, 그 어머니 리브가는 "맏이가 어린 자를 섬기리라"는 여호와의 소리를 들었다. 이는 "그 자식들이 아직 나지도 아니한 때에 택하심을 따라 되는 하나님의 뜻이 행위로 말미암지 않고 부르심으로 말미암는 것임을 나타내기 위해서였다"(10-13절). 또 15절에서는 "하나님이 모세에게 말씀하신다. 내가 긍휼히 여길 자를 긍휼히 여기고 불쌍히 여길 자를 불쌍히 여기리라"고 한다. 또 18절에서는 "그러므로 하나님께서 긍휼히 여기려 하는 자를 긍휼히 여기시고, 강퍅게 하려 하는 자를 강퍅게 하셨다"고 한다. 사람이 구원받는 것도 멸망되는 것도 모두 하나님의 절대적인 의지와 절대적인 능력에 의한 것이라고 한다. 대담한 단정이다. 바울은 이 일의 합리적인 근거로 21절에서 "토기장이가 진흙 한 덩어리로 하나는 귀히 쓸 그릇을, 하나는 천히 쓸 그릇을 만들 권리가 있지 않느냐?"라고 말한다.

구원받을 자도 미리 정해지고, 구원받지 못할 자도 미리 정해져 있다고 한다. 이른바 예정의 교리다. 이렇게 사람의 운명이 지극히 높으신 이의 마음속에 정해져 있는 것이라면, 사람에게는 아무런 책임도 없는 것이 되며, 분투하고 노력할 필요도 없으며, 전도는 무익한 일이 되고 만다는 의문이 당연히 일어난다. 그렇다, 예정의 교리는 이론상으로는 몇 가지 난점이 있다. 그러나 이것이 인생에서 하나의 견해인 것만은 확실하다. 곧 어떤 사람은 자기의 일을 이렇게 본다. 그렇게 보지 않을 수 없다. 다시 말해서, 이것은 체험적인 진리다. 자신의 지나간 일을 돌이켜볼 때, 모든 사건이 나의 구원을 위하여 마련된 것이었으며, 하나님은 나를 구원하실 것을 미리 정해 두시고 이 목적을 향하여 나를 전진하게 하신 것이라고 생각한다. 나의 구원은 결코 나의 노력의 소산이 아니다. 몇 번이고 몇 번이고 하나님을 등지고 다른 곳으로 도망치려 했지만, 그는 마침내 나를 놓아주시지 않았다. 곧 나는 하나님에게 사로잡힌 것이다. 그 이유를 나로서는 알지 못한다. 다만 그 사실이 나의 체험으로 존재하는 것이다. 그럴 때 바울의 "내 어머니의 태로부터 나를 택정하시고 은혜로 나를 부르신 하나님"(갈 1:15)이라는 확신이 저절로 생기는 것이다. 예정의 교리를 나와 분리시켜 생각하는 때는 이해하기 어려운 점이 있다. 어째서 하나님은 어떤 사람을 불신 가운데 가두어 두시는지 그 이유를 알 수가 없다. 그러나 자기 자신의 문제로, 하나님과 나 사이의 관계의 문제로 볼 때, 이것은 명백한 진리다.

바울은 동포 이스라엘에 대하여 이렇게 생각한다. '그들이 지금 구원 받지 못하는 것은 하나님의 뜻에 의해서다. 구원받는 것도 구원받지 못하는 것도 모두가 하나님의 마음에서 나온다. 하나님은 구원하려 하는 자를 구원하시고, 멸망하려 하는 자를 멸망하신다. 이것이 그가 하시는 일이다. 구약에도 종종 이 사실이 기록되어 있다. 그러므로 이스라엘의 현재의 불신앙은 슬퍼할 일이기는 하지만, 하나님의 뜻이기에 어쩔 수가 없다.' 이렇게 생각하고 나서 그는 슬픔을 자위한다. 그러면 이스라엘이 구원받지 못하는 것에 대해서 그들에게는 전혀 책임이 없는가? 아니다. 그들이 구원받지 못하는 것은 그들의 책임이다. 그들의 불신앙이 그들의 멸망을 불러일으키고 있다. 바울은 이렇게 생각하고, 그것을 10장에서 기록했다.

그러면 9장과 10장은 상반되는 두 개의 진리를 말한 것이 아닌가? 그 사이에는 명백한 모순이 있지 않은가? 사람의 구원과 멸망은 오직 하나님의 의지로 말미암는다는 것이 9장이고, 사람의 의지로부터 나온 불신앙에 기인한다는 것이 10장이다. A는 모두를 하나님의 의지에 두어 사람의 책임을 무시하는 것 같고, B는 사람의 의지에 중점을 두어 사람의 책임을 묻는 것 같다. 여기에 모순이 있다면 확실히 모순이 있다. 그러나 이 모순 가운데는 인생의 묘미도 있다. 이 모순을 어떻게 조화시킬 것인가? 곧 하나님의 의지와 사람의 의지의 병존을 어떻게 풀 것인가? 여기에 인생의 묘미가 있는 것이다.

　이스라엘의 불신앙은 하나님의 의지에서 나오고 동시에 사람의 의지에서 나온다고 한다. 그러면 이스라엘은 영원히 하나님께로부터 버림을 받는가? 바울은 이에 대해 "아니다"라고 대답한다. 그는 11장에서 이렇게 말한다. "이스라엘의 현재의 불신앙은 복음의 빛이 이방에 임하기 위함이다. 그들이 복음을 뿌리쳤기 때문에, 이제 복음은 이방의 어두운 골짜기를 비추었다. 이방 사람들이 속속 예수 그리스도에게로 돌아오고 있다. 그리고 이방 사람이 구원받은 후에, 복음의 빛은 다시 이스라엘을 비출 것이다. 그러면 '이스라엘 사람은 전부 구원받게' 된다. 이리하여 전 세계에 생명의 빛이 골고루 비쳐 땅 위의 온 민족에게 구원이 임하는 것이다. 그러므로 지금 이스라엘이 복음을 거부하는 것은 마침내 전 세계가 복음을 받아들일 예비 단계다." 이것이 바울의 세계 구원론이다. 참으로 깊고 오묘한 역사 철학, 장하고 아름다운 세계관, 웅대한 미래 예언이라고 할 수 있다. 여기서 온갖 모순과 의문이 하나님의 크신 사랑이라고 하는 한 가지 속에 조화되고 융합되는 것이다.

　이 바울의 큰 희망의 예언을 보고, 우리는 현재의 세계 상태에 대하여 큰 위로를 받는다. 지금 세계의 광란은 그 극에 이르지 않았나 생각된다. 이제 사람은 선악이라는 간단한 도덕적 차별조차 인정하지 않는 시대다. 일체를 자기와 자기의 쾌락을 위하여 쓰면서 이를 부끄러워하지 않을 뿐 아니라, 도리어 자랑하고 있는 것이 현대인의 심리다. 그 때문에 인류 사회의 추악과 타락은 급전직하(急轉直下)의 형세를 나타내고 있는 것 같다. 파리, 베를린, 뉴욕 등 문명 도시의 큰 부패는 이를 잘 입증해 준다. 이는 사람의 의지에서 나온 것이며, 동시에 하나님의 의지에서 나온 것이다. 이것은 분명히 하나님의 심판이다. 그러나 하나님은 또한 반드시 이 어둠을 통하여 새로운 광명의 세계까지 인류를 인도하실 것이다. 유대인의 불신이 마침내 전 세계의 구원을 가져온다는 바울의 예언을 본떠서, 우리도 현재의 세계 광란은 마침내 전 세계의 구원에까지 인도된다고 예언할 수 있다. 사람이 하나님의 법을 깨뜨리고 있는 것 같지만, 사실 하나님의 법은 인간이 깨뜨릴 수 있을 정도로 나약한 것이 아니다. 하나님의 법은 엄연히 만고에 우뚝 서 있다. 그는 여전히 전 세계를 구원하기 위한 거룩한 계획을 실현하고 계신다. 마침내 거룩한 계획이 이루어질 때는 반드시 온다. 마치 우리의 죄를 통하여 하나님이 우리를 빛의 나라로 인도해 오셨듯이, 지금 전 세계의 죄악을 통하여 하나님은 전 인류를 그 거룩한 목적으로 인도해 가실 것이다. 그 일을 생각하면 우리 역시 슬픔 가운데서도 큰 위로를 받는다.

이상과 같이 9, 10, 11장의 뜻을 보는 것은 매우 중요하다. 우리는 중요한 착안점을 전 인류의 구원이라고 하는 데 두어야만 한다. 그렇게 하면 9장의 예정 문제 같은 것도 저절로 풀리고 만다. 예정 문제만을 끄집어내어 이를 객관적 진리인 양 이론적으로 따지고 들기 때문에 풀지 못하는 것이다. 이것을 더 넓은 시야에서 바라보면 결코 어려운 문제가 아니다. 곧 하나님이 어떻게 세계 인류를 인도하고 계시는가, 인류의 구원은 어떻게 이루어질 것인가? 이 중대한 문제를 염두에 두고 그 한 부분으로서 예정의 가르침을 보면 어려운 교리라고 생각되던 것이 자연스럽게 풀리고 만다.

이것이 9, 10, 11장의 큰 뜻이다. 그러면 우리는 앞으로 돌아가 10장의 대의를 보자. 이것은 이스라엘의 불신의 두 번째 이유다. 곧 그들의 불신은 그들의 책임이라는 주장이다. 3절은 "그들이 하나님의 의를 모르고 자기의 의를 세우려고 힘써 하나님의 의를 복종치 않는다"고 말한다. 또 4절은 "모든 믿는 자에게 의를 이루기 위하여 그리스도는 율법의 마침이 되었다"고 말한다. 율법의 행위로써 자기를 의롭게 하려고 한 것은 그리스도 이전의 일이다. 곧 율법을 지킴으로써 자기를 의롭게 하여 구원받겠다는 낡은 원리다. 이것은 그리스도가 십자가에 달리심으로 없애버린 원리다. 이제는 오직 믿음으로만 의롭게 되는 것이다. 이것이 '하나님의 의'다. 그런데 그리스도를 모르는 그들은 이 간단하고도 쉬운 의의 길을 버리고, 저 복잡하고 힘겨운 의의 길에 집착하고 있다. 그들은 낡고 낮은 것을 굳게 지키고, 새롭고 더 높은 것을 물리치고 있다. 자신의 분투와 노력으로 율법의 의를 지켜서, 그것으로 하나님 앞에 의롭게 되려 하고, 믿음으로 주어지는 하나님의 의를 받아들이려 하지 않는다. 즉 그리스도와 그 십자가를 거부한다. 보라, 믿음의 길이 얼마나 간단한지를. "말씀이 네게 가까워 네 입에 있고, 네 마음에 있다. 이것이 곧 우리가 전파하는 믿음의 말씀이다. 만일 네가 입으로 주 예수를 고백하고 또 마음으로 하나님이 그를 죽은 자 가운데서 다시 살리신 것을 믿으면 구원을 얻는다. 사람이 마음으로 믿으면 의에 이르고 입으로 고백하면 구원을 얻는다"(10:8-10)고 한다. 이렇게 간단한 신앙의 의를 받아들이지 않고, 저렇게 어려운 행위의 의에 매달려 있는 것, 이것이 유대인의 불신의 이유다. 그들은 이처럼 쉽고 간단한 은혜의 길조차 취하지 않는다. 그러므로 불신의 책임은 그들 자신이 져야 할 것이다.

신앙의 의는 참으로 간단하고 쉽다. 다만 믿기만 하면 의롭다 함을 얻는다. 유대 사람, 그리스 사람의 구별이 없다. "누구든지 주의 이름을 부르는 자는 구원을 얻으리라"(10:13). 다만 아버지 하나님을 의지하기만 하면 된다. 하나님은 자기의 수양, 꾀, 노력 등으로 자기를 의롭게 하려고 하는 자립적 태도를 기뻐하시지 않는다. 다만 그리스도를 마음으로 믿고 입으로 고백하는 것만으로 의롭다 함을 얻는다. 그런데 철학이니 신학이니 외치면서 자기의 연구로 위대한 심경(心境)을 개척하고, 신성한 경지에 자기를 끌어올리려 하기 때문에, 밤낮 애써 보았자 얻는 것이라고는 수고와 실망뿐이다. 호넨 상인(法然 上人)의 「선택집」은 신앙에 의한 구원을 논한 소중한 책이다. 행위에 의한 길을 난행도(難行道)라 하고, 신앙에 의한 길을 이행도(易行道)라고 했다. 난행도는 험준한 비탈길을 숨을 헐떡거리면서 오르는 것과 같고, 이행도는 뱃사공이 노를 저어 가는 배에 자기 몸을 내어맡긴 것과 같다고 가르친다. 그럴듯한 예화다. 다만 그리스도를 믿고 일체를 맡기면 그것만으로 구원의 배를 타고 하늘나라에까지 가게 된다. 사람은 한평생 아무리 많은 선행을 쌓는다 해도 그것으로 구원받는 것이 아니다. 다만 믿어야 할 분(그리스도)을 믿고, 의지할 분을 의지하고, 또한 그 신앙을 고백하는 생애를 계속하면 구원받는다.

이스라엘은 이런 깊은 진리를 깨닫지 못하여 그리스도를 거부한다. 오늘의 문명인도 마찬가지로 그리스도를 배척하고 있다. 이 간단하면서도 쉬운 신앙의 길에 인생의 평안, 기쁨, 즐거움, 생명 그리고 영생이 있는 것을 모르고, 인간의 노력으로 무엇인가 좋은 것을 사람의 마음에, 사회에 산출하려 하다가 낭패와 실망에 빠져 모두가 파멸로 끝나는 참상을 드러내고 있다. 그들은 옛날의 유대인과 똑같은 심리 상태에 처해 있다. 그러므로 기독교국이라고 하는 나라에서도 대부분의 사람들이 그리스도를 믿지 않는다. 이교국 역시 마찬가지로 극히 소수의 사람밖에 그리스도를 믿지 않는다. 바울은 유대인에게 회개하라고 외쳤다. 우리 역시 오늘의 문명인을 향해 회개하라고 외치는 수밖에 없다.

핵심강해

이스라엘의 불신앙 (10장)

유대인은 왜 구원받지 못하는가? (1) 성경 말씀의 성취이기 때문이다 (9:6-29). (2) 그들이 믿지 않기 때문이다(9:30-10장). (3) 그들의 불신으로 인해 이방인이 구원받고, 마침내 전 인류가 구원받게 하기 위함이다 (11장).

9장은 주로 하나님의 선택(예정)에 관해서 논하고 있다. 이삭이 부름을 받은 것도, 야곱이 택함을 입은 것도 선택으로 인해서다. 하나님의 선택의 뜻이 변함이 없기 때문이다(11절). 하나님의 선택은 불의가 아니다. 그는 긍휼히 여길 자를 긍휼히 여기시고, 강퍅게 할 자를 강퍅게 하시어, 그가 하나님이심을 나타내신다. 토기장이가 진흙 한 덩이로 자기의 뜻대로 하나는 귀히 쓸 그릇을, 하나는 천히 쓸 그릇을 만드는 것과 같이, 하나님도 멸망의 그릇과 긍휼의 그릇을 지으셨다 하여 아무도 그것을 불의라고 할 수는 없다. 그는 예언자를 통하여 "이스라엘의 뭇 자손의 수가 비록 바다 모래 같을지라도 남은 자만 구원을 얻으리라"(사 10:22)고 말씀하셨다. 사실이 그랬다. 이스라엘 사람 중 다수가 구원받지 못하리라는 것이 하나님의 뜻이다. 그러므로 거기엔 뜻 깊은 이유가 없을 수 없다. 바울은 이것을 생각할 때 자신의 견딜 수 없는 고통이 다소 위로받을 수 있다고 말했다.

유대인의 불신의 원인은 하나님의 뜻이었다. 그러나 그들에게도 큰 책임이 있었다. 그들은 신앙으로 말미암지 않고 행위에 의하여 의를 추구하였다. 그들은 자기의 의를 내세우고, 하나님의 의를 구하지 않았다. "보라, 내가 부딪히는 돌과 거치는 반석을 시온에 두리라. 그를 믿는 자는 부끄러움을 당하지 아니한다"(사 8:14, 28:16)고 했다. 이는 물론 그리스도를 가리켜 한 말이다. 그리고 유대인은 믿어야 할 분을 믿지 않았기 때문에 실족한 것이다. 이와 반대로 의를 추구하지 않았던 이방인은 뜻밖에도 의를 얻었다. 곧 믿음으로 말미암은 의였다. 그런데 이스라엘은 율법의 의에 이르려 하다가 거기에도 이르지 못하였다. 그들은 의가 무엇인지를 전혀 몰랐다. 하나님이 보내신 이를 믿는 것이 곧 하나님의 의다(요 6:29). 의인은 의를 잃어버리고, 죄인이 도리어 의에 참여한다. 하나님이 무엇보다도 기뻐하시는 것은, 아프게 회개하는 마음이다. 이스라엘은 이것을 잊어버렸고, 도리어 이방인이 앞장섰다(30-33절).

　이스라엘에게는 열심이 있었다. 그러나 그것은 지혜로 말미암은 열심이 아니었다. 그들은 하나님의 의와 사람의 의를 혼동했다. 하나님의 의는 신앙이다. 사람의 의는 행위다. 신앙은 어린아이와 같은 신뢰다. 행위는 어른의 노력이다. 전자는 쉽다. 후자는 어렵다. 그런데 이스라엘은 쉬운 것을 버리고 어려운 것을 좇다가 그 목적을 이루지 못했다. 어리석은 일이다. 가엾은 일이다. 행위는 "내가 하늘에 올라가 말씀을 받아오겠다. 음부에 내려가 의를 되찾아오겠다"고 말한다. 마치 그리스도가 아직 내려오시지 않고 아직 살아나시지 않은 것처럼 착각했다. 그러나 하늘에 오를 필요도 없으며, 땅에 내려갈 필요도 없다. "말씀이 네게 가까와 네 입에 있고 네 마음에 있다." 말씀은 간단하고 쉽다. "네가 입으로 주 예수를 고백하고 또 하나님이 그를 다시 살리신 것을 마음으로 믿으면 구원을 얻는다." 참으로 간단하기 짝이 없다. 유대인들은 이 길을 취하지 않고 다른 길을 취했기 때문에, 곧 의식과 수양과 사색과 연구를 의지하고 믿음으로 말미암지 않았기 때문에 구원의 은혜를 놓쳤다(6-11절).

신앙의 길은 간단하며, 동시에 보편적이다. 여기엔 유대인 또는 그리스인이라는 구별이 없다. 여기엔 유전도 없고 계통도 없다. "주의 이름을 부르는 자는 누구나 구원을 얻는다." 불교에서 말하는 칭명(稱名)이다. 물론 기계적으로 수십만 번, 수백만 번씩 부르면 된다는 것이 아니다. 입으로 고백하고 마음으로 믿는 의미에서의 칭명이다. 아바 아버지라고 부르는 어린아이와 같은 신뢰다. 하나님은 그 아들 예수 그리스도 안에서 자신을 모든 사람에게 나타내시고 그들로 하여금 예수를 믿고 구원의 은혜를 받게 하셨다. 이것은 참으로 간단하다. 명백하다. 고상하다. 너무나 간단하기 때문에 유대인에게는 거치는 것, 그리스인에게는 어리석은 것 같아 보인다(12-13절).

구원은 복음으로 말미암는다. 사람은 복음을 듣고, 이를 믿어 구원을 얻는다. 듣고 믿는 것이다. 여기에 복음을 전파하는 자의 행복이 있다. "평화의 말씀을 전하고 선한 일을 전하는 자의 그 발이 아름답다"고 했다. 전도는 교리의 강해가 아니다. 사회 사업이 아니다. 복음의 전달이다. "그가 말씀하셨으니 나도 또한 말한다"는 것이 전도다. "그가 일러 주셨으니 나는 그대로 믿는다"는 것이 신앙이다. 이보다 간단한 것은 없다. 그런데 신뢰의 길은 모든 경우에 극히 간단한 것이다(14-15절).

복음은 이미 전해졌다. 그러나 유대인은 순종치 않았다. 그들은 성서를 통해 복음이 무엇인지를 이미 배웠다. 그러므로 그들은 핑계할 수가 없다. 불신의 책임은 전적으로 그들에게 있다. 그들은 구원을 잃었다고 해서 하나님을 원망할 수가 없다(16-21절).

유대인이 그렇다. 오늘의 미국인 또는 일본인이 역시 그렇다. 그들은 다른 것은 다 하면서 신앙만은 갖지 않는다. 종교 연구, 사회 사업, 평화 운동, 문화 생활 등 그들은 잡스러운 일에 너무나 바쁘기 때문에 정작 바른 일을 할 겨를이 없다. 미국인은 그리스도의 십자가를 우러러보는 비결을 잊어버리고, 일본인에게는 이렇게 할 겸손과 단순함이 없다. 이리하여 양자가 다 유대인과 같이 의의 율법(이상의 실현)을 좇지만, 거기에 미치지 못한다.

제45강

유대인의 불신과 전 인류의 구원(3)

11장

유대인은 그리스도를 배척한다. 그것은 첫째로 하나님의 뜻으로 말미암은 것이며, 둘째로 그들이 자기의 의에 집착하기 때문이다. 그리하여 이제 이스라엘은 구원 밖에 있다고 한다. 이것이 9, 10장의 큰 뜻이다. 이것을 받아, 바울은 11장 첫머리에서 묻는다. "그러면 내가 묻겠다. 하나님은 그 백성을 버리셨느냐?" 그러고 나서 곧바로 대답한다. "결코 그렇지 않다. 왜냐하면 나도 이스라엘 사람이며 아브라함의 자손이며 베냐민 지파이기 때문이다"(1절). "순수한 유대인인 나 자신이 이미 하나님의 부르심을 입어 그 은혜를 받았다. 그렇다면 다른 유대 사람도 같은 은혜를 받지 못할 리가 없다"는 것이 바울의 뜻이다. 여호와는 예언자 엘리야를 향하여 "내가 나를 위하여 바알에게 무릎을 꿇지 않은 사람 칠천을 남겨 두었다"(2-4절)고 하셨다. "이와 같이 이제도 은혜의 택하심으로 말미암아 남은 자가 있다"(5절)고 바울은 말한다. 이제도 민족 전체의 불신 가운데 극히 소수의 예외가 있다. 일부 동포가 어쨌든 복음을 믿을 것이다. 이것이 '남은 자'다. 바울은 이 사람들이 뿌리가 되어 마침내 구원이 유대 민족에게 임하는 때가 반드시 온다고 확신한다(1-19절).

일본 민족에 대해서도 우리는 똑같이 생각한다. 민족 전체로 볼 때, 그들은 복음을 명백히 거부하고 있다. 그들은 자기의 이해 관계에만 관심이 있고 하나님의 복음에 대해서는 무관심하다. 일본은 불교의 나라다. 각처에 있는 큰 사찰들을 보라. 그곳에서 거행되는 장례식을 보라. 비록 부처의 산 정신은 많이 퇴색했지만, 그 형식은 아직도 우리 민족 속에 깊이 뿌리박고 있다. 풀과 나무가 일본의 전 국토를 뒤덮은 것같이 불신자가 일본의 전 사회를 뒤덮고 있다. 그리고 겉으로는 기독교 신자이지만 사실은 그렇지 않은 자, 또는 한 번 믿었다가 믿음을 버린 사람들의 수가 심히 많다. 슬그머니 두려운 생각이 든다. '하나님은 우리 일본을 버리신 것이 아닐까.' 그러나 고쳐 생각한다. '나같이 완고하고 죄가 많은 자도 하나님의 은혜를 받지 않았는가. 그렇다면 다른 일본인이 구원받지 못할 이유가 어디 있겠는가.' 또 '소수의 일본인은 이미 하나님의 부르심을 입었다. 그 수는 적지만 분명히 일본 민족의 일부다. 이같이 그 일부가 구원받은 이상, 그 전부도 마침내 구원받을 것임에 틀림없다'고 생각한다. 이것이 우리가 바울을 본받아 우리 동포에 대하여 품고 있는 희망이다.

다음에는 11-16절을 보자. 11절에서는 "그러면 내가 말한다. 그들(이스라엘)이 넘어지기까지 실족하였느냐? 그렇지 않다. 도리어 그들의 잘못으로 말미암아 구원이 이방인에게 미치었다. 이는 이스라엘을 격려하려는 때문이다"라고 말한다. 이스라엘이 복음을 거부하는 바람에 그 목표를 바꾸어 이방인에게로 향하였다. 그래서 아직 하나님의 빛을 받지 못한 심령의 암흑 세계에서 두 손 들고 하나님을 영접하는 이들이 속속 일어나게 되었다. 이것은 이스라엘을 자극하기 위함이다. 그들이 멸시하던 이방 세계에 심령의 큰 각성이 일어나고 있다. 유대인은 이에 자극을 받아 그리스도께로 돌아오게 될 것이다. 전에는 그들이 이방인의 선생이었다. 그러나 이제부터는 이방인이 그들의 선생이 되었다. 복음이 이제는 거꾸로 그들의 나라에 역수입되어, 구원이 그들 위에 더욱 풍성히 임하게 될 것이다. 이리하여 전 인류가 그리스도의 빛을 받게 될 것이다. 이것이 바울의 확신이었다.

이제 이 일을 오늘에 적용해 본다면, 우리 민족은 당시 유대 민족의 위치에 있다. 복음이 우리 나라에 전해진 지 이미 수십 년, 그 동안 몸바쳐 일한 사람의 노력과 소비된 재산은 적은 것이 아니었다. 그런데 일본 사람은 복음에 대하여 심히 냉담하다. 간혹 열심 있는 자가 있지만, 대개는 청년 시절의 꿈으로 그친다. 미국 신학교에서 미국인의 돈으로 공부하고 돌아온 일본 청년은 대개 전도의 직분을 버렸다. 일본 사람은 자신을 위하여 복음을 이용하기는 하지만, 결코 복음을 받아들이려고는 하지 않는다. 구미인은 일본인에 대하여 몹시 실망하였다. 그 결과 중국인과 한국인에게 많은 관심을 가지게 되었다. 이제 구미 제국은 이 두 민족에게로 자꾸만 선교사를 파송한다. 그런데 그 효과가 매우 크다고 한다. 일본에서 동양의 복음화가 시작되는 것이 우리의 오랜 염원이었다. 지금도 이 염원은 변하지 않았다. 먼저 일본 전토에 복음이 임하고, 마치 물이 낮은 데로 흐름과 같이, 일본으로부터 중국, 한국으로 흐를 때 우리의 기쁨은 얼마나 클 것인가! 그러나 일본인은 복음을 거부한다. 그 때문에 은혜가 중국과 한국에 미치고 있다. 곧 일본인의 불신은 중국인과 한국인에게 신앙이 주어지는 계기가 되었다. 그런 다음에 복음은 그들에게서 일본으로 전해져, 마침내 동양 전체가 구원받을 것이라고 생각된다. 곧 하나님은 동양 전체에 복음의 빛을 두루 비추시려고 우선 일본 사람을 불신 가운데 가두어 두신다. 그러므로 일본 민족은 결코 버림받은 것이 아니다. 이후에 반드시 큰 구원을 받을 것이다. 곧 최후에 일본이 구원받고 또 동양 전체가 구원받을 것이다.

이것은 물론 동양의 구원에 관한 우리의 상상이다. 그렇다, 상상이다. 그러나 반드시 공상이라고 할 수만은 없다. 일본인은 동양의 형제인 중국인과 한국인을 멸시해 왔다. 지금도 여전히 멸시하고 있다. 더러는 그들을 학대함으로써 쾌감을 느끼는 자도 있다. 그러나 하나님은 교만한 자를 낮추시고 낮은 자를 높이신다. 일본인이 그들보다 먼저 구미의 물질 문명을 흡수했기 때문에 일등국의 반열에 들어 동양의 형제를 업신여길 때, 하나님은 물질 문명을 일본에 맡겨두고 복음을 그 손에서 빼앗아 중국인과 한국인에게 주신다. 그 다음에 그들로 하여금 복음에서 일본인의 선생이 되게 하여, 마침내 생명의 빛이 전 동양에 넘치도록 하는 길을 취하실지도 모른다. 어쨌든 우리는 일본 민족의 구원에 대하여 실망하지 않는다. 하나님은 반드시 어떤 방법으로든지 전 동양을 구원하시는 동시에 전 일본 민족을 구원하실 것이다. 전 세계를 구원하시는 동시에 전 유대 민족을 구원하실 것이다. 우리는 바울과 함께 희망과 기대 속에서 우리의 아픈 마음을 달랜다.

다음으로 17-24절은 유명한 감람나무의 접붙임에 관한 비유다. 보통 접목은 좋은 열매를 맺지 못하는 나무 줄기에 좋은 열매를 맺는 나뭇가지를 접붙여서 그 나무 전체가 좋은 열매를 맺게 하는 것이다. 그런데 감람나무에는 특수한 접목법이 있었다. 그것은 돌 감람나무의 가지를 참 감람나무에 접붙이는 것이다. 그럴 때는 양자에게 모두 좋은 결과가 생긴다. 곧 감람나무의 고목은 생기를 회복하여 싱싱해지고, 돌 감람나무의 가지는 참 감람나무의 가지와 같이 열매를 알차게 맺는 것이다. 이스라엘은 하나님의 정원에서 오랫동안 자라난 참 감람나무다. 물론 들판에서 자라 온 돌 감람나무인 이방인과는 비교가 되지 않는다. 그러나 수천 년 동안 하나님의 말씀을 간직해 와서 이제는 몹시 지쳤다. 그리하여 영적인 힘이 쇠약해져서 주의 복음을 거부하는 비참한 지경에 이르렀다. 이에 하나님은 돌 감람나무인 이방인을 뽑아다가 이들에게 접붙이셨다. 이것은 둘 다에게 다행한 일이었다. 그 때문에 이방인은 하나님의 빛을 받아 심령이 순결해졌다. 그리고 거기에 격려되어 유대인도 영적으로 되살아난다.

　이방인 중에는 생명의 샘물이 이방의 들판에 콸콸 흐르는 것을 자랑하여, 자기 스스로 이것을 막아 버린 유대인을 깔보는 자가 있었다. 그러나 바울은 "높은 마음을 품지 말고 도리어 두려워하라"(20)고 그들에게 당부하였다. 17, 18절에서는 "또 가지 얼마가 꺾어졌는데 돌 감람나무인 네가 그들 중에 접붙임이 되어 참 감람나무의 뿌리의 진액을 함께 받는 자가 되었으니 그 가지들을 향하여 자랑하지 말라. 자랑할지라도 네가 뿌리를 보전하는 것이 아니라 뿌리가 너를 보전하는 것이다"라고 말한다. 이렇게 바울은 이방인이 자랑할 여지가 없게 만든다. 동시에 그들이 하나님을 배반하고 버림받는 일이 없도록 신앙과 경건의 확보를 촉구한다. 즉 "하나님이 원 가지들도 아끼지 아니하셨으니 너도 아끼지 아니하리라"(21절)고 한다. 또 "너희가 만일 하나님의 인자하심 안에 있으면 그 인자하심이 너희에게 있으리라. 그렇지 않으면 너도 찍히는 바가 되리라"(22절)고 말한다.

이스라엘이 구원받지 못하는 것은 불신앙 때문이요, 이방인이 구원받는 것은 신앙 때문이다. 그러므로 이스라엘이라도 신앙 안에 들어가면 구원받는 것은 물론이다. 원래 신앙이 없던 이방인도 마음을 돌이켜 신앙에 들어갔기 때문에 구원받았다. 하물며 원래 신앙에 서 있던 이스라엘이므로, 지금은 불신하더라도 일단 돌이켜 주를 받아들이기만 하면 즉시 구원받을 것은 당연하다(20, 23-24절). 여기서 바울은 정색을 하고 이방 신자에게 이렇게 타이른다.

> 형제들아, 너희가 스스로 지혜 있다 하는 일이 없게 하려고 이 비밀을 너희가 모르기를 내가 원치 아니한다. 곧 이스라엘의 일부가 완악해 있는 것은 이방인의 수가 차게 될 때까지다. 그리고 이스라엘 사람은 전부 구원을 얻을 것이다……너희가 전에 하나님께 순종치 아니하였는데 이젠 그들이 순종치 아니함으로 긍휼을 입을 것과 같이, 이제 그들의 불순종은 너희가 긍휼을 입음으로 또한 긍휼을 얻게 하기 위함이다. 하나님이 모든 사람을 순종하지 아니하는 가운데 가두어 두신 것은 모든 사람에게 긍휼을 베푸시기 위함이다(25-32절).

지금도 이스라엘의 대부분은 불신 가운데 있다. 그러나 이것은 구원이 이방에 임하게 하기 위함이다. 머잖아 구원받을 이방인이 다 구원받을 때, 복음은 유대로 돌아와 이스라엘이 전부 구원받게 될 것이다. 일찍이 하나님께 순종하지 않았던 이방 사람이 유대 사람의 불신 때문에 이제 하나님께 순종하게 된 것같이, 지금 순종하지 않는 유대인은 이방인의 믿음 때문에 다시 하나님께로 돌아오게 될 것이다. 그러므로 현재 이스라엘의 불신은 이후에 신앙으로 들어올 징표다. 생각해 보면, 어느 민족이나 한 번은 불신, 불순종 가운데 갇혀 있었다. 그러나 이것은 그 후에 구원을 베풀기 위함이다. 이리하여 하나님의 지배하에서는 모두가 빛을 향하여 달음박질하고 있는 셈이다.

이렇게 생각하니, 바울의 마음에 크나큰 위안이 임했다. 그는 동포가 구원받지 못하기 때문에 마음속에 큰 근심과 견딜 수 없는 고통을 느꼈다. 어떻게 해서든지 그들을 회개케 하려고 하였다. 이것은 그의 애국 애족심에서 우러난 것이었다. 그는 이방인이 속속 하나님께로 돌아오는데, 동포는 끈질기게 불신에 머무르고 있는 것을 차마 볼 수가 없었다. 그러나 그는 눈을 들어 전 인류의 미래를 내다보았다. 그리고 전 인류의 구원의 날을 기대하고, 또 인류의 일부로서 최후에 있을 이스라엘의 구원을 예감하였다. 모든 일이 끝날 때는 광명이 온다. 세계 인류의 앞날에는 희망이 있다. 하나님은 어느 민족이나 한 번은 '불순종 가운데 가두어 두신다'고 해도, 이것은 조금 후에 긍휼을 베푸시기 위함이다. 추운 겨울이 지나면 반드시 따뜻한 봄이 온다. 지금은 유대 민족의 겨울이다. 그러나 이 겨울 뒤에 올 봄의 광명과 생명을 미리 내다본다. 이리하여 하나님은 그 뜻을 반드시 실현시키시는 것이다.

바울은 이상과 같이 생각하였다. 이 위대한 신념이 솟구치자 처음에 품었던 근심과 고통은 사라졌다. 그리고 남은 것은 다만 찬송뿐이었다. 그래서 33절 이하에서 그는 이렇게 노래한다.

깊도다, 하나님의 지혜와 지식의 부요함이여! 그의 심판은 측량하지 못할 것이며, 그의 길은 찾지 못할 것이로다. 누가 주의 마음을 알았느냐? 누가 그의 모사가 되었느냐? 누가 주께 먼저 드려서 갚으심을 받겠느냐? 이는 만물이 주에게서 나오고, 주로 말미암고, 주에게로 돌아감이라. 영광이 그에게 세세에 있으리로다. 아멘.

이것은 그의 위대한 찬미의 노래다. 8장 끄트머리의 찬양과 더불어 쌍벽을 이룬다. 하나는 구원의 확실함을 알고 부른 개가이며, 다른 하나는 하나님의 지혜의 광대함을 찬양한 것이다. 둘 다 탁월한 승전의 노래다. 모든 것을 섭리 속에서 보는 것이 그 특징이다. 9-11장까지는 인류 구원론의 결말로 가장 잘 어울린다.

세계의 현상은 어떤가? 또 우리 일본의 현상은 어떤가? 혼탁과 무질서의 극이라 할 것이다. 하나님은 왜 이렇게 인류를 인도하시는지, 왜 이것을 그대로 보고만 계시는지 의문이 생길 수 있다. 이에 대한 첫번째 대답은 하나님의 뜻이라는 것이다. 두 번째 대답은 인류의 의지라는 것이다. 인류는 자기의 의지로 하나님과 진리를 불순종해 왔다. 이에 대하여 그들은 책임을 져야 한다. 그래서 하나님은 거기에 걸맞는 벌을 내려 그들을 이 혼란 속에 집어넣으셨다. 그러나 어두운 가운데서 빛을 내시는 하나님은 반드시 이 혼란과 추악을 통하여 인류를 빛으로 인도해 가실 것이다. 바울이 현대에 태어났다면 이렇게 믿었음에 틀림없다. 우리도 이렇게 믿고 바라며, 바울과 함께 하나님의 지혜와 지식의 부요함을 찬미하자.

이것을 모순이라고 보는 사람이 있다. 그렇다. 그러나 그렇지 않다. 이론상으로는 거기에 모순이 있다. 그러나 사랑은 이론 이상이다. 사랑은 전 우주만큼 크다. 사랑 안에서는 일체의 모순이 조화된다. 하나님의 사랑은 봄볕과 같이 따뜻하게 전 인류를 감싸고 있다. 사람은 하나님의 사랑이 얼마나 큰지를 모른다. 그러나 때가 되어 새 하늘과 새 땅이 임하여 부활의 아침이 오면 어떻겠는가? 그때 우리가 받는 은혜가 너무나 큰 것임을 알고 과연 놀라지 않겠는가? 그때 자기의 연약함에 과연 누가 부끄럼을 느끼지 않겠는가? 참으로 하나님의 사랑은 사람의 눈이 미처 보지 못하고, 사람의 마음이 아직 생각하지 못하는 것을 주시려고 하는 것이다. 이 큰 사랑 가운데서 세계의 현재와 장래를 바라본 바울의 구원론, 그것은 참으로 엄청난 희망에 물결치는 영혼의 외침이다. 이 위대한 사상 앞에서 이 세상의 철학은 연기같이 스러져 버린다. 인간의 이성으로 풀리지 않는 하찮은 의심은 산산조각이 나버릴 것이다. 그리고 남은 것은 다만 하나님의 지혜에 대한 찬미의 노래뿐이다.

핵심강해

하나님의 섭리

이스라엘 사람의 다수는 구원받지 못하였다. 그러나 하나님께서 그 선민을 버리신 것이 아니다. 바울 자신이 그 중의 한 사람이다. 그는 "나도 또한 이스라엘 사람이며, 아브라함의 후손이며, 베냐민 지파다"라고 말한다. 빌립보서 3장 5절에서는 "나는 8일 만에 할례를 받은 이스라엘 족속이요, 베냐민 지파요, 히브리인 중의 히브리인이요"라고 말하고 있다. 곧 바울 자신이 순수한 이스라엘 사람인데, 그는 하나님의 부르심을 받고 그리스도의 종이 될 수 있었다. 하나를 보면 열을 안다. 바울 자신이 구원받은 것은 모든 이스라엘 사람이 구원받을 수 있다는 가능성을 나타내 주는 것이다. 그리고 바울 이후 오늘에 이르기까지, 유대인으로서 충실한 예수의 제자가 된 사람이 많이 나왔다. 음악가 멘델스존, 시인 하이네, 교회 역사가 네안델, 유명한 그리스도 전기의 저자 에델샤임 등은 모두 순수한 유대인이며 열심 있는 크리스천이었다. 참으로 하나님은 자신을 위하여 바알에게 무릎을 꿇지 않는 자 칠천 명을 남기셨다. 유대인 전부가 그리스도를 거부한 것이 아니다. 그들 중에 비록 소수이지만 '이제도 은혜의 택함으로 남은 자'가 있다(1-10절).

이스라엘 사람은 소수를 제외하고는 그리스도에게 실족하였다. 그러나 이것은 그들을 실족하여 넘어지게 하기 위함이 아니었다. 이로 말미암아 복음이 이방인에게 전해지게 하기 위함이었다. 유대인에게 버림받은 돌이 이방인에게는 집 모퉁이의 머릿돌이 되었다. "이것은 주로 말미암아 된 것이요, 우리 눈에 기이하도다"(마 21:42). 유대인은 스스로 복음을 거부했는데, 사실은 세계 복음화의 길을 열었던 것이다. 시기심과 경쟁심은 학교를 지배하고, 국가를 지배한다. 학문을 지배하고, 신앙을 지배한다. 하나님 또한 시기심과 경쟁심을 일으켜서 인류를 구원하신다(11-16절).

지중해 연안의 농부는 고목이 되어 쇠약해진 감람나무를 다시 성성한 나무가 되게 하기 위해 거기에 돌 감람나무를 접붙이는 예가 있다. 그와 같이 하나님은 오래 묵은 관례에 얽매여 영성을 상실한 이스라엘 사람에게 생기 왕성한 영계의 야인 이방 사람을 접붙여서 복음을 되살려내신다. 이스라엘의 신앙 위에 그리스의 지식과 로마의 상식을 접붙여서 전자는 되살아나고, 후자는 깨끗해졌다. 이것은 양편에게 다 좋았다. 여기서 유럽 문명이 일어났다. 유럽의 종교는 유대적이고, 학문은 그리스적이며, 유대인 자신도 그 은혜를 입었다. 유대는 어디까지나 그 뿌리요, 그리스와 로마는 그 가지다. 유대가 낳은 기독교가 뿌리가 되어 유럽 문명을 꽃피웠지, 유럽 문명이 기독교를 지탱하는 것이 아니다. 이방은 유대를 향하여 자랑할 수 없다. 문명의 원 둥치는 역시 유대다(17-24절).

복음은 유대인을 떠나 그리스 사람에게 임하였다. 그러나 이것은 하나님이 영원히 그 백성을 버리셨기 때문이 아니다. '일부 이스라엘이 완악한 것은 이방인의 수가 차게 될 때까지'다. 구원받을 이방인이 모두 다 구원받고 난 후에, 복음은 다시 이스라엘로 돌아오게 되어 있다. '그러고 나서 이스라엘 사람이 몽땅 구원받을 수 있는' 것이다. 하나님은 택하신 백성을 버리지 않으신다. "구원자가 시온에서 나와 야곱의 불신앙을 제거하신다. 하나님의 은사와 부르심에는 변함이 없기 때문에 이렇게 되는 것이 당연하다. 하나님이 잠시 이스라엘을 버리신 것같이 보이는 것은, 최후에 그들을 완전히 구원하시기 위함이다"(25-31절).

"하나님이 모든 사람에게 긍휼을 베풀려고 그들 모두를 순종하지 아니하는 가운데 가두어 두셨다." 우선 일단 불신, 불순종 가운데 가두어 두심으로써 그들로 하여금 핑계할 길이 없게 한 다음에, 은혜를 베풀어 구원의 자유에 들어가게 하신다. 사람이 자기를 의지하는 동안은 어떤 사람에게도 구원이 임하지 않는다. 도망할 길이 없게 되어 밑바닥의 밑바닥에서 구원을 부르짖을 때 하나님은 긍휼로써 그에게 임하여 큰 구원을 베푸시는 것이다. 이스라엘 사람이 자기네 조상의 공적을 의지하고, 자기에게 구원받을 권리가 있다고 생각하는 동안은 결코 그들에게 구원이 임하지 않는다. 비록 아브라함의 정통 자손이라 하더라도, 그 죄를 규탄받아 불순종 가운데 갇혀 있지 않으면 긍휼을 입고 구원에 들어갈 수가 없는 것이다(32절).

"깊도다, 하나님의 지혜와 지식의 부요함이여! 그의 심판은 측량하지 못할 것이며, 그의 길은 찾지 못할 것이로다." 하나님이 하시는 일에는 모순이 있는 것 같아 보인다. 그러나 그 모순은 사상적인 면에서의 모순이지 사실상의 모순이 아니다. 하나님은 그 사랑의 행위로써 모든 모순을 녹여 버리신다. 하나님에게는 지상(至上) 의지가 있고, 모든 사람에게는 자유 의지가 있다. 그리고 둘이 함께 일하여 하나님을 사랑하는 자를 유익하게 하신다. 여기에 하나님의 섭리가 있다. '섭리'는 '조절하여 다스린다'는 뜻이다. 영어의 Providence는 라틴 어의 *Pro*와 *videre*를 합친 말로서 '미리 본다'는 뜻이다. 하나님은 인류의 미래를 미리 내다보시고, 그 선견지명에 따라 모든 일을 섭리하고 통치하시는 것이다. 이것을 생각하고 사람은 다만 그 앞에 엎드려 욥과 함께 말할 뿐이다. 즉 "주께서는 무소불능하시오며, 무슨 경영이든지 못 이루실 것이 없는 줄 아오니, 무지한 말로 이치를 가리우는 자가 누구이니이까? 내가 스스로 깨달을 수 없는 일을 말하였고, 스스로 알 수 없고 헤아리기 어려운 일을 말하였나이다……그러므로 내가 스스로 한하여 티끌과 재 가운데서 회개하나이다"(욥 42:2-6). 모든 사람을 구원하시려는 것이 하나님의 뜻이다. 세계 역사는 거기에 도달하는 길에 지나지 않는다(33-36절).

제46강

기독교 도덕의 근본

12장 1절

지난 번 강의로써 11장까지의 연구를 마쳤다. 이제부터는 12장 이후의 연구에 들어간다. 그 내용의 가치로 말하면, 로마서는 제8장을 절정으로 본다. 그러나 그 내용의 성격으로 말하면, 11장과 12장 사이가 분수령인 셈이다. 곧 11장까지는 교리 면이고, 12장부터는 실천 도덕을 논하고 있다. 그러므로 로마서를 크게 두 부분으로 나누어 11장까지를 제1부, 12장 이후를 제2부로 볼 수 있다. 또는 전체를 세 부분으로 나누어 개인의 구원을 주제로 한 1-8장을 제1부로 보고, 인류의 구원을 주제로 한 9-11장을 제2부로 보고, 실천 도덕을 논하는 12장 이하를 제3부로 볼 수도 있다.

이같이 서신의 전반부에서는 복음적 교리를 논하고 후반부에서는 실천 도덕을 논하는 것은 로마서만이 아니다. 이는 바울의 다른 서신에서도 볼 수 있다. 가장 선명한 것은 로마서와 에베소서다. 에베소서는 3장까지에서 신앙에 관한 깊은 교리를 논하고, 4장부터는 "그러므로 주 안에서 갇힌 내가 너희를 권하노니, 너희가 부르심을 입은 부름에 합당하게 행하여"라는 말로 시작하여 실천 도덕을 설명하고 있다. 골로새서도 마찬가지다. 1, 2장에서 깊이 있는 교리를 논한 후에, 3장부터는 "그러므로 너희가 그리스도와 함께 다시 살리심을 받았으면 위엣것을 찾으라"는 말로 시작하여 역시 도덕적인 교훈을 베풀고 있다. 그 밖에 갈라디아서는 5장 1절부터, 데살로니가전서는 4장 1절부터, 데살로니가후서는 3장 6절부터 각각 실천 도덕을 논하고 있다. 바울 서신의 절반이 이런 특징을 가지고 있다.

일반적인 방법대로 한다면, 우선 사람을 가르치려면 도덕부터 말해야 할 것이다. 그래야 이해하기가 쉬울 뿐만 아니라, 실제 생활상의 중점을 행위에 두는 것이 당연하기 때문이다. 그런데 바울은 왜 이해하기 어렵고 실제 생활과는 거리가 멀다고 생각되는 교리 ― 대개의 사람들은 신비적이라고 하는 것 ―를 먼저 역설하고 나서 더 이해하기 쉽고 요긴하다고 생각되는 도덕을 그 다음에 논하는 것인가? 이것이 의문이다. 그러나 바울이 볼 때는 교리가 근원이고 도덕은 말단이다. 교리는 뿌리와 줄기이고, 도덕은 꽃과 잎이다. 의롭다 함을 얻는 일, 깨끗함을 받는 일, 구원을 얻는 일 그리고 인류 구원의 순서 등이 바울에게는 인생에서 첫째 가는 문제다. 하나님과 사람의 관계가 가장 근본적인 문제다. 그러므로 이것의 해명에 많은 분량을 소비하고, 그 다음에 비로소 도덕 윤리 문제에 들어간다. 보통 사람은 '세상에는 실제 문제가 많다. 사회, 국가, 인류에 관한 절실하고 급한 문제가 산더미처럼 쌓여 있다. 이런 문제를 해결하는 데도 시간이 모자랄 정도다. 그런데 도대체 무엇 때문에 하나님과 사람의 관계 같은 문제만 파고드느냐' 고 생각한다. 그런데 바울에게는 하나님과 사람의 관계의 문제가 인생에서 첫째가는 문제다. 이 문제만 해결되면 다른 모든 문제는 저절로 해결되는 것이다.

뿌리 없이 잎과 꽃이 필 리가 없다. 그런데 이 세상 사람들은 이런 불가능한 일에 악착같이 매달리고 있다. 그러나 교리는 인생 문제 해결에서 필수적인 근간이다. 우선 하나님과 사람의 관계가 올바르지 않고서는, 다른 모든 일이 올바르게 될 수가 없다. 기독교 도덕은 기독교 교리를 근간으로 하는 잎과 꽃이다. 그러므로 뿌리가 줄기에 양분을 공급해 줌으로써 성장하는 것이다. 뿌리가 없이 홀로 서 있는 윤리 도덕은 마치 병에 꽂혀 있는 꽃과 같이 시들어 버릴 수밖에 없다. 이 점에서 기독교 도덕은 보통 도덕과 근본적으로 다르다. 자기가 의롭다 함을 얻는 일, 깨끗함을 받는 일, 구원을 얻는 일의 깊은 교리를 배우고, 더 나아가 전 세계에 관한 하나님의 계획의 비밀을 배우고, 환희와 희망의 노래를 소리 높여 부른다. 그리고 나서 실제 도덕으로 들어가야 한다. 우리는 심령의 뿌리에 생명을 공급받지 못하면 아무리 우수한 도덕이라 하더라도 이를 실행할 힘이 없다. 인생의 근본 문제가 해결되고, 죄의 고민이 뿌리째 뽑히고, 하나님 앞에서 의롭다 함을 얻고, 영화의 희망으로 마음이 뛰놀고, 기쁨과 평화가 나의 온몸을 흠뻑 적시게 될 때, 마음에 저절로 생명과 능력이 충만해지면 도덕은 나도 모르게 실천되는 것이다. 이것이 도덕적 생활을 실천하는 최상의 길이다. 그러므로 도덕에 앞서 교리가 있고, 교리 뒤에 도덕이 있는 것은 조금도 이상할 것이 없는 당연한 일이다.

기독교 교육에서는 이를 큰 문제같이 여겨 이것에 대하여 많은 저술을 하는 학자도 있다. 어떠한 모양으로든 그것을 정밀히 논할 수는 있을 것이다. 그러나 로마서 12, 13장으로써 기독교 도덕의 뼈대는 거의 다 말했다고 할 수 있다. 사람의 사람에 대한 의무, 사람의 사회와 국가에 대한 의무 등 각 방면에 걸쳐 세밀하게 설명되고 있다. 인생에 필요한 윤리 도덕은 거의 다 들어 있다고 할 수 있다. 그러므로 하나하나의 단어나 어구에 유의하여 신중히 연구하면, 우리 기독교 신도의 일상생활에 대한 완전한 지침이 될 수 있다.

먼저 12장 1절을 보면, 우리 성서에는 "그러므로 형제들아, 내가 하나님의 모든 자비하심으로 너희를 권한다. 그 몸을 하나님이 기뻐하시는 거룩한 산 제물로 하나님께 드리라. 이는 너희가 마땅히 드려야 할 영적 제사니라"고 하였다. 이제 이것을 원문의 순서대로 옮기면, 대충 다음과 같이 된다.

그러므로 너희에게 권한다, 형제들아, 하나님의 모든 자비로써 그 몸을 바치라. 하나님이 기뻐하시는 거룩한 산 제물로. 이는 너희가 마땅히 드려야 할 제사다.

하나하나의 어구가 뜻 깊다. 이것이야말로 기독교 윤리의 근본적인 원리다. 이 한 절은 윤리의 기본이라고 할 수 있다.

첫번째 말은 '그러므로' 다(원문에는 첫째로 '권한다' 는 말이 나오고, 다음에 '그러므로' 가 나오는데, 이것은 어법의 성질상 그런 것이며, 의미의 관계에 있어서는 '그러므로' 가 첫째 자리에 온다). 이 '그러므로' 는 무엇을 받는 말이냐가 문제다. 마이어 같은 학자는 11장 35, 36절을 받는 것이라고 주장한다. 그러나 많은 학자는 이 말을 1장 17절 이하에서 11장 끝절까지 논한 것을 전부 받는 말이라고 본다. 이 말은 로마서의 교리 부분과 도덕 부분 사이에 놓여 있는 '그러므로' 다. 그러므로 교리

부분 전체를 받는 말이라고 보는 것이 최상의 견해라고 생각한다. 곧 "너희가 그리스도로 말미암아 의롭다 함을 얻어 하나님과 새로운 관계에 들어가게 되었으므로"라는 뜻이다(산데이). "의롭다 함을 얻고, 깨끗함을 받고, 구원의 희망을 가지게 되어 — 이런 가지가지 큰 은혜를 받아 — 크나큰 기쁨과 평안을 얻었으므로……"라는 뜻이다. '그러므로'는 이렇게 살아야 한다는 도덕의 권면이다. 무조건 이러이러해야 한다, 해서는 안 된다고 하는 훈계가 아니다. 충분한 근거가 있어서 저절로 겉으로 나타나야 하는 권면이다. 다음의 2절 이하 15장 끄트머리까지에는 가르치는 바가 여러 가지 있지만, 어느 훈계든 그 앞에 이 '그러므로'가 붙는 훈계다. 이런 의미의 '그러므로'가 앞에 붙는 도덕이라야 비로소 도덕으로서의 가치가 있다. 또 실천될 수도 있다. 곧 충분한 심령적 근거와 생명의 원천을 지닌 도덕이다. 로마서 12장 이후의 기독교 도덕을 배우면서, 우리가 늘 유의해야 할 것이 이 '그러므로'다.

"너희에게 권한다, 형제들아"라고 한다. '형제들아'는 바울이 무슨 중대한 일, 뜻 깊은 일, 자기의 지극한 애정을 담고 말하기 전에 꼭 입버릇처럼 하는 말이다. 이를테면 10장 1절에서 "형제들아, 내 마음에 원하는 바와 하나님께 구하는 바는 이스라엘이 구원을 얻게 하려는 것이다"라고 한 것, 또 고린도전서 12장 1절에서 "형제들아, 신령한 것에 대하여는 너희가 알지 못하기를 나는 원치 않는다"라고 한 것들이다. 정이 듬뿍 담긴 말, 형제가 형제에게 하는 말이다. 바울은 여기서 형제의 입장에서 로마 신도들에게 애정을 부어 주면서, 따뜻한 마음으로 도덕적 권면을 하려 한다. 불과 한마디를 더한 것뿐이지만, 그 가운데는 필자 바울의 따뜻한 마음씨가 충분히 엿보인다. 우리는 여기서 위대하면서도 섬세한 그의 마음씨를 배워야 한다.

'권한다'고 했다. '명한다'가 아닙니다. "모세는 명하고 바울은 권한다"고 벵겔은 말했다. 모세의 율법은 권위로써 내리는 명령이다. 그러기에 그것을 행하면 행복이 오고 그것을 깨뜨리면 형벌이 내린다고 한다. 곧 모세의 율법은 행복의 약속과 형벌의 위협으로써 하는 명령이다. 그런데 이제 때가 와서 복음의 시대가 되었으므로 가장 먼저 주어지는 것이 은혜다. 은혜가 먼저 내린 다음에 "그러므로······ 권한다"고 했다. 도덕적 명령을 다시 내리는 것이 아니다. 은혜를 받고 감격한 결과, 당연히 해야 할 일을 깨우쳐 주며 이렇게 살아가라고 권면하는 것이다. 권하지 않더라도 독자가 당연히 실행할 테지만, 혹시 잊어버리는 자가 있을지도 모른다는 노파심에서 새삼스럽게 권면하는 것이다. 그러므로 능히 할 수 있는 일을 일깨워 주는 것뿐이다. 그러므로 명령으로, 위협적으로 말할 필요가 조금도 없다. 다만 권하는 것만으로 충분하다.

'하나님의 모든 자비로써' 권한다고 한다. 11장까지에서 말한 바가 모두 하나님의 '모든 자비'다. 특히 1-8장에서 말한 구원의 원리는 철두철미 하나님의 자비에서 나온 것이다. 거기에 두드러진 것은 사람의 죄와 하나님의 사랑의 대조다. 사람에게는 다만 깊은 죄가 있을 뿐 아무런 공로가 없으며, 오직 믿음으로 의롭다 함을 얻고, 깨끗함을 받고, 구원을 얻는다는 하나님의 자비다. 이 하나님의 자비로써 바울은 헌신을 권하고 있다. 자비에 감격하여 저절로 하게 되는 헌신을 일깨우기 위하여 바울은 새삼 권면하는 것이다. "하나님의 자비에 한없이 감격하는 자는 모든 뜻에 순종하기 마련이다"고 한 벵겔의 말에 유의하라.

하나님의 모든 자비로써 바울은 무엇을 권하는가? 곧 "너희 몸을 드리라"고 한다. 바울이 여기서 몸(육신)을 드리라고만 하고, 전심전력을 드리라고도, 네 자신을 드리라고도 하지 않은 것에 대해서는 여러 가지 설이 있다. 그러나 몸 곧 육신을 드리라고 명시하고 있는 이상, 그것이 육체적 헌신을 의미하는 것임은 물론이다. 바울은 무엇 때문에 이 일에 중점을 두는가? 그는 2절에서 "마음을 새롭게 함으로써 변화받으라"고 권한 것을 보아, 1절에서는 단지 몸에 대해서만 말했을 것이다. 사람의 육신은 인간이 일을 하는 도구다. 이것으로 사람은 악도 행하고 선도 행한다. 육을 사탄이 유혹하는 대로 남용하기도 하고 악용하기도 하는 것이 이 세상의 상태다. 가장 심한 예가 이미 1장 말미에 기록되었다. 이 악용되기 쉬운, 또 죄의 기관이 될 수 있는 육신을 하나님께 드리어 하나님을 위하여 쓰는 것이 마음을 깨끗하게 하는 동시에 또한 육신을 깨끗하게 하는 길이다. 하나님을 위하여 이 육신 곧 머리와 손과 발을 쓰는 것이 바울이 말하는 헌신이다. 몸을 드리라는 것은 비근한 일 같으나 사실은 뜻 깊은 권면이다.

"하나님이 기뻐하시는 거룩한 산 제물로 드리라." 제물이란 유대에서는 희생제물로서 제단에 바치는 것을 뜻한다. 유대에는 여호와께 드리는 몇 가지 제사가 있었다. 어릴 적부터 이러한 모든 제사에 익숙했던 바울은 아주 자연스럽게 "제물로 바치라"는 말을 했을 것이다(자기 나라의 제사에 대한 일종의 친근감으로). 번제가 먼저이고 수은제가 나중이다. 둘 다 희생 제사인데, A는 죄 때문에, B는 감사 때문에 드리는 제사다. 그런데 신자의 경우에는 그리스도가 우리를 대신하여 '세상 죄를 지는 하나님의 어린양'으로서 자신을 번제의 제단에 바치셨기 때문에, 우리의 번제는 이미 끝났고 이제는 감사를 나타내는 수은제를 드릴 차례다. 그러나 이제는 소나 양을 드리는 것은 하나님이 기뻐하시는 바가 아니다. 이제 드려야 할 희생은 우리의 육신이다. 거룩한 산 제물이다. 죽은 소나 양은 이제 제물로서의 가치가 없다. 살아 있는 내 몸을 전부 - 그 지체와 함께 전부 - 드리는 것, 이것이 '하나님이 기뻐하시는' 제물이다. 이것을 우리는 감사하는 마음으로, 은혜에 보답하는 심정으로 드려야 한다. 그리고 하나님의 거룩한 사업을 위하여 내 몸을 사용해야 한다.

바울은 이렇게 완전한 헌신을 권한 다음에 "이는 마땅히 드려야 할 영적 제사다"라고 덧붙였다. 이 헌신은 크리스천으로서 당연히 드려야 할 제사라는 뜻이다. '드려야 할'의 원어는 *logikos*(로기코스)다. 이것은 합리적이라고 번역하는 것이 일반적이지만(영어의 rational), 또 영적이라고 번역할 수도 있다(영어의 spiritual). 합리적이라고 보면, 이상과 같은 은혜를 받은 크리스천이 그 몸을 드리는 것은 당연한 제사라는 뜻이 된다. 참으로 이치에 맞는 당연한 헌신이라는 것이다. 이것이 일반적인 견해이다. 이 견해에는 별로 반대가 없으며, 문자상, 의미상 자연스럽고 무난한 견해다. 그러나 또 영적이라고 보는 견해도 타당하다. 같은 낱말이 베드로전서 2장 2절에 사용되었는데 '순전하고 신령한 젖'이라고 번역되어 있다. 또 같은 서신 2장 5절에는 "예수 그리스도로 말미암아 하나님이 기쁘게 받으실 신령한 제물을 드리라"고 하였다. 여기에는 다른 낱말이 사용되어 있지만, 그 뜻은 로마서 12장 1절과 흡사하다. 혹은 바울이 "이는 영적인 제사다"라고 함으로써, 유대의 모든 제사가 물질적인 것에 대비시킨 것인지도 모른다. 더구나 차츰 백성과 제사장의 타락 때문에 유대의 모든 제사는 그 아름다운 의미를 상실하고, 단지 물질적, 형식적 제사로 변해 버렸기 때문에, 바울은 특히 힘주어 영적인 제사라고 말했을지도 모른다. 그러나 어느 편을 취하든지 그 뜻은 마찬가지다.

크리스천에게도 제사가 있다. 그것은 이미 형식화된 유대의 모든 제사가 아니다. 또 이방에서 행해지고 있는 저속한 제사가 아니다. 그리고 날이 정해져 있는, 하루 또는 며칠만을 하나님을 위하여 쓰는 제사도 아니다. 크리스천의 제사는 그 당연히 드려야 할 제사요, 또 영적인 제사다. 그것은 몸을 '하나님이 기뻐하시는 거룩한 산 제물'로 드리는 제사다. 한 번 몸을 드리고 나서 날마다 계속하여 그 몸을 드리는 제사다. 다시 말하면, 신자는 그 생애 전부가 제사다. 그에게는 이른바 이 세상의 제사는 없다. 그러나 제사가 전혀 없다고 하는 것은 잘못이다. 아니, 제사를 가장 많이 드리는 자는 그다. 왜냐하면, 그는 날마다 제사를 드리기 때문이다. 아니, 그 전 생애가 곧 제사의 연속이기 때문이다. 아니, 그 전 생활이 곧 제사이기 때문이다. 그러므로 우리는 달리 특별한 제사를 드릴 필요가 없다.

이상으로 12장 1절의 해석을 끝낸다. 바로 이것이 기독교 도덕이다. 기독교 도덕은 완전한 헌신이 첫째다. 거기에서 모든 작은 행위들이 나온다. 그러나 그 헌신은 단지 명령이 아니다. 먼저 하나님의 은혜를 풍성히 받아 인생의 근본 문제를 해결하고, 기쁨이 충만한 나머지 저절로 할 수 있는 헌신의 권면이다. 마음속 깊은 곳에서 자발적으로 일어나는 사랑의 행위와 실천이다. 아무런 근거 없는 도덕이 아니다. 근거가 또렷하기 때문에 합리적으로 행할 수 있는 도덕이다. 이치에 합당하기에 마음에서 우러나 행할 수 있는 도덕이다. 명령이 아니다. 마음으로 할 수 있는 헌신, 기쁨으로 할 수 있는 헌신, 그리고 그 결과로서의 행위이다. 이것이 기독교 도덕이다. 겨우 한 절 가운데 기독교 도덕의 전체가 들어 있는 것이다.

핵심 강해

거룩한 산 제물

12장부터는 로마서의 제3부로 들어간다. 1장에서 11장까지는 2부로 나누어 기독교의 교리를 논하고, 12장에서 15장까지는 기독교 도덕을 말하고 있다. 교리가 먼저이고 도덕이 나중이다. 교리에 바탕을 두지 않은 도덕은 약하고 소멸되기가 쉽다. 교리에 11장을, 도덕에 4장을 배정한 바울의 기독교에 유의하라. 교리 70%, 도덕 30%, 그러므로 그 도덕은 견고하여 흔들리지 않는다.

"그러므로 형제들아, 내가 하나님의 모든 자비로써 너희에게 권한다. 너희 몸을 하나님이 기뻐하시는 거룩한 산 제물로 하나님께 드리라. 이것이 당연한 제사다." 이 하나하나의 어구에는 강하고 깊은 뜻이 담겨 있다. '그러므로', '이러하기 때문에'는 그리스 어의 oun, 영어의 therefore다. 이것은 1장 17절부터 11장까지를 받은 말이다. '사실이 이러하기 때문에' 이렇게 하여 의롭다 함을 얻고, 이렇게 하여 깨끗함을 받고, 이렇게 하여 구원을 완성하는 것이므로, 너희는 그 은혜에 보답하기 위하여……이다. 짧은 접속사이지만 뜻 깊은 말이다. 도덕을 교리에 연결시키는 말이다. 교리의 고갯마루에 올라서서 뒤를 돌이켜보며 하는 말이다. 그러므로 보통 도덕이 아니다. 이유가 있는 도덕이다. 이와 같은 논법은 에베소서에서도 볼 수 있다. 에베소서는 앞의 3장이 교리이고 뒤의 3장이 교리의 실천이다. 거기에도 도덕의 설명이 같은 말로 시작되고 있다. "그러므로 주 안에서 갇힌 내가 너희에게 권한다……"(엡 4:1). 같은 논법을 골로새서 3장 5절에서도 볼 수 있다. '그러므로', '이러므로' 깊은 교리 위에 서는 도덕이다. 뜻 깊은 '그러므로' 다.

"형제들아"는 애정이 담긴 말이다. 스승이 제자에게 대하는 태도가 아니다. 형제가 형제를 대할 때의 어조다. 바울이 "형제들아"라고 말을 시작할 때는 반드시 어떤 중대한 말을 할 경우다(7:1, 8:12, 10:1, 15:30, 16:17 등 참조).

또 바울은 "내가 너희에게 권한다"고 했지 "명한다"라고 말하지 않는다. '권한다'는 희랍 어의 parakalo, 영어의 exhort이다. 바울은 여기서 기독교 도덕을 명령으로 강요하지 않으며 권고하고 있다. '권한다'는 없는 것을 가지고 임하는 것이 아니다. 이미 있는 것을 환기시키는 것이다. 바울은 교리를 가르친다. 도덕은 신자의 마음에 이미 있는 것으로 여기고 있다. 혹은 말할 필요도 없겠지만, 말해 두는 것이 유익하겠다는 태도다. 그는 도덕을 심히 가볍게 본다. 도덕을 교리의 필연적인 결과로 보기 때문이다. 기독교는 율법이 아니라 복음이다. 바울은 여기서 모세의 율법을 되풀이하고 있는 것이 아니다. 그리스도의 은혜의 복음을 말하고 있다. 그러므로 도덕을 가르칠 때는 "형제들아 내가 너희에게 권한다"고 했다.

'하나님의 모든 자비로써(에 의하여)'에서 '자비'는 희랍 어의 오이크티르몬이다. 이는 참으로 아름다운 말이다. 시편 103편 13절에서 "아비가 자식을 불쌍히 여김같이 여호와께서 자기를 경외하는 자를 불쌍히 여기신다"는 그 불쌍히 여기심을 뜻하는 말이다. 구원은 하나님의 자비에서 온다. 아미타불의 자비나 여호와의 자비나 약자를 불쌍히 여기는 마음에 있어서는 마찬가지다. 다만 우리의 하나님은 살라버리는 불이며,

그 자비는 의로써 나타난다. 그러므로 더 깊고, 더 확실한 자비다. 그리고 바울이 말하는 도덕은 이 자비에 대한 보답으로서의 도덕이다. 종교도덕이 순도덕과 다른 점이 이것이다.

"그 몸을……제물로 하나님께 드리라." 기독교 도덕의 발단은 여기에 있다. 먼저 자기 몸을 제물(희생)로 하나님께 드리는 일이다. 제사에는 여러 가지가 있다. 번제, 소제, 속죄제, 속건제, 수은제가 있다. 그런데 여기서 말하는 제물은 수은제의 제물이다. "사람이 만일 수은제의 제물을 드리되, 소로 드리려거든 수컷이나 암컷이나 흠없는 것으로 여호와 앞에 드리라"고 하였다. 양이라도 좋고 염소라도 좋다. 다만 흠없는 것이라야 한다. 이것은 레위기 3장에 자세히 기록되어 있다. 수은제는 번제 뒤에 드린다. 그리고 신자의 경우에 번제는 세상 죄를 자기 몸에 지시고 온전한 죄의 희생이 되신 하나님의 아들 예수 그리스도로써 드려졌다. "하나님이 제사와 예물을 원치 아니하시고, 오직 나를 위하여 한 몸을 예비하셨다"고 히브리서 10장 5절에 기록된 그 몸, 곧 그리스도의 몸이다. 하나님은 우리가 바쳐야 할 희생, 곧 번제, 속죄제, 속건제의 희생을 우리를 위하여 예비하시고, 이것을 내가 바치는 희생으로써 받으신다. 이렇게 우리의 번제는 이미 드려졌다. 우리는 이제 수은제의 희생으로써 내 몸을 드리면 된다. 은혜에 대하여 감사하기 위한 헌신이다. 신앙으로 그리스도의 속죄의 은혜에 참여하고, 이제 보답하기 위하여 깨끗한 생애를 보내는 것이다. 신앙의 결과인 도덕이다. 하나님에 대해 바른 관계에 들어가, 그 결과로서 사는 깨끗하고 의로운 삶이다. 이것이 기독교 도덕이다.

'하나님이 기뻐하시는 거룩한 산 제물'이라 한다. 하나님은 거룩하시므로 그가 기쁘게 받아들이시는 제물도 거룩해야 한다. 그리고 희생은 산 것이어야 한다. 이 점에서 신약의 희생은 구약의 그것과 다르다. 구약에서는 소나 양이나 염소는 죽여서 화제로 여호와 앞에 바쳤지만, 신약에서는 신자가 그 몸을 산 채로 예수 그리스도의 아버지이신 참 하나님께 드리는 것이다. 살아서 선행의 좋은 열매를 맺는 제물로써 하나님께 바치는 것이다. 진정한 사람 몸의 제물이다. 살아 있으면서 거룩하신 하나님의 거룩한 그릇으로 사용되기 위한 희생이다. 이 이상의 귀한 헌신은 없다.

"이는 당연한 제사다", "합리적 제사다"라고 번역할 수도 있다. 크리스천에게도 제사가 있다. 그것은 나날의 생애다. 그리고 이것은 신자의 당연한 제사요 가장 합리적인 제사다. 참 하나님께 제사를 드릴 때는 의식으로 하지 않고 제물로 하지 않고, 거룩하고 의로운 사랑의 생애로써 드려야 한다. 기독교를 미신이라고 하는 자가 누구인가? 또 하나님을 예배한다면서 일상 생애는 아예 돌보지 않고, 다만 의식과 의례에만 힘을 기울여 하나님을 기쁘게 해드리려는 자는 누구인가? 바울의 이 말은 도덕을 종교화하는 동시에 또 종교를 실제화하는 것이며, 종교적 도덕과 합리적 도덕을 동시에 가르치는 것이다.

제47강

기독교 도덕의 성질

12장 2절

  로마서 12장은 한 사람의 신자로서의 길, 13장은 한 사람의 사회인으로서의 길을 가르치고 있다. 그리고 14, 15장도 역시 실천상의 문제에 관한 것이긴 하지만, 특히 로마 교회 특유의 사항에 관하여 가르치고 있다. 그러므로 일반적인 기독교 도덕에 대해서는 12, 13장에서 거의 다 말했다. 지난 번 강의에서도 말한 것같이, 12장 1절은 기독교 도덕의 근본인 동시에 또한 그것이 실천의 동기라고 할 수 있다. 곧 하나님의 사랑에 감격하여 완전한 헌신을 하라는 것이다. 이렇게만 하면, 다른 일은 배우지 않더라도 저절로 알게 된다. 그러나 바울은 다짐시키기 위하여 다시금 조목조목 기독교 도덕 전반에 대하여 말한다.

  1절은 기독교 도덕의 근본이다. 이에 대하여 2절에서 논하는 바는 그 성격이다. 바울은 그 습관대로 우선 그 소극적인 면을 말하고 난 후에 적극적인 면을 말한다. 소극적인 면은 2절 전반이다.

또 이 세상을 본받지 말라.

그리고 적극적 면은 2절 후반이다.

너희가 하나님의 온전하고 선하고 기뻐하시는 뜻을 알기 위하여, 마음을 바꾸어 새로워져라.

이 두 가지 면을 합치면 기독교 도덕의 성격을 잘 알 수 있다. 건전한 도덕은 한편으로는 이 세상 조류에 대한 역행이요, 다른 한편으로는 마음의 혁신이다. 이 두 가지를 겸하는 곳에 기독교 도덕은 성립된다. 그렇지 않은 곳에는 기독교 도덕이 없다.

"이 세상을 본받지 말라"고 한다. 이 세상을 본받는 곳에는 기독교 도덕이 없다. 기독교 도덕은 어디까지나 비현세적이다. 비세속적이다. 이제 실제 문제를 예로 들어보자. 기독교회는 자칫하면 이 세상을 본받기가 쉽다. 그 때문에 타락하기가 쉽다. 그러나 참 교회는 군사적인 교회다. 곧 이 세상과 싸우는 교회다. 이 세상과의 싸움을 중지하고 이 세상의 풍조를 본받으면, 교회는 생명을 잃고 즉시 무력하게 되어 타락한다. 바울은 기독교 도덕의 내용을 자세히 설명하기 전에 먼저 "이 세상을 본받지 말라"고 하여, 이 세상과 그 악에 대한 태도를 분명히 드러냈다. 이로써 기독교 도덕의 성격이 뚜렷해졌다.

'본받지 말라' 란 원어의 뜻을 연구해 보면 그것이 한층 더 뜻 깊은 말임을 알 수 있다. '본받다' 란 말의 원어는 *suschēmatizō*(수스케마티조)라 한다. 이것은 *schēma*(스케마, 영어의 scheme)에서 나온 말이다. 스케마란 이 세상의 바뀌는 상태를 뜻하며, 수스케마티조는 이 바뀌는 상태와 같이 되는 것을 뜻한다. 그러므로 '본받지 말라'는 이 세상의 바뀌는 상태, 유행, 풍조에 가담하지 말라는 뜻이다. 세상은 늘 바람처럼 방향이 바뀌고, 조수처럼 움직인다. 마치 여성의 옷차림이 유행이란 글자가 나타내는 대로 끊임없이 흘러가는 것과 같은 것이 이 세상의 풍조다. 시대 사상이 어떻다느니 하며 이것을 존중하는 사람이 많다. 그러나 세상의 가장 고상하게 보이는 것조차 스케마(유행)다. 제국주의 시대가 있고, 평화주의 시대가 있고, 사회운동의 시대가 있고, 이른바 종교적 열심의 시대가 있다. 이것은 다 여성의 옷과 같은 것이다. 어제는 좋던 것이 오늘은 시들해져서 끝없이 변해 가며 귀한 것도 없다. 바람을 잡는 것과 같다.

그런데 대개의 기독교회나 기독교 신자가 이 세상의 유행을 본받고 있는 것은 통탄할 일이다. 변해 가는 세상을 닮아, 세상 사람처럼 바뀌어 간다. 세상이 제국주의를 외칠 때는 그것에 동조하고, 세상이 사회운동에 열광할 때는 또 그것에 가담하면, 교회 또는 신자의 생명은 쇠할 것이다. 그러나 세상을 본받지 않는 데 교회 및 신자의 생명이 있다. 세상은 교회를 향하여 자기를 본받을 것을 요구하지만, 조금 시일이 지나면 자기를 본받는 자를 멸시한다. 그럴 때는 맛을 잃은 소금과 같아져서, 후에는 쓸 데 없어 밖에 버린 바 되어 사람에게 짓밟힐 뿐이다. 그런데 이것을 깨닫지 못하고 부평초처럼 물결 따라 흐르고 있는 현대 교회의 어리석음이여! 보라, 바다 가운데 우뚝 서 있는 바위를. 만조 때 밀물이 크게 설레며 육지를 향하여 밀려와서 바다 위에 떠 있는 모든 것을 뒤흔들며 바위를 향해서도 말한다. "함께 저 육지로 가자, 바위야." 그러나 바위는 바다 밑 깊숙이 뿌리를 박고 끄떡없이 서 있다. 또 썰물 때 바위를 향하여 "함께 먼 바다로 가자"고 꾀어도 끄떡도 하지 않는다. 크리스천의 이 세상 풍조에 대한 태도도 이래야 한다. 이 세상은 멸망하게 되어 있다. 세상의 근본 정신은 물욕 추구에 있다. 하나님을 믿고 영원한 나라를 생각하는 자는 이러한 세상의 유행 풍조에 초연하여 홀로 자기 자리를 지키고 있어야 한다. 그러므로 "이 세상을 본받지 말라"고 말한다.

다음의 적극적인 면은 "마음을 바꾸어 새로워져라"다. 여기서 말하는 '마음'의 원어는 nous(누스)다. 누스는 pneuma(프뉴마)처럼 영혼을 뜻하는 말이 아니다. 이것은 마음의 생각을 뜻하며, 판단력(understanding)을 뜻한다. 선과 참을 분별하는 힘, 이것이 곧 누스이다. 그러므로 마음을 바꾸어 새로워지라는 것은 인생관을 바꾸어 새로워지라는 뜻이다. 사물을 보는 법을 완전히 고치라는 뜻이다. 바울이 여기서 영혼이라고 하지 않고, 심정이라고 하지 않은 데 주의하라. 그는 물론 필요한 경우에는 '영혼'을 말하고, 또 '심정'을 말한다. 그러나 여기서는 특별히 판단력의 변혁을 촉구하는 것이다. 사람은 심정만 좋아서는 안 된다. 판단력도 좋아야 한다. 상식도 함양해야 한다. 복음을 단지 심정을 깨끗하게 하는 것만으로 보면 안 된다. 그것은 한편에 치우치는 견해다. 심정이 함양되더라도 지성이 함양되지 않으면 신앙의 삶에 확고한 무게가 없어진다. 생각, 판단력, 상식을 기르지 않으면 안 된다. 그리고 이 세상 사람들의 그것과 다른 어떤 새로운 세계에 마음의 눈을 집중해야 한다. 보통 마음은 '육의 마음'(골 3:15에서 자기 마음이라 한 것은 오역이다)이다. 그러므로 이것을 영적인 마음으로 바꿔야만 한다. 이같이 마음을 변혁하기 위해서는 영혼의 개조, 심성의 함양이 필요하다. 그러나 바울이 특히 여기서 역설한 것은 지적 판단력의 경신(更新)이다. 곧 마음을 바꿔 새로워지라는 것이다. 이는 참으로 중요한 훈계다.

왜 마음을 바꾸어 새로워져야 하는가? 그것은 '하나님의 온전하시고 선하시고 기뻐하시는 뜻'을 분별하기 위해서다. 여기에 하나님의 뜻이란 말에 대해서는 세 개의 형용사가 사용되고 있다. 첫째는 '선하시고'이며, 둘째는 '기뻐하시고'이고, 셋째는 '온전하신'이다(원어의 순서대로다). 하나님의 선하신 뜻, 기뻐하시는 뜻, 온전하신 뜻이다. 이 같은 하나님의 뜻을 아는 것은 크리스천의 실제 생활에서 매우 필요하다. 이를 위해서는 먼저 마음을 바꾸어 새로워져야 한다.

그러면 하나님의 뜻을 아는 길은 무엇인가? 혹은 자연 속에, 혹은 세계의 변천에서 찾을 수 있다. 그러나 우선적인 것이 성서 연구다. 성서 속에는 분명히 하나님의 뜻이 기록되어 있다. 이것을 '마음'으로 — 바뀌어진 새로운 마음으로 — 배우고, 거기에 나타난 하나님의 뜻을 알아야만 한다. 원래 기독교 신자로서 성서를 잘 읽지 않는 자, 성서 연구에 게으른 자가 많은 것은 큰 폐단이다. 하나님의 뜻이라면 그저 '사랑'이라고만 생각하고 있다. 그러나 그 사랑이 무엇이냐고 물으면 명확한 대답을 할 수 있는 자가 몇 명이나 되는가? 하나님의 마음인 사랑은 한마디로 말할 수 있는 간단하고 쉬운 것이 아니다. 사랑이 어떤 것인지를 알기 위해서는 성서 전체를 배울 필요가 있다. 건전한 지적 이해력으로 성서를 충분히 연구하고 정독하지 않고서는 하나님의 선하시고, 기뻐하시고, 온전하신 뜻을 알 수가 없다. 이렇게 성서를 충분히 배우면 거기에 나타난 하나님의 뜻이 전혀 예상 밖의 것인 데 놀랄 것이다. 그러므로 우리는 옛 마음을 버리고 육의 생각을 떠나 변화된 새로운 마음으로 성서를 배워 하나님의 온전하신 뜻을 탐구해야 한다. 성서 연구는 결코 지식의 놀이가 아니다. 그것으로 살아 계신 하나님의 뜻을 알아 실제 생활에 적용하기 위한 것이다.

이제 2절을 보면 이 세상 사람들이 전혀 생각하지 못했던 훈계임을 알 수 있다. 이 세상을 본받지 말라는 것은 우선 사람들의 생각 밖의 일이다. 이 세상 풍조란 다수결이다. 사람들은 다수결을 진리라고 생각하고 있다. 그런데 바울은 여기서 이 세상을 본받지 말라고 했다. 또 사람들은 종교 문제는 지성보다 정성이라고 생각하여, 정성만 기울이면 된다고 생각한다. 그런데 바울은 지성을 바꾸어서 하나님의 마음을 알라고 가르친다. 하나님의 마음이란 사랑을 가리키는 것이라고 보통 생각한다. 하지만 그는 새로운 지성으로 이를 연구하고 배우라고 권면한다. 2절 전체가 사람의 생각 밖의 훈계임을 유의해야 한다.

하나님의 훈계는 사람의 생각 밖이다. 그 실제적인 예는 다음의 3절 이하에 나온다. 여기엔 신자의 실천 도덕에 대한 하나님의 뜻이 쓰여 있는데, 이것을 정독하면 전혀 예상 밖이다. 결코 막연한 사랑이 아니다. "내 생각은 너희 생각과 다르며, 내 길은 너희의 길과 다르다"(사 55:8)고 한 그대로다. 이것을 정확하게 연구해야 하나님의 뜻을 알 수 있다. 그렇지 않으면 기독교 도덕이 무엇인지를 모른다.

또 두세 가지 유의할 일이 있다. 첫째는 '본받는다' 는 말과 '변한다' 는 말의 비교다. 바울은 이 세상을 본받지 말라, 마음을 바꾸라고 권한다. 본받는다는 것은 앞에서 말한 대로 수스케마티조, 곧 이 세상의 상태를 따르는 일이다. 이 세상의 상태는 곧 스케마다. 그리고 '변한다' 의 원어는 *metamorphoō*(메타모르포오)라 한다. 이것은 *mormphē*(모름페)에서 나온 말이다. 모름페는 형태를(영어의 form), 메타모르포오는 형태를 바꾸라는 뜻이다. 바울의 권면은 이 세상의 스케마를 따르지 말고 마음의 모름페를 변화시키라는 것이다. 이제 스케마와 모름페를 비교하면, 스케마(A)는 변해 가는 세상 형태이며 끝없이 변천하는 것이다. 이에 반하여 모름페(B)는 확고한 형태다. A는 표면만의 상태로서 항상 변해 가는 것, B는 어떤 관념이 저절로 취하는 형태다. 곧 마음이 있은 후의 형태다. A는 아무런 확실한 근거가 없으며, 다만 신기한 것을 즐기는 사람의 마음을 따라 변천해 가는 겉모양이다. 그런데 B는 마음이 변했기 때문에 그것을 따라 저절로 변하는 외형이다. 따라서 마음이 변하지 않는 때는 항상 불변하는 형태다. 그러므로 이 형태 곧 모름페를 바꾸는 일은 쉽지 않다. 이것이 메타모르포오 곧 모름페를 바꾸는 일이 어려운 이유다. 그러나 한 번 이것을 바꾼 이상에는 또한 쉽게 움직이지 않는다. '마음을 바꾸라'는 것은 먼저 정신을 고치고 관념을 새롭게 하여, 형태까지도 저절로 새롭게 하라는 것을 뜻한다. 이 세상의 스케마 곧 끝없이 바뀌는 외부의 모습에 따라서 자신도 바뀌지 말라는 것이다. 이것이 이 세상을 본받지 말라는 말의 뜻이다. 마음의 모름페(형태)를 비꾸어 새로운 모름페로 만들어서 확고부동한 형태를 취하라고 한다. 이것이 마음을 바꾸어 새로워지라는 말의 뜻이다. 한편으로는 세상 형태의 변천이 있고, 다른 한편으로는 크리스천의 마음의 불변함이 있다. 세상의 변동이 있는 동안에 한 번 변한 후 영원히 변치 않는 우리의 인생관이 있다. 그 대비가 이 절에, 특히 이 말 가운데 충분히 나타나 있다.

　다음에는 '본받지 말라', '변한다'는 두 동사의 태(態, voice)에 대하여 유의해야 한다. 사람들이 보통 알고 있는 것은 능동태(active voice)와 수동태(passive voice)다. 우리말 문법에 태는 이 두 가지밖에 없다. 능동

태(A)란 '제 힘으로 움직임'을 나타내는 것이다. '먹다', '쫓다', 따위다. 수동태(B)란 '남의 움직임을 받음'을 나타내는 것이다. '먹히다', '쫓기다' 따위다. A는 완전히 제 힘, B는 완전히 남의 힘이다. A에는 자기의 의지만이 있고, B에는 남의 의지만이 있다. 그런데 희랍 어와 그 밖의 외국어에는 중간태(中間態, middle voice)란 것이 있다. 이것은 남의 힘과 제 힘의 결합을 나타내는 태다. 곧 자기에게 의지는 있어도 힘이 없는 경우에, 어떤 다른 이의 힘에 자기를 맡기어 그 힘으로 자기의 의지가 이루어지기를 기다리는 경우에 쓰인다.

이 세상을 본받지 말라, 마음을 바꾸라는 동사는 원어로는 둘 다 이 중간태를 쓰고 있는 데 유의하라. 곧 자기 힘만으로 이 세상을 본받지 말고 마음을 바꾸라는 것이 아니다. 이렇게 말한다면, 바울의 이 권면은 불가능을 강요하는 것이다. 그렇다고 하여 자기 의지는 전연 없이, 완전히 수동적으로 이렇게 되라는 것도 아니다. 자기 의지는 조금도 움직이지 않고 다만 조용히 수동적인 태도만을 취하고 있다면, 이 권면이 실현될 수가 없다. 이 세상을 본받지 않는 일, 마음을 변하여 새롭게 하는 일, 이것은 자기 힘과 남의 힘의 결합으로 비로소 이루어진다. 세상을 본받지 않겠다는 결심, 마음을 바꾸려는 노력, 이 의지를 품고 하나님의 크신 능동 가운데 자기를 던져야 한다. 그리하여 하나님의 능력을 힘입어 내 결의를 실천하고, 내 노력을 보람 있게 하는 것이다. 그리하면 이 훈계가 실천된다. 기독교 도덕을 자력 본위로만 이해하지 말라. 그럴 때는 견딜 수 없는 무거운 짐이 된다. 또 은혜를 즐기는 나머지 완전히 타력적이 되어서도 안 된다. 그러면 긴장이 풀리고 태만해진다. 자기의 노력과 하나님의 능력이 일치 융합될 때 기독교 도덕은 실천될 수 있다.

핵심강해

기독교 도덕의 성질

기독교 도덕의 근본은 하나님이 우리에게 베푸신 모든 자비에 대해 보답하는 제사로서 내 몸을 산 제물로 드리는 일이다. 그러면 그 성격은 어떤가? 2절은 이것을 밝히 보여 준다. "또 이 세상을 본받지 말라. 너희가 하나님의 온전하시고 선하시고 기뻐하시는 뜻을 알기 위하여 마음을 변하여 새롭게 하라."

기독교 도덕엔 양면이 있다. 소극적인 면과 적극적인 면이다. 소극적인 면은 '이 세상을 본받지 않는 일'이고 적극적인 면은 '마음을 변하여 새롭게 하는 일'이다. 이 양면이 없이는 어떤 도덕도 불건전해진다. 어둠이 없는 빛이 없는 것같이, 더러움을 인정하고 이를 피하려 하지 않는 정결의 길은 없다.

"이 세상을 본받지 말라"는 구절에 대한 가장 좋은 주해는 요한일서 2장 15-17절에 나오는 사도 요한의 말이다. 곧 "이 세상이나 세상에 있는 것들을 사랑치 말라. 누구든지 세상을 사랑하면 아버지의 사랑이 그 속에 있지 아니하니, 이는 세상에 있는 모든 것이 육신의 정욕과 안목의 정욕과 이생의 자랑이니, 다 아버지께로서 좇아온 것이 아니요, 세상으로 좇아온 것이다. 이 세상도 그 정욕도 지나가되 오직 하나님의 뜻을 행하는 이는 영원히 남느니라"이다. 원어는 suschematizesthe라 하여, 세상과 그 변해 가는 상태(schema)에 동참하지 말라는 뜻이다. 세상의 유행에 동화되지 말라. 여성들의 옷과 장식에 유행이 있듯이 세상의 사상에도 유행이 있다. 전쟁이 유행하는 때, 데모크라시가 유행하는 때, 노동 운동이 유행하는 때 크리스천은 여자나 남자나 세상의 유행을 좇지 말라는 것이다. 왜냐하면, 이 세상과 정욕은 지나가는(흘러가는) 것이며, 영원한 생명을 목적으로 하는 자는 거기에 관여해서는 안 되기 때문이다. 신자의 타락, 교회의 부패는 항상 '세상을 본받는 것', 곧 세상과 유행을 같이하는 데서 온다.

"마음을 변하여 새롭게 하라." 이것이 기독교 도덕의 적극적인 면이다. '마음'은 이 경우에 영(스피리트)이 아니다. 마음(마인드)이다. 판단력이다. 사물을 보는 법이다. 인생관 또는 우주관 따위다. "너희 인생관을 확 바꾸라"고 하면 원어의 뜻이 잘 나타난다. 곧 세상 사람과는 인생관을 달리하라는 말이다. 원어의 metamorphousthe는 영어의 transform 으로서, 형태 곧 형(型, form)을 바꾸라는 뜻이다. 상태는 변하는 것, 형태는 변치 않는 것이다. 그러므로 세상의 변하는 상태를 본받지 말고 그리스도의 변치 않는 형태로 말미암아 네 인생관을 새롭게 하라는 것이다. 물론 영이 다시 나지 않으면 마음을 변하여 새롭게 할 수가 없다. 그리고 마음 곧 인생관이 변하지 않으면 행위가 고쳐지지 않는다. 사상의 변화는 결코 작은 일이 아니다. 영은 마음(사상)을 거쳐야 행위로 나타난다. 먼저 영이 거듭나고, 그 결과로 사상이 바뀌고, 그 다음에 영의 열매 곧 선행이 이루어진다. 성령으로 말미암아 인생관이 바뀌면 이 세상을 본받을래야 본받을 수가 없다.

인식의 기관인 마음(희랍 어의 *nous*, 영어의 mind)을 변하여 새롭게 하라. 이것은 선하시고 기뻐하시고(그가 기뻐하시는) 온전하신 하나님의 뜻을 분별하기 위함이다. 하나님의 뜻을 알고 이를 행하는 것이 기독교 도덕이다. 하나님의 뜻은 선하시고, 아름답고, 완전하신 것이다. 야고보서 3장 17절은 "위로부터 난 지혜는 첫째 성결하고, 다음에 화평하고, 관용하고, 양순하며, 긍휼과 선한 열매가 가득하고, 편벽과 거짓이 없는 것이다"라고 말한다. 데살로니가전서 4장 3절은 "하나님의 뜻은 이것이니 너희의 거룩함이라"고 말하고, 5장 17절은 "항상 기뻐하라. 쉬지 말고 기도하라. 범사에 감사하라. 이는 그리스도 예수 안에서 너희를 향하신 하나님의 뜻이니라"고 말한다. 그 밖에도 하나님의 뜻에 대하여 성서가 가르친 곳은 매우 많다. 이 지혜를 구하고 이 뜻을 알아 행하라고 한다. 성서 연구는 그래서 해야 한다. 바울은 로마서 12장에서 신자의 지적 수양의 필요를 강조하고 있다. 하나님을 아는 지식은 자연을 아는 지식과 같이 저절로 마음에 임하는 것이 아니다. 이것은 깨끗함을 받은 지식으로써 성서 안에서 찾아야 한다. 그런데 사실은 어떠냐 하면, 대개의 경우 신자는 하나님의 뜻을 구하지 않고, 악의만 없으면 하나님의 뜻인 줄 알고, 이를 행해서 하나님을 섬기고 있다고 믿는다. 그러나 이사야 55장 8, 9절에서는 "여호와의 말씀에 내 생각은 너희 생각과 다르며 내 길은 너희 길보다 높으니라"고 말했다. 그것을 뒷받침한 것이 로마서 12, 13장이다. 신자로서 기독교 도덕을 이미 다 알고 있다고 생각하는 사람이 이러한 장을 연구하고 새삼스럽게 자기의 무지에 놀란다. 기독교회는 성서의 연구를 게을리하여 하나님의 뜻이 아닌 것을 하나님의 뜻인 줄 착각하고 있다.

"드리라······본받지 말라······마음을 변하라"에서 '드리라'는 단호하게 결심하여 단번에 몸을 하나님께 바치라는 뜻이다. '본받지 말라······변하라'는 중간현재동사(中間現在動詞)로서 신앙의 노력을 계속하라는 뜻이다. 헌신은 단번에 결단하고, 행위와 개심은 연속적으로 실행해야 한다. 세상을 본받지 않는 것을 습관적으로 하라. 날마다 마음을 새롭게 하고 또 새롭게 하라. 그리고 결심한 후에는 영구적인 노력을 계속해야 한다.

　노력하라는 것은 자력으로 하라는 말이 아니다. 세상의 유행을 따르지 말고, 성령의 감화에 몸을 맡기어 성화되라는 것이다. 중조동사의 의미는 이같이 해석해야 한다(영역 참조). 신자는 어떻게 마음을 바꾸어 새롭게 할 수 있는가? 자신의 분투 노력으로써가 아니다. 성령의 감화력에 의해서다. 이는 고린도후서 3장 18절에서 말한 것과 같다. "우리가 다 수건을 벗은 얼굴로 거울을 보는 것같이 주의 영광을 보며, 저와 같은 형상으로 화하여 영광으로 영광에 이르니, 곧 주의 영으로 말미암음이니라." 주의 영광을 우러러보는 것은 나다. 여기에 내 노력이 필요하다. 그러나 나를 감화하는 이는 성령이다. 나는 그를 우러러봄으로써 성령의 감화를 받는다. '마음을 바꾼다'고 번역된 원어는 이렇게 해석해야 한다. 바울이 말하는 도덕은 도덕이지만 명백한 복음적 도덕이다. 곧 주를 우러러봄으로써 실천하는 도덕이다.

제48강

기독교 도덕의 첫째: 겸손

12장 3-8절

　12장 1절은 감격에서 오는 헌신을 말한다. 이것이 기독교 도덕의 근본이다. 2절은 이 세상을 본받지 말고, 마음을 변하여 새롭게 하라고 권면한다. 이것이 기독교 도덕의 성격이다. 이 두 절로써 기독교 도덕의 근본정신은 다 말했다. 3절 이하는 이것의 적용이다. 물론 3절 이하에서 13장 끝까지를 다 말한다고 할 수는 없다. 그러나 주요한 것은 거의 다 들어 있다. 바울은 여기서 기독교 도덕 중 중요한 것만을 간추려서 기록했다.

　3절에서 8절까지는 '겸손'이다. 사람들은 기독교 도덕이라면 곧 '사랑'이라고 말한다. 그러므로 바울은 이 경우에 첫째로 사랑을 말할 것이라고 생각한다. 그러나 바울의 의도는 보통 신자와 좀 다르다. 그는 첫째로 겸손에 대하여 말하고, 그 다음에 사랑에 대하여 언급한다. 이것이 특히 유의할 점이다.

　3절 첫머리에서 바울은 "내가 받은 바 은혜로 말미암아 너희 각 사람에게 말한다"고 한다. 얼마나 겸손한 말인지 보라. 그는 사도의 한 사람이며 더구나 가장 큰 자였다. 그는 어디에서나 "내가 지극히 큰 사도들보다 부족한 것이 조금도 없는 줄 생각하노라"(고후 11:5)고 공공연히 말했을 정도였다. 특히 하나님으로부터 이방 전도의 중책을 위탁받은 그다. 그러므로 "내가 명한다"고 해도 괜찮다. 혹은 "내가 권능으로 말한다"고 해도 이상히 여길 자가 없었다. 그런데 그는 '내가 받은 바 은혜로 말미암아'라고 했다. 물론 이 경우의 '은혜'는 사도직이란 자격을 받은 것을 의미하지만, 일부러 '은혜'란 말을 택한 것은 그의 겸손을 드러내 준 것이다. 겸손의 가르침을 말하면서, 먼저 겸손한 태도를 취하고 있다. 참으로 아름다운 마음씨다.

겸손에 대하여 성서가 가르치는 바는 어떤가? 우리가 흔히 생각하고 있는 것과는 근본적으로 다르다. 우리는 겸손이라 하면 주로 외형상의 일, 곧 태도와 언어에 관한 일을 연상한다. 마음의 상태 같은 것은 묻지 않고 겉에 나타난 모양을 겸손이라 한다. 마음이 아무리 하나님께 대하여 또 사람에게 대하여 공손해서 겸손한 자라고 해도, 언어와 태도가 공손하지 않은 자는 오만하다고 해서 비난한다. 마음은 교만하더라도 겉으로 겸손을 꾸미는 자는 덕이 있는 사람이라 칭찬하고 결코 위선자로 인정하지 않는다. 이같이 '겸손'이란 도덕이 표면적으로 천박하게 보이는 것은 개탄할 일이다. 자기의 능력을 발휘할 경우에도 사람 앞에서 일부러 숨기는 일, 또는 집회에서 자리를 양보하기에 헛되이 시간을 낭비하는 일 등을 겸손의 미덕이라 생각하기 때문에, 그로 말미암아 우리 나라 사람이 받는 손해는 적지 않다. 이같이 그릇된 겸손은 백해무익하다. 우리는 모름지기 이를 버리고, 성서가 가르치는 참된 겸손을 배워 이를 행해야 한다.

그러면 바울이 가르치는 겸손은 무엇인가? 그는 "거만하여 분수에 넘치는 생각을 하지 말라. 하나님이 각 사람에게 주신 신앙의 분량대로 공평하게 생각하라"고 말한다. 이것이 그가 가르치는 겸손이다. 2절과 마찬가지로 전반은 소극적인 '하지 말라'이며, 후반은 적극적인 '하라'다. 겸손의 소극적인 면은 "거만하여 분수에 넘치는 생각을 하지 말라"다. 이것은 의역이며, 원문에는 "자기에 대하여 마땅히 생각할 수 있는 이상으로 지나치게 생각하지 말라"고 되어 있다(영역 성서 참조). 이것을 한마디로 말하면, "잘난 척하지 말라"이다. 자신을 똑바로 아는 일, 자신의 가치를 똑바로 아는 일, 그것이 첫째다. 자신의 가치 이상으로 자기를 생각하지 않는 일이 곧 겸손의 소극적인 면이다. 하나님께 대하여 자기의 무지 무력한 것, 그리스도에 대하여 자기의 깊은 죄와 더러움이 많은 것을 알고 마음에 겸손을 간직해야 한다. 뉴턴이 우주의 광대함에 비하여 자신의 지식이 얼마나 얕은가를 충분히 인정한 것은 가장 아름다운 겸손의 본보기다. 할 수 있는 일을 할 수 없다 하고 아는 것을 모른다고 하는 것은 허위지 겸손이 아니다. 자신에 대하여 분수에 넘치는 생각을 하지 않는 것이 겸손이다. 많이 배운 사람은 자기 지식의 한도를 잘 알기에 겸손하다. 진정한 학자는 다 겸손하다. 마찬가지로 진정한 신자는 다 겸손하다. 작은 지식을 자랑하는 자, 불손한 믿음으로 뽐내는 자, 이러한 사람들은 지나치게 자부함으로써 자기의 천박함을 드러내고 있다.

겸손의 적극적인 면은 "하나님이 각 사람에게 주신 신앙의 분량대로 공평하게 생각하라"이다. '신앙의 분량'이란 신앙 자체의 분량이 아니라 신앙의 일에 대하여 주어진 힘의 분량이라고 생각된다. 곧 신자로서 자기가 할 수 있는 일, 신자로서 자기에게 주어진 어떤 재능을 가리킨다.

이 일, 이 기능에 알맞게 자기에 대하여 공평하게(분수에 넘치지 않도록 겸손하고, 정확하고, 진실하게) 생각해야 한다. 자기에게 주어진 은사를 그대로, 그 가치만큼 평가하라는 것이다. 사람은 누구에게나 천부의 기능이 있다. 어떤 사람이든 아무것도 가지지 않고 태어난 사람은 없다. 그리고 그가 크리스천이 되면 하나님은 이 천부의 재능을 발달시키고, 성화시키고, 또 그 위에 여러 가지 능력을 주신다. 이것이 '주어진 신앙의 분량'이다. 이같이 주어진 능력이 있는 이상, 그것을 없다고 생각해서는 안 된다. 우리의 죄가 아무리 깊더라도 하나님은 능력을 주시고, 이것을 더욱 성화시키신다. 신자는 이 은사가 주어졌음을 인정하고 감사하며, 이것을 하나님을 위하여, 주를 위하여, 또 사람을 위하여 사용해야 한다. 겸손이란 자기를 진가 이상으로 보지 않는 동시에 진가 이하로 보지 않는다. 정당하게 인정할 때까지 공평하고 정확하게 지장이 없는 한도에서 자신의 은사 — 주어진 능력 — 를 인정하는 일이다.

 이상이 3절에서 말하는 겸손의 성격이다. 거만하여 분수에 넘치는 생각을 하지 말라. 신앙의 분량대로 공평히 생각하라. 곧 자신을 진가 이상으로 보지 말라. 또 진가 이하로도 보지 말라. 자신에게 주어진 능력을 그대로 인정하라는 것이다. 자신에게 모든 능력이 갖추어져 있다고 생각해서는 안 된다. 또 자신에게는 아무 능력도 없다고 생각해서도 안 된다. 자신의 능력을 정확히 아는 자는 교만하지 않고 능히 겸손할 수 있다. 4절 이하에서는 이 겸손의 가르침을 실제에 적용시켜 설명하고 있다. 먼저 4, 5절에서 이렇게 말한다.

  우리가 한 몸에 많은 지체를 가졌으나, 모든 지체가 같은 직분을 가지지 않은 것같이, 우리 각 사람이 그리스도 안에서 한 몸이 되었으므로 또한

서로 그 지체다.

그리스도 안에서 한 몸이 된 자가 크리스천이다. 우리 몸의 각 부분이 같은 직분을 가지지 않은 것같이, 신자도 각각 그 일과 능력이 다르다. 우리 몸에는 여러 지체가 있다. 뇌, 눈, 코, 입, 손, 발, 그 밖에 내장 등 각각 그 하는 일이 다르다. 어느 것이나 서로 돕고 서로 보조하며, 몸이라는 하나의 조직을 이루고 있다. 눈은 보는 일을 할 수 있다. 그러나 눈은 뇌의 일을 할 수는 없다. 또 손을 대신할 수도 없다. 만일 눈이 손이나 발의 일을 할 수 있다고 생각하면, 이는 거만이다. 동시에 볼 수도 없다고 생각하면, 이는 거짓된 겸손이다. 눈은 볼 수 있는 자신의 능력을 그대로 인정하고, 그 이상으로도 그 이하로도 인정하지 않는 것이 진짜 겸손이다.

한 몸의 각 지체인 자신에 대하여 이렇게 인정해야 한다. 자신에게 있는 능력만을 인정하고, 그 능력을 가지고 남을 위해 봉사하며, 다른 사람이 가진 능력을 존중하여 그 가치를 인정하고 서로 칭찬하여 겸손의 미를 발휘해야 한다. 철학자 라이프니쯔는 "유기체란 각 부분이 동시에 수단이며 또한 목적이다"라고 정의를 내렸다. 눈은 자기를 목적으로 삼아서는 안 된다. 다른 각 지체를 목적으로 삼아 이를 섬겨야 한다. 그러나 귀로서는, 눈이 또한 목적의 하나다. 신자 각자는 자신을 목적으로 삼지 말고, 서로 다른 사람을 목적으로 삼아야 한다. 그러므로 자신은 자기로서 볼 때는 다른 사람의 수단이지만, 또 다른 사람으로서 보면 하나의 목적이다. 이러한 정신이 모든 사람에게 있으면, 그 교회는 정말 이상적인 공동체가 된다.

바울은 이 일을 당시 교회의 실례에 비추어 설명하였다. 이것이 6절부터 8절까지다.

> 그러므로 주시는 은혜를 따라 각 사람이 받은 은사가 다르다. 예언이 있으면 믿음의 분량대로 예언을 하고, 섬기는 일이 있으면 그 일을 하고, 가르치는 자는 가르치고, 권면하는 자는 권면하고, 구제하는 자는 아낌없이 구제하고, 다스리는 자는 부지런히 다스리고, 긍휼을 베푸는 자는 기쁨으로 긍휼을 베풀라.

교회에서 각 사람이 하나님으로부터 받은 기능은 모두 다르다. 어떤 사람은 눈이고, 어떤 사람은 입이고, 어떤 사람은 발이다. 여기서 바울은 예언을 비롯하여 일곱 가지 직분을 들고 있다. 이것이 당시 교회의 실제였다. 그러므로 이것은 겸손을 가르치는 설명일 뿐만 아니라, 초대 교회의 실정을 아는 자료도 된다.

첫째는 '예언을 하는 자' 다. 예언이란 하나님에게서 직접 계시받은 진리를 사람을 향하여 말하는 일이다. 예언자는 초대 교회에서 첫째가 아니다. 그 위에 '사도' 가 있었다. 고린도전서 12장 28절에서 "하나님은 첫째로 사도, 둘째로 예언자……를 교회에 두셨다"고 하고, 에베소서 4장 11절에서도 "사도가 있고 예언자가 있고……"라고 하였다. 사도 다음이 예언자다. 예언을 하는 자는 '믿음의 분량대로' 해야 한다. 믿음에 합당하도록 예언을 해야 한다(여기서 말하는 '믿음의 분량대로' 는 3절의 '신앙의 분량대로' 와는 원어가 다르다. 영역 성서에서도 마찬가지다. 두 가지를 같은 말로 번역해서는 안 된다. 여기서는 '믿음에 합당하도록' 이라고 번역하는 편이 본 뜻에 가깝다).

믿음에 합당하도록 예언해야 한다는 것은 무엇을 의미하는가? 여기서 말하는 믿음이란 어떤 것인가? 이것은 학자들 사이에 어려운 문제 중 하나다. 그러나 '복음에 대한 올바른 믿음'이라고 보면 된다. 올바른 믿음에 합당하도록 예언하는 것이 참 예언이다. 예언에 아무런 표준도 없이 무엇을 말해도 좋다고 할 리가 없다. 올바른 믿음은 성서에 기록되어 있다. 성서의 범위 안에서의 예언이라야 참 예언이다. 하나님이 나타내는 바는 점차적이며, 하나님의 계시는 전진적이다. 하나님은 과거와는 전혀 관계없이, 갑작스럽게 새 진리를 계시하시지 않는다. 그것은 구약 시대에서 신약 시대에 이르는 과정을 잘 설명하고 있다. 그러므로 지금까지 나타난 가르침의 기초 위에 새 진리를 제창하는 것이 예언이다. 여기에 참 예언과 가짜 예언을 판별하는 표준이 있다.

예언 다음은 '섬기는 일'이다. 원어 *diakonia*(디아코니아)는 영어의 ministry에 해당한다. 유형, 무형의 은사를 신자에게 나눠 주는 일, 교회 구성원 전체의 이익을 위한 실제적인 직분을 맡는 일, 오늘날의 말로 하면 목사와 집사의 직을 겸한 것 같은 사람을 가리킨다. 이것은 교회 전체의 발전에 관한 막중한 임무로서 예언 다음의 서열이다.

다음은 '가르침'이다. 이 일을 하는 사람을 교사라 한다. 교사는 예언자와 마찬가지로 입으로 일하는 자다. 그러나 교사는 예언자와 같이 새로운 계시를 말하는 것이 아니다. 이미 나타난 진리를 설명하여 사람들의 이해를 돕는 자다. 곧 교리의 설명자다.

교사 다음에는 '권면하는 자'다. 이것은 사람을 격려하고, 위로하고 타일러 더 굳센 신앙생활로 나아가게 하는 직분이다. 가르침은 오직 지성에 호소하는 것이고, 권면은 주로 정의에 호소하는 것이다. 뜨거운 설교를 하여 회중을 격려하는 자, 애정을 담은 시를 써서 사람들을 위로하는 자, 이 모두가 '권면하는 자'다.

위의 네 직분은 주로 교회 구성원 및 교회에 출석하는 새 신도와만 관련이 있는 직분이다. 그리고 아래의 세 직분은 현세에 대한 활동(오늘날의 말로 하면 사회 봉사)에 관한 것이다. 곧 '나누어 주는 자'다. 에베소서 4장 28절에 나오는 "가난한 자에게 구제할 것이 있기 위하여 제 손으로 선한 일을 하라"와 원어가 같다. 그러므로 자선 사업에 종사하는 사람을 가리키는 것이 아니라, 자기 재물을 나눠 주어 가난한 사람을 돕는 자를 가리킨다. '아낌없이 구제하라'는 '단순하게 구제하라'는 뜻이다 (영어의 with simplicity). 자선을 베푸는 데 단순 솔직하지 못하고 여러 가지 조건을 붙이면 안 된다. 자선은 무조건으로 베풀 것이다. 이것이 상대방을 존중하며 또 자유를 주는 일이다. 또 상대를 믿고 사랑할 때, 자선은 무조건적이 되기 마련이다. 단순히 베풀기만 하고 그 결과에 대하여 신경쓰지 않는 것이 진정한 자선이다. "너는 구제할 때에 오른손이 하는 것을 왼손이 모르게 하라"(마 6:3)는 것이 곧 이런 자선이다.

다음으로 '다스리는 자'는 사람을 돕기 위한 여러 가지 사무를 맡은 자, 자선과 그 밖의 선한 일의 실행을 맡은 직분이다. 곧 교회에서 하는 여러 가지 자선, 박애 사업의 관리자인 것이다. '부지런히 다스리고'라고 한 것은 '신속히 다스리고'란 뜻이다. 사랑의 사업에 관한 처리는 신속해야 한다. 신속하지 않을 때는 효과가 적다. 신속, 열심은 모든 일에 해당된다.

마지막은 '긍휼을 베푸는 자'다. 이것은 자선 이외의 사랑의 행위를 가리킨다. 곧 병자를 위문하고 괴로워하는 자를 위로하는 등 정신적인 긍휼을 베푸는 자를 말한다. "긍휼을 베푸는 자는 기쁨으로 베풀라"고 했다. '기쁨으로'는 뛰어오르고 싶을 만큼 큰 기쁨으로, 신바람이 난 가벼운 마음으로라는 뜻이다. 원어는 영어의 with hilarity에 해당하는 말이다. 얼굴이나 태도에 즐거움과 기쁨이 차고 넘치는 자가 아니고는 이런 일을 맡을 수가 없다. 괴로워하는 자에게 긍휼을 나타낼 때는 이런 마음가짐이 필요하다.

초대 교회에는 위와 같은 여러 가지 직분이 있었다. 그리고 각각의 직분에 알맞은 사람이 있었다. 그러나 한 사람이 이 모든 일에 알맞은 그런 사람은 없다. 겸손이란 자기에게 알맞은 일을 인정하고 열심으로 이에 종사하는 동시에, 자기에게 적합하지 않은 일을 적합한 양 착각하지 않고, 다른 사람이 적임자임을 충분히 인정하여 경의를 표하며, 각기 맡은 일이 한 몸의 지체로서 중요하기 때문에 서로 거만을 부리지 말며, 동시에 자기에게 주어진 달란트를 숨기지 말고 사용하는 것이다. 거만하지 말고, 동시에 자기에게 주어진 재능에 대하여 공평하게 생각하라는 것이다. 그리고 한 몸의 한 지체로서 그 재능을 사용하라는 것이다. 절반은 소극적이며 절반은 적극적인데, 이것이 기독교적 겸손의 특징이다. 이것은 보통 도덕가가 말하는 겸손에 비해 그 차이가 매우 크다. 그리고 이것이 크리스천의 겸손이다.

핵심 강해

기독교 도덕의 첫째: 겸손

"내게 주신 은혜로 말미암아 너희 각 사람에게 말한다. 너희가 분수에 넘치는 생각을 하여 자기를 높게 생각하지 말라"(롬 12:3). 이는 기독교의 겸손을 가르친 말이다. 기독교 도덕의 첫째는 겸손이다. 칼라일은 "기독교는 겸손의 종교다"라고 말하였다. 바울은 "너희 안에 이 마음을 품으라. 곧 그리스도 예수의 마음이니, 그는 근본 하나님의 본체시나 하나님과 동등됨을 취할 것으로 여기지 아니하시고, 오히려 자기를 비어 종의 형체를 가져 사람들과 같이 되었고, 사람의 모양으로 나타나셨으며, 자기를 낮추시고 죽기까지 복종하셨으니 곧 십자가에 죽으심이라"(빌 2:5-8)고 말하였다. 주 예수는 제자들에게 "내가 주와 또는 선생이 되어 너희 발을 씻겼으니 너희도 서로 도와 발을 씻기는 것이 옳으니라"(요 13:14)고 말씀하셨다. 기독교 이외의 종교 또는 도덕에서도 겸손을 미덕으로 가르치고 있기는 하지만, 첫째의 미덕으로서는 가르치지 않는다. 로마 사람들 사이에서는 우리 성서에 '겸손한 마음'이라고 번역된 원어 *tapeinophrosune*(타페이노프로수네)가 우리말의 비굴이라는 뜻에 가까운 낮고 천한 말이었다. 그러나 십자가로 대표되는 기독교에서는 이런 낮은 마음이야말로 하나님의 마음이다. 이것 없이는 다른 미덕을 다 갖추었다 해도 크리스천일 수가 없다.

겸손에도 소극, 적극의 양면이 있다. '높게 생각하지 말라'는 것이 한 면이고, '공평하게 생각하라'는 것이 다른 한 면이다. 자신을 진가 이상으로 생각하지 말라. 자신이 무엇인지를 알라. 나면서부터 멸망의 아들, 은혜로 말미암아 용서받은 죄인, 이러한 사람은 교만할래야 할 수가 없다. 사람은 먼저 자신을 알아야 한다고 하는데, 참으로 자신을 아는 사람은 누구나 겸손하지 않을 수 없다. 자신에게서 무슨 좋은 것을 발견했다고 생각하는 사람은 아직도 자신을 모르는 사람이다.

그러나 자신을 낮추는 것만이 겸손은 아니다. "높게 생각하지 말라. 공평하게 생각하라." 자기의 분수를 알고 자기를 낮춘다면서 자기를 멸시해서는 안 된다. 하나님에게 지음 받고, 또 구원받은 우리는 제로가 아니다. 하나님은 우리 각자에게 믿음을 주시고, 믿음에 합당한 특수한 은사를 주셨다. 믿음의 분량대로 자기의 고상한 신분을 인정하는 것은 거만이 아니다. 진정한 겸손이다. 겸손의 적극적인 면은 자각이다. 자임(自任)이다. 자신에 대하여 분수에 넘치는 생각을 하지 않으며 생각할 한도 안에서 공정하고 알맞게 생각하는 것이 진정한 겸손이다.

크리스천은 그리스도 안에서 한 몸이다. 이것을 에클레시아(교회)라고 한다. 여기에는 많은 지체가 있다. 눈, 귀, 입, 심장, 폐, 손, 발이 있다. 그런데 가령 눈의 겸손이라면, 눈을 몸의 전부로 인정하지 않으며, 또 중요 부분이라고 생각지 않으며, 눈으로서의 본분을 알아 물건을 보는 기관으로서 전체를 위하여 봉사하는 일이다. 철학자 라이프니쯔는 유기체에 대한 정의를 이렇게 내렸다. "유기체는 그 부분이 수단인 동시에 또한 목적이다." 눈은 전체를 섬기며 전체는 눈을 섬긴다. 그것이 유기체이며, 또 교회다.

그리스도 안에서 한 몸이 된 교회의 기관(지체)으로서 예언자가 있다. 권면하는 자가 있다. 자선자가 있다. 통솔자가 있다. 위로하는 자가 있다. 그들은 한 몸이며 또 서로가 지체다. 곧 서로 돕고 도움을 받는다. 이에 대해서는 고린도전서 12장에 자세히 쓰여 있다. 이 부분의 주해를 정독할 필요가 있다.

하나님에게서 직접 계시를 받은 자가 예언자다. 그러나 예언은 믿음의 분량대로 해야 한다. 믿음 없이 계시를 받을 수는 없다. 믿음 없이 예언을 할 수는 없다. 신앙에 어울리지 않는 예언은 공상에 흐르기가 쉽다. 신앙을 떠난 예언은 거짓 예언이다. 하나님은 점진적인 분이시다. 그는 그 뜻을 인간에게 전하시는 데 정당한 순서를 밟으신다. "교훈에 교훈을 더하시고, 규칙에 규칙을 더하신다"(사 28:10). 신앙을 기초로 하여 신앙의 범위 안에서 하는 예언만이 진정한 예언이다. 그 밖의 것은 모두가 거짓 예언이다.

섬기는 이는 하나님의 은사를 다른 사람에게 나눠 주는 사람이다. 혹은 예언으로 내린 하나님의 말씀을 나누고, 혹은 여러 가지 방법으로 이 세상의 물건을 나눠 준다. 이런 의미에서 설교자도 섬기는 자이며, 집사도 섬기는 자다. 교사는 교리를 밝혀 이를 가르치는 자다. 현재의 신학자 또는 성서학자는 이 부류에 속한다. '권면하는 자'는 신앙을 북돋우는 사람이다. 오늘날의 이른바 복음사(福音師, 에반젤리스트)에 해당한다. 교사가 사람의 이지(理知)에 호소하는 자인 데 반하여, 권면하는 자는 그 감정을 움직이는 자다. 버틀러 감독은 교사의 좋은 모범이며, 시인 카우타는 권면하는 자의 좋은 실례일 것이다. '구제하는 자'란 오늘의 자선가다. 자기 재산을 털어 가난한 자를 돕는 사람이다. 그는 "아낌없이 구제하라"고 가르쳤다. 이것의 원어는 *haplotes*(하플로테스)로서 '단순'이란 뜻이다. 자선을 할 때는 사랑으로 남을 돕는 것 외에 다른 생각을 품지 말라는 뜻이다. 자선에 조건을 붙여서는 안 된다. 너의 오른손이 하는 것을 왼손이 모르게 하라. 자선은 단순하고 솔직하게 하라. '다스리는 자'는 이 경우에는 선행의 통솔자다. 사랑의 행위에 일정한 방침이 없을 수 없다. 방침 없이 하는 자의 자선은 이익보다 해가 많다. 그리고 이 일을 맡은 사람은 '부지런히' 하라고 한다. 이것의 원어는 *spoude*(스푸데)로서 '열심으로' 또는 '흥미를 가지고'란 뜻이다. 삯일 하듯이 하지 말고, 자기의 사업에 종사하는 마음으로 열심히 하라는 뜻이다. '긍휼을 베푸는 자'란 구제 이외의 모든 자선사업에 종사하는 사람이다. 다음은 위로하는 자다. 위로하는 일도 쉬운 것이 아니다. 이 또한 천부적인 재능이다. 이에 종사하는 자는 '기쁨으로' 하라고 한다. 이것의 원어는 *hilaro-tes*(힐라로테스)로서, 영어 hilarity의 어원이며, 신바람이 나는 기쁨이란 뜻이다. 자선사업은 강요에 의해 의무감으로 하는 수 없이 해서는 안 된다. 신바람이 나는 기쁨으로 하라는 것이다. 자선은 하플로테스(단순)로써, 통솔은 '스푸데'(열심)로써, 모든 자선행위는 힐라로테스(환희)로써 하라고 가르친 바울은 기독교 도덕의 기밀(機密)을 잘 이해한 사람이다. 그리스도의 마음을 품어야만 능히 그 기밀을 알 수 있다.

제49강

기독교 도덕의 둘째: 사랑(1)

12장 9-10절

지난 번 강의에서 말한 대로, 기독교 도덕의 첫째는 겸손이다. 겸손은 누구에게나 필요하지만 특히 무엇인가를 가지고 있는 자에게는 더욱 필요하다. 학식이 있는 자, 지능이 있는 자, 재산이 있는 자, 지위가 있는 자들은 특히 겸손의 덕이 있어야 한다. 그러므로 바울은 교회 가운데 유력한 이들을 향하여 이 점을 강조하였다. 그리고 겸손 다음으로 바울은 사랑을 말한다. 사랑의 특징은 그것이 누구에게나 필요한 데 있다. 유력한 자, 무력한 자 할 것 없이 이 덕은 어떤 크리스천이라도 늘 행해야 하는 것이다.

먼저 9절과 10절을 유의할 필요가 있다. 이것은 우리말 성서로 보면 다음과 같다.

> 사랑에는 거짓이 없다. 악을 미워하고, 선을 가까이하고, 형제의 사랑으로 서로 사랑하며, 예의로써 서로 양보하라.

문장이 간결하다. 바울은 로마서를 논문으로 쓰지 않고 서신으로 썼다. 그래서 자연히 간결해졌다. 교리를 설명하는 데 많은 분량을 사용했기 때문에 마지막을 서두른 느낌이 있어 용어가 마치 전보처럼 간결하다. 그러나 짧은 말 속에 깊고도 높은 진리가 들어 있다. 낱말 하나하나를 연구해 보면 많은 진리를 배울 수 있다.

"사랑에는 거짓이 없어야 한다"는 구절은 영역 성서에서는 다섯 단어로 되어 있지만, 희랍 원문에는 불과 두 단어로 되어 있다. 곧 '사랑'이란 말과 '거짓이 없다'는 말로 되어 있다. 따라서 "사랑엔 거짓이 없다"(거짓이 없는 것이다)고도 해석할 수 있다. 그러나 사랑에는 거짓이 없어야 한다는 훈계로 해석하는 것이 옳을 것이다. 거짓이 없어야 한다는 원어는 '위선이 없어야 한다'는 뜻이다. 위선(영어의 hypocricy)은 가면을 의미한다. 가면이란 원래 연극에서 생긴 말이다. 우리 나라에서든 다른 나라에서든 최초의 연극은 배우가 가면을 쓰고 무대에서 연기를 하는 것이었다. 그러므로 "사랑에 위선이 없어야 한다"는 것은 사랑을 배우처럼 연극하듯이 하지 말라는 뜻이다. 사람은 마음에 악의를 품고 있으면서도 사랑하는 척할 수 있다. 이 세상에서 행해지는 사랑이란 대개 이런 것이다. 곧 얼굴에 사랑의 가면을 쓴 것뿐이다. 인생에서 사랑의 교환이란 대개 가면극이다. 불신자는 물론 그렇다. 신자들 중에도 이것이 심히 많다. 우리는 이런 거짓 사랑에 빠지지 않도록 조심해야 한다. 가면의 사랑으로 사람을 대하지 말아야 한다.

이것이 사랑에 대한 일반적인 교훈이다. 그리고 다시 세밀한 교훈을 말하고 있다. 다음에 세밀하게 말하여 양자가 서로 이해를 돕게 하는 것이 바울식 서술법이다. '악을 미워하고'라 한다. 먼저 이것을 권한 것은 주의할 일이다. 사랑의 가르침에 관한 세칙을 말하면서 첫째로 미움을 말한 것은 뜻밖의 일이다. 사람들은 보통 사랑이라면 순수한 사랑이고, 거기에 미움은 눈꼽만큼도 끼지 않을 것이라고 생각한다. 그러나 참 사랑에는 악에 대한 미움이 포함된다. 가면적인 사랑 또는 천박한 사랑은 악을 미워할 줄 모른다. 그러나 깊고도 참된 사랑은 그렇게 할 수가 없다. 악을 강하게 미워하는 사람이라야 선을 강하게 사랑할 수 있다. 이런 사랑은 사복음서에 명시되어 있다. 예수의 충실한 제자는 모두 그랬다. 단테, 밀턴 등 고귀한 정신으로 불타던 사람들의 시와 글을 보라. 얼마나 악에 대한 격렬한 증오가 나타나 있는가? 그들은 악과 거짓에 대하여 분격을 금할 수 없었다. 그랬기에 하나님께 대하여, 진리에 대하여 뜨거운 사랑을 품고, 또 사람에 대해서도 깊은 사랑을 품었던 것이다. 이것이 우리가 배워야 할 일이다. 강한 미움을 품지 않고서는 강한 사랑을 품을 수가 없다. 존슨 박사가 "미워할 줄 모르는 자를 그 클럽 회원으로 가입시키지 않았다"고 한 것은 이 사실을 알고 있었기 때문이다. 그러므로 강하게 악을 미워하라. 그렇지 않고는 참 사랑이 무엇인지를 모른다.

악을 미워하는 것은 사랑의 소극적인 면이다. 다음에는 적극적인 면이 쓰여 있다. '선을 가까이하고.' 이것은 우리 성서와 같이 '악을 미워하고 선을 가까이하고' 라고 번역하면 말에 힘이 빠져 버린다. '미워하고' 의 원어 *apostugeo*(아포스투게오)는 '혐오감을 느껴 움츠리고 물러선다' 는 뜻이다. 또 '가까이하고' 의 원어 *kollao*(콜라오)는 '착 달라붙는다' 는 뜻이다. 둘 다 강한 감정이 들어 있는 말이다. 악을 보고는 뱀을 만난 것같이 혐오감을 느끼고 몸을 움츠리며 물러서고, 선을 보고는 아교로 붙이는 것같이 찰싹 달라붙으라는 것이다. 사랑은 이 요소를 갖추지 않으면 안 된다. 남을 사랑한다면서도 그 사람이 행하는 선이나 악을 다 사랑해서는 안 된다. 그것은 참 사랑이 아니다. 참 사랑은 그 사람의 악을 강하게 미워하는 동시에 선을 강하게 사랑하는 것이다. 따라서 악행에 대해서는 따끔하게 충고를 하고, 선행에 대해서는 충분히 협조를 해야 한다. 참으로 바울식의 권면이다. 그 자신이 이런 사람이었던 것은 그의 생애 속의 행동, 그가 쓴 글 - 특히 갈라디아서나 고린도후서 - 에 밝히 나타나 있다. 이것은 단지 기질의 문제가 아니다. 하나님의 영에 점령된 사람은 누구나 이렇게 되지 않을 수 없다.

선에 대해서나 악에 대하서나 태연한 것은 불신자에게 흔히 있는 일이다. 특히 일본 사람에게 이 경향이 심한 것은 통탄할 일이다. 자신의 이익에 관한 일이라면 열심을 나타내고 침식을 잊으며 날뛴다. 그러나 정의에 대해서는 조금도 열렬한 찬사를 보내지 않는 동시에, 불의에 대해서도 아무런 반대를 나타내지 않는다. 선을 향해서나 악을 향해서나 항상 냉담하며 마치 다른 세상의 일을 대하는 듯한 태도다. 사회 전체에 넘치는 불성실과 권태, 정의 관념의 결핍, 인생에 대한 엄숙한 태도가 없는 것, 진정한 우의가 없는 것 등 모두가 다 이러한 심리 상태의 산물이다. 이런 우리 국민의 폐단은 기독교 신자들 가운데도 종종 남아 있다. 그러므로 우리는 바울의 이 훈계에 깊이 유의해야 한다. 그리고 크게 반성하는 바가 있어야 한다. '사랑' 쯤은 다 아는 일로 생각하는 사람이 많다. 그러나 바울의 이 훈계에 접하여 사랑의 진정한 성격을 배울 때, 그것이 얼마나 사람이 생각하는 것 이상인지를 알 수 있다. 스스로 다 알았다고 생각하는 자는 진짜 알아야 할 것을 아직 모르고 있는 사람이다. 기독교적 사랑이 어떤 것인지를 배우라. 그리고 그런 사랑을 실천할 수 있도록 기도하라.

사랑에는 거짓이 있어서도 안 된다. 그리고 사랑의 요소로서 있어야 할 것은 악을 강하게 미워하고 선을 강하게 사랑하는 일이다. 그 다음에 필요한 것은 무엇인가? 그것은 '형제의 사랑으로 서로 사랑하며, 예의로써 서로 양보'(10)하는 일이다. '형제의 사랑'이란 원어 philadelphia는 육친의 형제의 사랑이란 뜻이다. '서로 사랑하며'의 원어 philostergoi(필로스테르고이)는 가족에 대한 애정을 의미하는 말이다. 형제, 육친, 골육간의 사랑과 같은 사랑으로, 깊고 강한 애착심으로 정을 기울여 서로 사랑하라는 뜻이다. 기독교 신자의 사랑은 이래야 한다. 진정한 크리스천은 서로 이런 사랑을 품는다. 이 사랑이 오가는 곳이 '에클레시아'다. 초대 교회가 이랬다. 복음이 빨리 세계에 퍼진 이유 중의 하나는, 초대 신자들 사이에 두터웠던 이 사랑 때문이다. 일본에서도 메이지 초기 시대에 한창 복음이 왕성했던 때는 신자간의 사랑이 참으로 아름다워서, 이러한 깨끗한 사랑이 오가는 곳에 나도 가입하고 싶다는 마음에서 교회에 들어온 사람이 많았다.

아아, 40년 전에는 우리 일본에도 이런 아름다운 신자간의 사랑이 있었다. 그런데 요즈음 어떤가? 어디에 이런 사랑이 있는가? 형제 자매란 입에 오르내리는 말일 뿐, 그 열매를 어디에서 보는가? 신자 사이에 있는 것은 질투, 증오, 악감, 욕, 험담 같은 것이다. 타락한 교회의 모습을 보라. 참으로 통탄할 일이 아닌가? 주 안에 함께 있는 사람은 마땅히 이 사랑으로 맺어져야 하는데, 사실은 그렇지 못하다. 이는 그 신앙에 결함이 있는 증거다. 우리는 올바로 믿어 중심에서 형제 자매에 대하여 깊은 애정을 가지며, 이 사랑으로 서로 뜨겁게 사랑해야 한다. 그리하여 에클레

시야를 건설해 나가야 한다.

찬송가 525장은 J. 포세트 목사가 지은 것인데, 이런 형제 자매의 사랑을 노래한 것으로 유명하다. 그가 이 찬송을 짓게 된 유래를 들으면 더욱 아름다운 노래임을 느낄 것이다. 그는 영국 침례교회 목사로서 학식이 깊고 인격이 고결한 전도자였다. 오랫동안 시골 작은 교회를 목회하면서 아무런 명예를 구하지 않고 가난한 생활에 만족해하며 욕심 없이 깨끗한 생애를 보냈다. 그러나 그의 학식과 신앙은 그로 하여금 수도의 큰 교회의 목자가 되게 하기에 충분하였다.

한번은 런던의 큰 교회에서 그를 초빙했다. 그 자신도 중앙에서 주를 위하여 마음껏 일하고 싶었다. 시골에 있는 그 교회를 위해서는 봉사한 지 여러 해가 되어 자기가 할 일은 거의 다 했으므로 마침내 그 초빙에 응하기로 하였다. 이윽고 작별할 때가 왔다. 마지막 주일에 교회에서 행한 최후의 설교는 온 교인들로 하여금 눈물을 짜내게 하였다. 이리하여 마침내 이별의 날이 왔다. 동네 사람들은 모두 목사 내외를 마을 어귀까지 배웅했다. 그리고 이별의 순간이 왔다. 그런데 남녀노소로 이루어진 교인들은 이상적인 목사와 이별하는 슬픔을 견딜 수가 없었다. 목사를 보내고 난 후의 쓸쓸함을 생각하고 가슴에 큰 아픔을 느꼈다. 그래서 마침내 교인들은 약속이나 한 듯이 울음을 터뜨렸다. 이 눈물을 보고 목사 부부도 울었다. 그리고 아내가 남편에게 물었다. "여보, 이 선량한 시골 교우들을 버리고 어찌 수도로 부임하지요?" 이 말에 남편은 "그럴 수 없지"라고 대답했다. 이리하여 짐을 싣고 가던 마차는 집으로 되돌아가라는 명을 받고, 박사는 다시 그 동네의 목사로 머무르게 되었다. 동네 사람들의 사랑은 목사의 마음을 크게 움직였다. 그때 지은 것이 이 찬송이라고 한다. "주 믿는 형제들 사랑의 사귐은 천국의 교제 같으니 참 좋은 친교라." 때는 1782년, 지금으로부터 140년 전의 일이었다. 요즘 와서 이런 일은 좀처럼 보기 어려운 아름다운 일이었다. 신자간의 사랑이 희박해진 오늘, 우리는 특히 이 아름다운 일과 이 아름다운 노래를 상기하게 된다.

다음은 '예의로써 서로 양보하며' 다. 이것은 의역이지만 대체로 원뜻을 잘 전달한 번역이다. 영어 성서에서는 In honour prefering one another라고 하였다. 이는 명예에 있어서는 서로 남을 나보다 낮게 여기라는 뜻이다. 명예의 원어는 *time*(티메)로서 '존경' 이란 뜻이다. 사람이 사람을 대하여 품는 존경심을 말한다. 그러므로 이 경우에는 "신자가 형제를 대하여 그 또한 자기와 마찬가지로 그리스도에게 구속받아 하나님의 아들이 된 자임을 인정하고 품는 존경심을 가리킨다"(고데). 이 말을 로마서 2장 7, 10절, 히브리서 5장 4절 등에서는 '존귀'라고 번역하고, 마태복음 27장 6절에서는 '값'이라고 번역했다. 곧 타자에 대하여 품는 가치의 느낌을 가리킨 것이다. 형제에 대한 존경심에서 서로 남을 나보다 낮게 여기라는 것이다. 곧 형제에 대하여 충분한 경의를 품고, 자기 이상의 사람으로 대하라는 뜻이다. 말년에 바울이 빌립보 신자들에게 "오직 겸손한 마음으로 각각 자기보다 남을 낮게 여기라"(빌 2:3)고 권면한 것이 바로 이 마음이다.

'사랑은 무례히 행치 아니하며'(고전 13:5)라고 한다. 너무 친하여 버릇없이 구는 것은 사랑이 부족한 증거다. 형제에 대하여 깊고 참된 사랑을 품을 때 서로가 남을 나보다 낮다고 생각하여, 그 사이에는 아름다운 예의와 양보가 존재한다. 형제의 결점만을 보는 것은 사랑이 부족하기 때문이다. 그리스도에게 구속받은 자, 하나님의 아들이 된 자, 후에 그리스도를 닮는 영광의 모습으로 변할 자, 이것이 곧 형제 자매다. 그러므로 먼저 품어야 할 것은 존경심이 배어 있는 사랑이다. 사랑 속에 있는 예의, 겸양이다. 보통 사람이라도 하나님이 지으신 자로서, 또는 영적인 존재로서 그들에 대하여 경의를 품는 것이 당연하다. 하물며 그리스도가 그를 위하여 목숨을 버려 구속해 주신 형제 자매에게는 특별한 존경심을 품는 것이 당연하다.

오늘날 신자 사이에 사랑의 결핍이 두드러진 것은 물론 신앙의 쇠퇴로 말미암은 것이지만, 또한 바울의 이 교훈을 잊어버린 것도 원인이다. 존경심이 없는 곳에서 사람들은 서로 무례하게 되고, 무례하게 되면 서로 다투게 된다. 곧 사랑에 예의가 없으면 그 사랑 자체가 사라져 버린다. 이제 예의와 존경은 도리어 불신자들 사이에 있고 신자들 사이에는 없다. 따라서 신자들은 신용을 잃어버렸다. 기독교 신자가 동일한 신자인 주인을 섬기는 경우, 그는 주인을 자신과 마찬가지로 생각하며, 또 특별한 사랑을 요구하고 아무런 예의도 표하지 않을 때는 크게 불쾌감을 느낀다. 이런 일은 우리 나라 신자들 사이에서 큰 폐단이다.

9, 10절을 되풀이하여 정독하라. 얼마나 깊고 또 빈틈없는 훈계인가? 먼저 '사랑엔 거짓이 없다' 고 일반적인 교훈을 하고, 다음으로 세칙에 들어가서 그 첫째로 '악을 미워하라' 는 중요한 교훈을 하여 사람들이 소홀히 하기 쉬운 점을 경계하며, 다음에는 '선을 기뻐하라' 는 주의를 주고, 또한 '형제의 사랑으로 서로 사랑하며' 라고 적극적인 권면을 한 뒤, 다음에는 '예의로써 서로 양보하며' 라고 사람들이 잊어버리기 쉬운 점을 깨우치고 있다. 참으로 더할 나위 없이 극진한 사랑의 가르침이다.

핵심강해

기독교 도의 둘째: 사랑

겸손은 누구에게나 필요하다. 그러나 특히 유력한 사람에게 필요하다. 오만은 특히 재능에 따르는 죄다. 그러므로 3절에서 바울은 겸손에 대하여 말하기 시작할 때, "내가 받은 은혜로 말미암아 너희 각 사람에게 말한다. 너희가 거만하여 분수에 넘치는 생각을 하지 말라"고 한다. '너희 각 사람'이라고 번역된 원어는 '너희 중 이름 있는 자' 또는 '능력 있는 자'라고도 번역할 수 있는 말이다. 영어로 번역한다면 To all who are among you이다. are는 단지 '있다'라는 조동사가 아니다. '존재를 인정받는 자' 곧 이른바 교회의 유력자다. 이는 갈라디아서 6장 3절에 "사람이 만일 있는 것 없이 스스로 있다고 하면 이는 스스로 속이는 일이다"라고 한 그것이다. "내가 너희 중 가진 것 있는 자에게 말한다. 거만하지 말라"고 한 바울의 용이주도함을 생각하라.

겸손은 특히 유력한 자에게 필요하다. 그러나 사랑은 누구에게나 필요하다. "사랑 이외에 아무것도 누구에게 빚지지 말라"고 했다. 즉 아무것도 빚지지 않은 크리스천도 사랑의 빚만은 누구에게나 지고 있는 것이다. 하나님이 나를 사랑하신 것같이 나는 남을 사랑해야 한다. 이것이 나의 의무요 책임이다.

"사랑에는 거짓이 없어야 한다." 사랑은 자선과 마찬가지로 단순해야 한다. 사랑, 사랑 하지만 사랑에도 불순한 사랑이 있다. "사랑에는 위선이 없어야 한다"고 번역하면 원어의 의미에 가장 가깝다. 이것은 영어의

hypocrisy(위선)와 원어가 같다. 사랑에는 가면을 쓰지 말라. 또는 사랑에는 연극적이 되지 말라. 사랑을 할 때 배우와 같이하지 말라. 그리고 크리스천의 사랑은 솔직하고 적나라하고 자연적이어야 하며, 연극적 가장을 한 것이어서는 안 된다는 교훈이다.

단순한 사랑에 다시 정의를 내린다면 이는 '악을 미워하고 선을 가까이하는' 것이 되어야 한다. 사랑에도 소극적인 면과 적극적인 면이 있다. 악을 미워하는 면과 선을 가까이하는 면이 있다. 특히 유의할 것은 악을 미워하는 면이다. 사랑은 사랑이지 악을 미워해서는 안 된다고 하는 사람은 사랑이 무엇인지를 모르는 사람이다. 정말로 사랑하는 사람은 동시에 정말로 미워하는 사람이다. 존슨 박사의 유명한 말 중에 "강하게 미워하지 않는 자는 우리 클럽의 회원이 될 수 없다"는 말이 있다. 사랑하는 때도 진정으로 사랑하고, 미워하는 때도 진정으로 미워하지 않는 사람은 참된 사람이 아니다. '악을 미워하라'고 했다. 그리스도도, 바울도, 요한도, 단테도, 루터도, 밀턴도 모두가 이런 종류의 사람이었다. 곧 정과 사랑이 넘치는 사람들이었다. 참 사랑이 무엇인지는 사랑의 사도라 일컬어지는 사도 요한에게서 볼 수 있다. 그는 강하게 사랑하고 강하게 미워한 사람이었다. 요한복음과 계시록을 읽고 참 사랑과 동시에 참 미움을 배우지 못한 사람은 이를 바로 읽은 사람이 아니다.

"악을 미워하고 선을 가까이하고." 이것만으로도 참 사랑을 잘 나타냈다. 그러나 바울의 말은 그런 약한 것이 아니었다. 이것을 직역하면 "악을 보면 움츠러들고, 선이라면 이에 찰싹 달라붙는다"가 된다. 바울은 강한 사람이다. 그러므로 이런 경우에는 강한 말을 쓴다. 두려움으로 움츠러든다. 아교 풀로 붙이는 것같이 찰싹 달라붙는다. 크리스천은 선

악에 대하여 이토록 민감해야 한다. 악을 보고도 태연하며, 선을 보고도 시큰둥하면 그는 아직 참으로 하나님의 사랑을 깨닫지 못했다는 증거다. 세상에는 스스로 무저항주의자라고 일컬어, 악을 보고도 노하지 않으며 그것과 싸워 그것을 제거하려고 노력하지 않는 자가 있다. 크리스천은 폭력으로는 싸우지 않지만 영력으로는 용감히 싸운다. 그는 악을 악이라고 부르기를 주저하지 않는다. 친구가 싸우는 것을 보고 거기에 끼어들면 자기에게 손해가 미칠까 봐 악에도 거스르지 않고 선에도 가담하지 않고, 자기는 제삼자의 위치에 서서 오직 양쪽의 인심을 잃지 않으려고 노력한다. 이것은 사랑이 아니다. 자기 중심의 죄다. 정직은 가장 좋은 정략이라고 하는 것과 마찬가지로, 사랑의 이름으로 하는 자기 이익의 옹호다. 참 사랑은 악을 미워하여 이를 물리치고, 선은 가까이하여 이에 가담한다. 미움이 없는 사랑은 어둠이 없는 빛과 같이, 있는 것처럼 보이지만 사실은 없는 것이다.

 사랑은 단순해야 한다. 사랑에 안팎이 있어서는 안 된다. 사랑이 겉으로 나타날 때, 악은 진실로써 미워하고 선은 마음으로부터 가까이한다. 그리고 그 속에서 일할 때 "형제의 사랑으로 서로 사랑하며, 예의로써 서로 양보해야 한다." 원어 *philostergoi*(필로스테르고이)에는 너희가 육친의 정으로 서로 사랑하라는 뜻이 있다. 그리스도의 피로 구속받은 자는 골육과 같은 사랑으로 서로 사랑한다. 올바른 신앙이 있는 곳에는 반드시 사랑이 있다. 이는 "우리의 믿음, 소망이 주 안에 하나라"고 한 찬송가 525장의 뜻이다. "형제가 연합하여 동거함이 어찌 그리 선하고 아름다운고"라고 한 시편 133편의 정(情)이다. 우리는 진정한 형제 자매의 정을 크리스천 사이에서 보아야 한다. 그러나 사실은 어떤가?

골육과 같은 사랑과 함께 예의가 필요하다. 예의 또는 존경심이다. '예의로써 서로 양보하며'라고 한 것과 같이 사랑은 예의로써 유지된다. "너무 친해지다간 멸시하려 든다"(Familiarity begets contempt)라는 말이 있다. 예의가 없는 곳에 사랑은 사라져 버린다. 예의는 허례가 아니라 존경이다. 신자들 사이에서는 각 사람 속에 계시는 성령에 대한 존경이다. 이 존경이 있어야만 진정한 사랑이 생긴다. 자기가 구원받은 체험에 비추어 보아 신자는 서로를 존경하며 사랑하게 된다. "예의로써 서로 양보하며", "각각 겸손한 마음으로 서로 남을 자기보다 낫게 여기라." 예의로써 나타나지 않는 사랑은 하나님에게서 나온 사랑이 아니다.

"부지런하여 게으르지 말고 열심을 품고 주를 섬기라." 사랑은 언제까지나 애정으로 머물러 있지는 않는다. 반드시 행위로써 나타난다. 봉사를 하고 싶어진다. 봉사하지 않는 것을 부끄럽게 여긴다. 단지 의무감에 사로잡혀 부지런한 것이 아니다. 열심을 품고 일하게 된다. 사람에게 봉사하려고 해서가 아니라, 주 그리스도를 섬기기 때문이다. 신자 상호간에 행해지는 사랑의 행위에는 근면과 열심과 은혜에 대한 보답, 이 특징이 반드시 나타난다. 이것을 잃었거든 다시 되찾아야 한다. "너희가 주의 은혜의 깊음을 맛보아 알라." 그러므로 오늘 다시 이를 실현할 수 있다.

제50강

기독교 도덕의 둘째: 사랑(2)

12장 11-15절

지난 번 강의에서는 사랑의 성격에 대하여 말한 바 있다. 먼저 사랑에는 거짓이 없어야 하고, 다음으로 더 세밀하게 악을 미워하고 선을 가까이하며 형제의 사랑으로 서로 사랑하고 예의를 지켜 서로 양보해야 한다고 말하였다. 이것은 대체로 사랑의 내부적인 면이다. 곧 내면적으로 본 사랑이다. 그러나 사랑은 마음속으로만 그쳐서는 안 된다. 겉으로 나타나야 한다. 겉으로 나타나지 않는 사랑은 사랑이 아니다. 이 사랑의 외적 표현을 가르친 것이 11절 이하다.

11절에서는 "부지런하여 게으르지 말고 열심을 품고 주를 섬기라"고 말하고 있다. '부지런하여 게으르지 말고' 는 열심으로, 게으르지 말고라는 뜻이다. 이 훈계는 자기의 일에 대해서가 아니라, 남의 일에 대한 훈계다. 곧 자기 일을 열심으로 하고 게으르지 말라는 것이 아니다. 남의 일에 대하여 열심히 하고 게으르지 말라는 것이다. 이 훈계의 앞뒤가 남에 대한 사랑의 가르침이므로, 이 훈계 또한 남에 대한 가르침인 것은 틀림없다. 사람은 자기 일에는 열심이지만, 남의 일에 대해서 별로 열심을 내지 않는다. 그러므로 조금만 방심하면 남의 일에 대해서 태만하기가 쉽다. 자신에 대해서만 열심인 것은 사랑의 길이 아니다. 또 그리스도 안에 있는 자로서 그래서는 안 된다. 그것은 불신자가 하는 일이다. 그리스도 안에 있는 자는 남의 일에 대해서도 자기 일에 대해서와 같이 열심이어야 한다. 이것이 사랑이다. 그러므로 부지런하여 게으르지 말라고 한다.

다음에는 "열심을 품고 주를 섬기라"고 한다. 열심을 품는다는 것은 마음을 끓어오르게 한다는 뜻이다. 원어 zeo(제오)는 원래 끓어오름(영어의 boil)을 뜻한다. 즉 불타는 듯한, 끓어오르는 듯한 열심을 말한다. 바울은 여기서 사랑 때문에 끓어오르는 듯한 열심을 일으킬 것을 가르친다. 기독교 신자 중에 이런 사람은 그다지 많지 않다. 그러나 때로는 이러한 사람을 만나는 일이 있다. 사랑으로 끓어오르는 상태, 마치 어머니가 아들에 대한 사랑 때문에 마음을 불태우고 있는 것과 같다. 이것이 그리스도의 마음을 깊이 간직하고 있는 사람의 마음이다.

"열심을 품고 주를 섬기라"고 한다. 왜 여기서 형제를 섬기라고 하지 않고 주를 섬기라고 하였는가? 그것은 형제를 섬기는 것이 곧 주를 섬기는 것이기 때문이다. 지극히 작은 형제 중 한 사람에게 행한 것이 곧 주께 대하여 행한 것이다(마 25:31 이하의 아름다운 교훈을 보라). 주를 섬기는 것은 사람을 사랑하는 일이다. 우리는 형제를 섬김으로 주를 섬기는 것이다. 그러므로 주를 섬기라는 말 속에는 형제를 섬기라는 뜻이 담겨 있다.

어떤 원본에는 '주를 섬기라'가 '때를 섬기라'로 되어 있다. 때를 섬기라는 것은 때에 자기를 적응시키라는 뜻이다. 곧 그때 그때에 맞게 행동하라는 뜻이다. 이것은 형제에 대한 사랑을 실행하는 데 있어서 매우 유익한 훈계다. 따라서 마이어, 고데와 같은 일류 학자로서, 전후 관계로 보아 이렇게 읽는 것이 옳다고 하는 사람이 있다. 이것은 확실히 버리기 어려운 견해다. 그러나 대개의 원본에서는 '때'라 하지 않고 '주'라 하였다.

다음은 12절이다. "소망 중에 즐거워하며, 환난 중에 참으며, 기도에 항상 힘쓰며." 여기에는 앞 절과 마찬가지로 또 세 개의 연결된 훈계가 있다. 소망을 품고 있으므로 즐거워하며, 환난을 당해서는 인내로써 대처하며, 모든 일에 항상 기도하라는 것은 크리스천에게 가장 적절한 훈계다. 호프만은 이 절을 풀이하여 "바랄 만한 이유가 있는가? 우리는 즐거워하자. 괴로워할 이유가 있는가? 우리는 참자. 기도의 문이 우리를 향해 열려 있는가? 우리는 항상 기도하자"고 말한다. 참으로 명언이다.

형제 자매 중에 죄에 빠진 자가 있는 경우 그를 심판하고, 멸시하고, 멀리하는 것은 큰 잘못이다. 그러면 그는 실망하여 마침내 멸망의 길로 줄달음질치고 만다. 이러한 때는 먼저 소망으로 즐거워해야 한다. 그가 회개하고 다시 건전한 신앙으로 돌아와, 지난 날의 죄를 씻어 버리고 더 좋은 신앙으로 나아가게 될 때가 반드시 올 것을 바라고 즐거워하는 것이 중요하다. 그에 대하여 결코 실망할 것이 아니다. 이 경우에 실망이나 낙담은 최대의 금물이다. 반드시 그의 앞날에 대하여 희망을 품고 즐거워할 것이다. 신자라도 이 위험하고 유혹 많은 세상에서는 자칫하면 죄에 빠지기가 쉽다. 이러한 때에 필요한 것이 사랑이다. 사랑으로 그를 염려해 주는 것이다. 바리새인처럼 그를 심판해서는 안 된다. 먼저 그가 다시 일어날 때가 있음을 바라고, 소망의 즐거움을 품고 그를 보살펴 주어야 한다. 그 때문에 여러 가지 어려움이 닥치더라도 이 '환난 중에 참는' 일에 힘써야 한다. 특히 필요한 것은 '항상 기도하는 일'이다. 기도는 모든 경우에 필요하지만, 이 경우엔 더욱 필요하다. 잘못에 빠진 형제를 위하여, 또 다른 모든 형제 자매를 위하여 열성 있는 기도가 하늘로 올라가야만 한다. 이상 세 가지는 형제에 대한 사랑의 길로서 — 특히 죄를 범한 형제가 있는 경우에 — 매우 중요하다.

13절에 이르러 바울의 훈계는 더욱 구체화된다. "성도들의 쓸 것을 공급하며, 나그네에게 더욱 친절을 베풀라." '공급하며'의 원어 koinone (코이노네오)는 동정 또는 원조로써 자기를 남과 연결시키는 것을 의미한다. 즉 성도들의 궁핍에 대하여 동정과 원조로써 자기를 그들과 연결시키라는 가르침이다. 이것은 기독교 신자 사이의 아름다운 관계다. 초대 교회가 일종의 공산 사회의 모습을 보였던 것은 성서가 밝히 기록한 바다. 공산적이건 아니건, 형제 자매 사이에서 여유 있는 자가 부족한 자에게 쓸 것을 공급하는 것은 사랑의 표현으로서 아름다운 일이다. 참으로 기독교적 사랑이 있으면, 형제의 부족을 서로 도와준다는 것은 당연한 일이다.

요즘은 사회주의적 정신이 차츰 세력을 얻는 것같이 보인다. 이것은 빈부의 차별을 없애고, 모든 사람이 여유도 없고 부족도 없는 사회를 만들어 만인이 한 가족이 되는 것을 내세우는 사상이다. 그것이 실현될 수 있을지 없을지는 모르겠다. 그러나 인류 사이에 사랑이 없는 때에 형식만으로 사랑을 하려는 것은 아닐까? 같은 주 안에 있는 우리 형제 자매는 우선 우리들 사이에 진심으로 사랑을 실천해야 할 것이다. 그 형태는 어떻든 유무상통하는 사랑의 길이어야 한다. 오늘날 교회가 신자 사이의 사랑을 실천하지 않고, 다만 세상을 향해 사회 정책을 펼치는 데만 열중하고 있는 것은 본말(本末)이 바뀐 것이다. 하나님을 믿는 형제 자매 사이에 사랑이 오가지 않는다면, 불신자 사이에 사랑이 행해질 까닭이 없다. 우리 크리스천은 형제 자매에 대한 사랑으로써 어떠한 형태로든 서로의 부족을 도와야 한다.

'성도들의 쓸 것을 공급하며'라고 했는데, 성도라 하면 초대 교회에서는 신도를 가리키는 말이다. 그러나 이 경우엔 교사를 가리킨 것인지도 모른다. 어쨌든 교사가 쓸 것을 공급한다는 것은 신자로서 항상 유의해야 할 일이다. 진정한 복음의 교사는 대개 가난에 시달린다. 바울과 같은 이가 그러하였다. 루터는 생애의 대부분이 가난하였다. 원래 복음의 선생은 이 세상의 안락과 부요를 바라서는 안 된다. 도리어 궁핍을 기뻐해야 한다. 그러나 신자로서 선생의 결핍을 조금도 염려하지 않는다면, 그것은 사랑이 없는 일이다. 그들이 그 선생을 부요하게 할 필요는 없다. 그러나 그 결핍을 도와주겠다는 마음만은 늘 있어야 한다.

"나그네에게 친절을 베풀라"는 이른바 호스피털리티(hospitality)의 가르침이다. 모르는 사람을 손님으로 친절히 대접하라는 것이다. 원어 *philoxenia*(필록세니아)는 모르는 사람에게 친절을 베푼다는 뜻이다. 여관이 없는 나라, 여관이 없는 시대에는 민가에 숙박하는 길밖에 없었다. 따라서 호스피털리티라는 미풍이 생겼다. 오늘날에도 아라비아, 멕시코, 러시아의 연해주 같은 데는 여관이 없으므로 이 아름다운 풍속을 볼 수 있다. 특히 아라비아 사람들 사이에 이 미풍이 유행했던 것은 옛날부터 유명하다. 초대 교회 때는 신자가 다른 곳을 여행할 때 그곳 신자의 집에 손님이 되어 온 집안의 환대를 받으며 신앙과 사랑을 교환하면서 주객이 모두 큰 위로를 받았다. 참으로 아름다운 풍습이었다. 그러므로 바울은 기독교적 사랑의 표현 가운데 하나로서 손님 환대를 가르쳤다. 베드로전서 4장 9절, 히브리서 13장 2절, 디모데전서 5장 10절, 디도서 1장 8절에도 같은 교훈이 있다. 이로써 이 일이 초대 교회에서 얼마나 아름다운 덕이었는지를 알 수 있다. 우리 나라에서도 메이지 초기에 기독교가 처음으로 전해진 시대에는 이러한 아름다운 일이 더러 행해졌다. 그러나 이 미풍은 곧 사라져 버렸다. 참으로 아쉬운 일이다.

다음은 14절이다. "너희를 해치는 자를 축복하라. 축복하고 저주하지 말라"고 한다. 9절부터 16절까지는 주로 신자간의 사랑을 가르치고 있는데, 그 사이에 있는 14절만이 원수에 대한 가르침인 것은 이상하다. 이것은 차라리 17절 이하의 원수를 사랑하라는 가르침 속에 들어가야 할 것이라고 생각한다. 그러나 교회의 부패와 신도의 신앙의 타락은 이미 그때부터 싹 트고 있었으므로, 같은 교인들 가운데도 다른 형제 자매를 비방하며 함정에 빠뜨리는 자가 있었던 것 같다. 그러므로 너희를 해치는 자를 축복하라는 훈계는 불행하게도 신자들 사이의 도덕이 되었는지도 모른다.

15절은 "즐거워하는 자들로 함께 즐거워하고, 슬퍼하는 자들로 함께 슬퍼하라"고 말한다. 이것은 얼핏 보기에 평범한 가르침 같지만 사실은 깊은 가르침이다. 그리스도의 영을 받지 않고는 도저히 실행할 수 없는 가르침이다. 사람의 마음은 사람의 슬픔에 대해서는 저절로 동정한다. 남의 불행, 재앙, 고통을 알고는 아무리 차가운 사람이라도 조금은 동정심을 느낀다. 이것이 인간의 천성이다. 그러므로 크리스천도 형제 자매에 대하여 동정심(영어의 sympathy, 곧 슬픔을 같이하는 일)을 느끼는 것은 비교적 쉽다. 곧 "슬퍼하는 자와 함께 슬퍼하라"는 훈계는 실행하기가 비교적 쉬운 훈계다. 그러나 누구에게나 어려운 것은 즐거워하는 자와 함께 즐거워하는 일이다. 다른 사람의 성공, 번영, 출세 등을 보고는 즐거워하지 않는 것이 사람의 상정(常情)이다. 아무리 자기와 친한 사람이라도 그가 성공하면 도리어 질투가 난다. 어떤 경우에는 그의 실패가 도리어 나의 즐거움이 되기도 한다. 이것은 죄의 자식인 사람에게는 자연스러운 일이다. 따라서 신자가 된 후라도 그 실행은 매우 어렵다. 형제 자매의 실패나 과오를 보고 도리어 일종의 쾌감을 느끼는 일은 일어나기가 매우 쉬운 것이다. 그러나 이것은 형제 자매에 대한 사랑이 아니다. 우리는 모름지기 즐거워하는 자와 함께 즐거워하는 지경에 도달할 수 있도록 기도해야 한다. 성령의 감화를 구하여 악한 질투를 제거하고, 형제가 성공하고 번영하면 마치 내가 성공하고 번영한 것같이 함께 즐거워해야 한다. 이 어려운 일을 주의 영을 받아 행할 때 신앙생활의 능력이 있다. 슬퍼하는 자와 함께 슬퍼하는 것만으로는 부족하다. 즐거워하는 자와 함께 즐거워해야 한다. 다시 말하면 함께 주 안에 있는 자는 항상 희비애락을 같이해야 한다. 이것이 형제에 대한 사랑이다.

　이상 11절에서 15절까지를 되풀이해서 읽어라. 간단한 훈계지만 어느 하나라도 의미가 깊지 않은 것이 없다. 우리 크리스천은 이 교훈을 거듭 명심하여 깊이 맛보고 실천할 수 있도록 기도해야 한다.

핵심강해

사랑의 표현

12절의 '소망 중에 즐거워하며, 환난 중에 참으며, 기도에 항상 힘쓰며"는 특히 형제에 대한 사랑의 표현에 관한 것이다. 형제가 잘못을 저지르고 회개치 않는 경우에는 그가 뉘우치기를 바라며 즐거워하라. 그가 네게 고난을 안겨 주거든 참아라. 그를 위하여 기도하기를 쉬지 말라. "형제들아, 사람이 만일 무슨 범죄한 일이 드러나거든, 신령한 너희는 온유한 심령으로 그러한 자를 바로잡고 네 자신을 돌아보아 너도 시험을 받을까 두려워하라"(갈 6:1)고 바울은 다른 곳에서 말했다. 형제의 타락을 보고 실망해서는 안 된다. 그의 회복을 바라고 믿고 기도해야 한다.

13절의 "성도들의 쓸 것을 공급하며 나그네에게 친절을 베풀라"는 신자들이 서로 부족한 것을 도와주라는 것이다. "그 중에 핍절한 사람이 없으니 이는 밭과 집 있는 자는 팔아 그 판 것의 값을 가져다가 사도들의 발 아래 두며 저희가 각 사람의 필요를 따라 나눠 줌이러라"(행 4:34-35)고 한 것이 기독교회 창립 당시의 상태였다. 여기서 '성도'는 특히 교사를 가리킨다. 교사는 가난한 것이 보통이다. 그에게 쓸 것을 공급하는 것이 신자의 의무다. 빌립보 신자가 에바브로디도를 보내어 로마의 옥중에 있는 바울의 쓸 것을 공급한 것이 그 좋은 예다. 빌립보서는 이 사랑의 선물에 대한 바울의 감사의 편지다.

"나그네에게 친절을 베풀라", "다른 나라 사람을 사랑하라"는 것이다. *philoxenia*(필록세니아)는 다른 나라에는 없는 말이다. 단지 손님을 우대하라는 뜻이 아니다. 전혀 안면이 없는 외국 사람을 집에 맞아들여 그를 가족처럼 대하는 것을 말한다. 이는 아라비아 사람들 사이에 행해지는 미풍이다. 오늘날도 남아프리카의 보아 사람들이나 멕시코의 토인들, 그리고 캄차카의 러시아 사람들 사이에서 고대 필록세니아의 유풍을 볼 수 있다. 초대 교회의 나그네 접대(나그네인 형제를 영접하는 일)의 실천에 대해서는 요한삼서를, 그 남용에 대해서는 요한이서를 보라.

14절에서는 "너희를 해치는 자를 축복하라. 축복하고 저주하지 말라"고 한다. 외국 사람이라면 유대인에게는 모압 사람, 에돔 사람, 갈대아 사람 같은, 자기에게 해를 입힌 사람을 말한다. 외국 사람, 다른 지방 사람이라면 근대에 이르기까지 같은 일본 사람 사이에도 서로 믿지 못하였다. 그런데 그리스도의 사랑으로 말미암아 인종적 차별이 서서히 사라지고 있다. 바울은 "외국 사람을 대접하라. 너희를 해치는 자를 축복하라"고 같은 진리를 가르치고 있다. 형제를 사랑할 뿐 아니라 남을 사랑하라. 미지의 외국인을 사랑하라. 너희에게 해를 끼치는 원수까지라도 사랑하라. 사랑에는 국경이 없다. 모든 사람에게 사랑을 베풀어야 한다.

15절의 "즐거워하는 자들로 함께 즐거워하고, 슬퍼하는 자들로 함께 슬퍼하라"는 동정과 공감에 예민해지라는 것이다. 사랑은 자기 부정이다. 자신에 대하여 냉담하게 되는 만큼 남에 대하여 열심이다. 그러므로 남의 즐거움을 보고 자신이 즐거움을 느끼고, 남의 슬픔을 보고 자신이 슬픔을 느껴야 한다. 그리고 그리스도의 사랑으로 말미암아서만 특히 남의 즐거움을 나눌 수 있다. 동정이라고 번역되는 영어의 sympathy는 '슬픔을 함께한다'는 뜻이다. 태어난 대로의 사람도 남의 슬픔을 느낄 수는 있다. 그러나 남의 즐거움을 나눌 수 있는 사람은 누군가? 남의 성공을 보고 하나님께 감사할 수 있는 크리스천은 어디에 있는가? 우리는 오직 그리스도의 사랑에 힘입어 이렇게 할 수 있다. 아버지 하나님은 우리의 출세, 성공, 번영을 보고 기뻐하신다. 그리고 아버지가 기뻐하시는 것은 아들 또한 기뻐하실 것이다. 진정한 신앙이 있는 곳에는 교파간의 질투, 교사간의 경쟁 같은 것이 없다. 즐거워하는 자와 함께 즐거워하고 슬퍼하는 자와 함께 슬퍼하고 모든 사람과 웃음을 같이하고 눈물을 같이하는 때, 비로소 그리스도의 사랑이 있다.

16절의 '서로 마음을 같이하며'는 생각하는 바를 함께하여 일치 화합하라는 것이다. "우리가 한 몸에 많은 지체를 가졌으나 모든 지체가 같은 직분을 가진 것이 아니니 이와 같이 우리 많은 사람이 그리스도 안에서 한 몸이 되어 서로 지체가 되었느니라"는 한 뜻을 이루라는 것이다. "높은 데 마음을 두지 않고 도리어 낮은 데 처하라"는 높은 지위 또는 직무를 맡으려 하지 말고 도리어 낮은 사람에게 이끌리어 그들과 자리를 같이하라는 것이다. 총회장 또는 감독의 자리를 엿보아 남과 경쟁하지 말라. 차라리 즐겨 문지기의 직을 맡으라. 신자 각자에게 이 마음이 있을 때, 교회에 평화가 넘친다.

"스스로 지혜 있는 체하지 말라"는 잠언 3장 7절의 인용으로서, 자기의 지혜를 믿는 나머지 다른 사람의 의사를 무시하고 독주하지 말라는 것이다. 서로 마음을 같이하는 이상 혼자서 결정할 것이 아니라 여러 사람의 합의로 결정할 것이다. 각자에게 이 자아 불신(self-distrust)이 없이는 단체의 평화를 유지할 수가 없다. 그러면 전체가 틀렸고 자기 혼자만이 옳다고 생각되는 경우에는 어떻게 하나? 그런 경우에는 오래 생각하고 쉽게 결론을 내리지 않는 것이 첫째요, 더 큰 여론에 묻는 것, 곧 인류의 경험의 기록인 역사의 증명을 얻는 것이 둘째다. 이른바 '단독의 사람'은 사실은 단독의 사람이 아니다. 인류의 경험을 중시하는 사람이다. 자기를 쉽게 믿지 않는 사람, 자기를 일단 의심하고 천 가지, 만 가지로 생각한 끝에 어쩔 수 없이 때의 여론을 반대하고 홀로 일어서는 사람이다. 단독의 사람의 모범인 모세, 이사야, 예레미야 같은 이들이 지극히 겸손한 사람이었던 것은 성서가 밝히 보여 준다.

17절에서는 "악으로 악을 갚지 말라"고 한다. 이는 "너희를 해치는 자를 축복하라. 그에 대하여 악의를 품지 말라. 복수의 행위로 나오지 말라. 눈은 눈으로 갚고, 이는 이로 갚는 태도를 취하지 말라"는 것이다. 또 "모든 사람이 선하다 하는 일로 유의하여 이를 행하라"고 한다. 신자는 세상을 본받아서는 안 된다. 그러나 세상 사람 전체가 선이라고 인정하는 일은 자진하여 행하라. 이것은 세상의 환영을 받고 그 찬성을 얻으려는 것이 아니다. 그들이 복음에 실족하는 일이 없이 이를 받아들이는 기회를 만들기 위함이다. 에클레시아는 비밀 단체가 아니다. 인류 최선의 이상을 내세워 그 실현을 도모하는 것이다(빌 4:8 참조).

18절에서는 "될 수 있는 대로 힘을 다하여 모든 사람과 화목하라"고 한다. 양보할 수 있는 데까지 양보하라. 명예와 이익을 위해서는 어떠한 경우에도 다투지 말라. 가령 다투지 않을 수 없는 경우에도 방어적이어야 한다. 공격적이어서는 안 된다. 지켜야 할 것은 오직 신앙과 영혼이 있을 뿐, 다른 것은 모두 적에게 맡겨도 좋다. 세계의 강대국이 되려고 전쟁을 일으켰던 독일도 영국도 기독교 국가가 아니다. 사실은 순전한 이교 국가다.

제51강

기독교 도덕의 둘째: 사랑(3)

12장 16-18절

15절까지는 지난 번 강의에서 설명하였다. 다시 여기에 덧붙여 16절을 본다. 16절까지는 신자 사이의 길이며, 17절 이후는 불신자에 대한 사랑의 길이다. 물론 신자 중에도 거짓 형제가 있으므로, 17절 이하도 어떤 경우에는 신자에 대한 길이 될 수 있다. 그러나 그것은 특수한 경우다. 17절 이하는 불신자 상대, 사회 상대이다. 그러므로 먼저 16절을 지난 번에 이어 계속 강의하여 신자에 대한 사랑을 끝내고, 그 후에 17절 이하의 불신자에 대한 사랑을 살펴보기로 한다.

16절을 원어 성서 혹은 영어 성서로 보라. 그것은 다음과 같이 세 개의 문장으로 되어 있다.

> 서로 마음을 같이하라.
> 높은 데 마음을 두지 말고, 도리어 낮은 데 처하라.
> 스스로 지혜 있는 체하지 말라.

이것은 각각 다른 가르침이 아니라, 서로 관련되어 있는 훈계다. "서로 마음을 같이하라"는 "서로에 대한 관계에 있어서 조화를 이루라"는 뜻이라고 보는 사람이 있다(산데이). 또 "각자가 타인과 같은 생각 및 노력하는 사랑의 조화를 의미한다"고 보는 사람도 있다(마이어). 몸은 다르지만 마음은 같은 신자간의 아름다운 영적 일치를 권한 말이다. 그런데 이 일치를 방해하는 것은 각자가 품는 자존심이다. 높은 자리를 바라는 야심이다. 그러므로 두 번째 훈계를 한다. "높은 데 마음을 두지 말라." 이것은 높은 일을 생각하지 말라, 높은 지위를 바라지 말라는 뜻이다. 이것은 교회 안에서 높은 지위에 오르려 하거나 명예 있는 직분을 맡으려 하는 야심을 경계하는 말이다. "도리어 낮은 데 처하라"고 한다. 천하고 낮다고 생각되는 지위 혹은 그러한 일에 종사하라는 뜻이다. 곧 교회 안에서 즐겨 낮은 지위에 있고, 천한 일에 종사하라는 훈계다. 사람들이 높은 것만 바라고 낮은 것을 피할 때, 교회는 도저히 영적 일치가 이루어지지 않는다. 이와 반대로 각자가 낮은 것을 바라고 높은 것을 피할 때, 겸양의 아름다움에 의해 저절로 신자간의 일치를 가져온다.

일치는 겸손을 동반하고 겸손은 일치를 낳는다. 이것은 로마서 12장 16절이 말하고, 또 빌립보서 3장 전반이 말한다. 빌립보서 3장 2절은 "마음을 같이하여 같은 사랑을 가지고 뜻을 합하여 한 마음을 품어 나의 기쁨을 충만케 하라"고 말한다. 그리고 3절 후반에서는 "오직 겸손한 마음으로 자기보다 남을 낮게 여기라"고 하고 있다. 예수의 겸손을 본받아 서로 겸손할 것을 권하고 있다. 평화의 일치는 신자간의 관계에서 가장 소중한 것이다. 그리고 그것의 실현은 각자의 겸손으로 이루어진다. 사람들이 나보다 남을 낮게 여겨, 남을 존경하고 섬기면 저절로 평화와 일치가 이루어진다. 그러므로 높은 것을 바라지 말고 낮은 데 처하도록 명심하여 신자간의 평화를 도모하라.

높은 데 마음을 두지 말고 낮은 데 처하라는 것은 보통 도덕으로서도 귀중한 가르침이다. 누구나 이런 태도를 가져야 한다. 이제는 세상 사람들이 누구나 높은 자리를 탐하고 있어, 그것 때문에 질투, 분쟁, 소란이 그치지 않는다. 그러나 크리스천은 그것을 본받아서는 안 된다. 크리스천은 항상 낮은 데 처하기를 명심해야 한다. 하나님은 인류를 구원하시려고 그 외아들을 낮은 사람의 형상으로 보내셨다. 더구나 로마 세계의 시골 변두리인 나사렛 동네에 보내셨다. 하나님의 외아들인 그는 "하나님의 본체시나 하나님과 동등됨을 취할 것으로 여기지 아니하시고, 오히려 자기를 비어 종의 형체를 가져 사람들과 같이 되셨다." 아버지인 하나님과 아들인 하나님이 이렇게 하셨다. 그러면 그리스도 예수의 마음을 본받아야 하는 크리스천도 마땅히 이래야 한다. 높은 데 처하는 것은 신앙이 쇠퇴할 때다. 신앙이 왕성할 때, 곧 비교적 그리스도에게 가까이 있을 때는 낮은 데 처하는 것을 기쁘게 여기는 것이 당연하다.

주해자 중에는 이 말을 "높은 데 눈을 주지 말고 낮은 사람과 함께 있으라"는 정도의 뜻으로 받아들이는 사람이 있다. 고데와 같은 이가 그렇다. 당시에 차츰 교회의 타락이 싹터서, 교인들 중에 공연히 교회 안의 높은 지위를 탐하는 사람이 있었다. 바울은 이것을 경계하여 높은 지위에 눈길을 주지 말고 낮은 사람과 함께 있으라고 권면했을 것이다. 높은 지위를 바라보고, 고귀한 사람과 가까이하기를 바라고, 비천한 사람을 멀리하는 태도를 취하는 것은 신앙의 타락이다. 크리스천은 높은 지위를 생각하지 말고 낮은 사람의 친구가 되어야 한다. 사도 야고보가 신자를 타이르면서 "만일 너희 회당에 금가락지를 끼고 아름다운 옷을 입은 사람이 들어오고, 또 더러운 옷을 입은 가난한 사람이 들어올 때에, 너희가 아름다운 옷을 입은 자를 돌아보아 가로되 여기 좋은 자리에 앉으소서 하고, 또 가난한 자에게 이르되 너는 거기 섰든지 내 발등상 아래 앉으라 하면, 너희끼리 서로 구별하며 악한 생각으로 판단하는 자가 되는 것이 아니냐"(약 2:2-4)고 말한 것을 보라. 초대 교회가 일찍이 이런 나쁜 풍습에 물들어 신앙 쇠퇴의 징조를 보인 것은 유감스럽다. 신앙이 건전한 사람은 높은 것을 바라지 않고 낮은 것을 생각한다.

평화의 길은 이 겸손한 마음에서 열린다. 이 마음이 있으면, 불화가 생겨날 여지가 없다. 다툼이 일어나는 것은 사람들이 위로, 위로 머리를 쳐들기 때문이다. 아래로, 아래로 낮은 데 처하려 하는데 어떻게 다툼이 일어나겠는가? 우리는 늘 이 마음을 품어 평화를 실현해야 한다.

세 번째 훈계는 "스스로 지혜 있는 체하지 말라"는 것이다. 이것은 잠언 3장 7절에 있는 "스스로 지혜롭게 여기지 말라"의 인용이다. 그러나 무의미하게 인용한 것이 아니다. 이 경우에 적절한 훈계로서 인용한 것이다. 이제 잠언에서 이 구절을 그 앞뒤의 말과 아울러 적어 보면 다음과 같다.

> 너는 마음을 다하여 여호와를 의뢰하고, 네 명철을 의지하지 말라. 너는 범사에 그를 인정하라. 그리하면 네 길을 지도하시리라. 스스로 지혜롭게 여기지 말라. 여호와를 경외하고 악에서 떠나라.

곧 하나님을 의지하지 않고, 자기를 지나치게 의지하는 것을 경계한 말이다. 하나님을 믿는 사람 중에도 간혹 자기를 지나치게 믿는 자가 있다. 바울은 이것을 경계한 것이다. 신앙이 깊다고 하는 사람들 중에도 이런 사람이 있다. 자신의 판단을 절대적으로 옳다 하며 그것을 하나님의 뜻으로 착각하고, 다른 사람더러 이에 복종하기를 요구하며, 이에 복종하지 않는 경우에는 그 사람을 하나님의 뜻을 거스르는 자 — 크리스천으로서 불순한 자 — 라고 여기는 사람이 있다. 그러나 "자기 허물을 능히 깨달을 자 누구리요?"(시 19:12). 누가 자기를 지혜롭다 할 수 있는가? 누가 자기를 옳다 할 수 있는가? 그러므로 우리는 모름지기 겸손하여 서로 남을 높여야 한다.

형제 자매 사이의 협동, 일치의 아름다움을 깨뜨리는 것이 자기를 지혜롭게 여기는 마음이다. 자신의 판단을 절대적 진리라 하여 남에게 양보하지 않는 태도다. 복음의 근본 뜻에 있어 무엇이 참이며, 무엇이 거짓인지는 성서가 밝히 보여 준다. 그러나 인생의 실제 문제에 대해서는 확고한 규정을 세우기가 어렵다. 사람들의 생각이 각각 다른 것은 당연하다. 따라서 이러한 때는 서로 양보하는 미덕으로 일을 결정해야 한다. 제각기 자기 소견만 옳다고 우기면 끝이 없다. 또 서로 심판하는 것이 되어 좋지 못한 불화, 분쟁, 분열을 일으켜 백해무익이다. 내가 생각하는 바와 그가 생각하는 바가 일치하지 않는 경우에, 어느 것이 옳은지는 오직 하나님만이 아신다. 크리스천은 항상 하나님의 뜻을 찾아 그 뜻을 행하려는 마음을 가져야 한다. 나도 신자이고 그도 신자다. 나와 그의 생각이 다를 경우에는 어느 쪽을 하나님의 뜻으로 볼 것인가? 이때, 우리는 마땅히 겸손해야 한다. 지나치게 자신만을 내세워서는 안 된다. 혹시 상대방이 생각하는 바가 옳고, 내가 생각하는 바가 잘못된 것일 수도 있다. 그러므로 깊이 고찰하고, 그의 의견도 충분히 참작하며, 자신의 의견도 몇 번이고 살펴보아야 한다. 또 형제 자매 각자가 생각하는 바도 참작하여 최후의 결정에 도달하려고 노력해야 한다. 이것은 결코 흐리멍텅한 타협을 좋아하기 때문이 아니다. 겸손과 사랑에서 오는 태도다. 누가 자신만 옳다고 장담할 수 있는가? 우리는 모름지기 자신에 대하여 어느 정도까지 자기 불신을 품어야 한다. 그리고 사랑 때문에 기꺼이 자기를 버릴 마음을 가져야 한다. 자기를 지혜롭게 여기는 태도는 사랑의 일치에 있어 가장 큰 장애물이다.

　종교적으로 위대한 사람은 결코 자신이 강한 사람이 아니었다. 아니, 도리어 자기 불신이 강한 사람이었다. 모세는 여호와가 그를 불러 이스라엘 구출의 큰 일을 맡기려 하시자, 자기는 도저히 그 그릇이 되지 못한다고 생각하고 여러 가지 변명을 하여 진심으로 부르심에 응하지 않으려 하였다. 그리하여 여호와가 아무리 타일러도 막무가내로 응하지 않았다. "주여, 보낼 만한 자를 보내소서" 하고 끝까지 자기는 적임자가 아니라고 우겼다. 여호와가 마침내 노를 발하시자, 모세는 하는 수 없이 수락했다. 이 일은 출애굽기 3, 4장에 자세히 기록되어 있다. 이사야, 예레미야 역시 자신은 적임자가 아니라고 우겼으나, 여호와께서 강요하시자 마지못해 일어섰다(사 6장, 렘 1장 참조). 그리하여 루터의 종교개혁이란 큰 사업에까지 이른 것이다. 자기 불신의 사람, 겸손한 사람, 마침내 일어서기까지에는 오랜 망설임을 거친 사람, 이런 사람이 종교적 위인이다. 그와 반대로 자기의 소신에 완고하여 남의 생각은 모두 배격하고 자기 혼자만이 하나님의 뜻을 안다고 자처하는 무리들은 일종의 망상가요 종교적 소인이다. 우리가 그리스도의 마음을 본받으려면, 반드시 자기 불신과 겸손을 가지고 서로 양보하여 평화의 길을 걸어야 한다.

16절에 있는 세 가지 훈계는 이상과 같다. 이것을 염두에 두고 실천하려고 노력할 때 평화와 사랑이 넘친다. 그러면 무익한 다툼, 어리석은 분쟁이나 불쾌한 일들은 일어나지 않을 것이다.

16절까지는 형제 자매에 대한 길이었고, 이제 17절부터는 불신자에 대한 길이다. 17절 초두에서는 "악으로 악을 갚지 말라"고 한다. 이것은 적을 사랑하는 길이다. 그러므로 이것은 17절 이하의 원수를 사랑하라는 가르침과 아울러 볼 것이다. 그리고 다음에 "사람들이 선하다고 하는 바를 마음에 두어 이를 행하며, 온 힘을 다하여 사람들과 화목하라"(17절 후반과 18절)고 말하고 있다. 이것은 불신자에 대한 길로서 매우 적절한 가르침이다.

불신자들의 행하는 바, 생각하는 바, 믿는 바를 철두철미 부인하고 신자만이 옳다고 우기는 것은 광신자들이 하는 짓이다. 이런 그릇된 생각에 사로잡혀 있기 때문에 편협, 완고, 무례에 빠져 사회와의 관계가 악화된다. 혹은 이 때문에 박해를 받는다면서 뽐내는 자가 있다. 이것은 대단히 잘못된 일이다. 크리스천은 평화의 백성이어야 한다. 부득이한 경우에는 세상을 거슬러 사람들과 싸운다. 그렇지만 가능한 한 다른 사람들에게서도 좋은 점을 발견하여 이를 취하고, 행하도록 힘써야 한다. 싸우기 위하여 싸우는 괴상한 사람이 되어서는 안 된다. 무사도에도, 유교에도, 불교에도, 또 이 세상의 도덕이나 습관에도 좋은 점이 있다. 구태여 이에 반대하여 다툴 필요는 없다. 다수의 사람들이 좋다고 하니까 덩달아 좋다고 하는 것은 명백히 그리스도의 정신에 어긋나기에 거기에 따를 수는 없다. 그러나 그렇지 않은 경우에는, 곧 주를 거역하는 일이 아닌 경우에는 세상 사람이 좋다고 하는 것을 따라도 된다. 따름으로써 어떤 이익이 있는 경우는 물론이고, 따름으로써 어떤 해가 없는 경우에도 세상 사람이 행하는 대로 좇을 수 있다. 크리스천은 사소한 문제를 가지고 세상과 다투면 안 된다. 근본 문제가 아닌 이상 사소한 문제는 주를 거역하지 않는 한, 세상과 행동을 같이해도 좋다. 아니, 같이하는 편이 좋다. 싸워야 할 중대 문제는 따로 있다. 싸워야 할 경우가 있는 것이다. 어쨌든 좋은 일에 대해서는 세상을 좇으라. 곧 "할 수 있는 대로 힘을 다하여 사람들과 화목하라."

바울은 이 일을 남에게 권하고, 또 자신도 실천했다. 그는 열심 있는 신자였으나 편협하고 완고하고 괴상한 광신자가 아니었다. 그에겐 넓은 마음이 있었다. 그에겐 깊은 사려가 있었다. 그에겐 교양 있는 신자의 품위와 여유가 있었다. 고린도 교회의 여성들 사이에 사회의 풍습을 거스르고 남자와 같은 위치에 자기를 놓으려는 경향이 있었을 때, 그는 그들을 훈계하여 그들로 하여금 어디까지나 당시의 여성 도덕을 지키게 하였다(고전 9장). 순수한 이론으로 말하면, 여자에게 많은 권리를 인정할 수 있을지도 모른다. 또 당시의 습관이 별로 좋은 것이 아니었는지도 모른다. 그러나 이런 일에 있어서는 사회의 풍습을 좇아 무익한 분쟁을 피해야 한다. 가능한 한 세상 사람과 화목하게 지내야 한다. 그래야 하겠기에 그는 이렇게 훈계한 것이다. 또 그는 유대인의 사회에서는 유대인과 같이 행하고, 그리스인 사이에서는 그리스인의 풍속과 습관대로 행하였다. '더 많은 사람을 얻으려' 는 큰 목적이 있었기 때문에, 더 작은 일에 대해서는 세상을 좇아 '스스로 자기를 모든 사람의 종이 되게' 한 것이다. '어떻게 해서든지 그들 중 몇 사람을 구원하려는' 높은 마음이 있었기 때문에 더 작은 일에 대해서는 '모든 사람에게 대하여 내가 그 모든 사람의 모양을 따르는' 태도를 취했던 것이다.

바울의 이 마음이 우리의 마음이 되어야 한다. 사랑을 위해서는 가능한 한 세상 사람과 화목해야 한다. 평화를 사랑하는 사람, 마음이 넓은 사람, 남에게 경의를 표하는 사람, 이것이 그리스도 안에 있는 사람이다. 이 마음을 가지고 크리스천은 세상을 살아야 한다.

크리스천은 가능한 한 세상을 좇아야 한다. 그러나 세상으로 떨어져서는 안 된다. 근본 문제에 있어서는 어찌 이 세상에 떨어질 수가 있겠는가? 주 안에 있는 이상, 어찌 이 세상 사람과 똑같을 수 있겠는가? 가능한 한 세상과 함께해야 하지만, 마음으로는 이 세상 사람과의 사이에 하늘과 땅의 차이가 있을 것이다. 그러므로 이 세상 사람은 종종 크리스천을 적으로 대하여 박해를 가해 온다. 이런 경우에 어떻게 할 것인가? 이런 경우에도 사랑으로 대하라. 선으로 미움을 이기라. 이것이 19절 이하의 가르침이다.

핵심강해

겸양과 넓은 도량

16절에서는 "너희가 높은 데 마음을 두지 말고, 도리어 낮은 데 처하라고 한다." 예언자 예레미야는 제자 바룩에게 "네가 너를 위하여 대사를 경영하느냐? 그것을 경영하지 말라"(렘 45:5)고 말하였다. 신자에게 거룩한 야심이 없을 수 없지만, 그 야심이란 하나님을 섬기려는 야심이므로 세상의 이른바 큰 뜻을 품는다는 것과는 정반대의 야심이다. 그리고 모든 겸손한 사람은 될 수 있는 대로 사람들의 인기를 끄는 따위의 큰 일을 피하고 작은 일로 만족해한다. 행복의 길은 높은 것을 바라지 않고 낮은 데 처하는 데 있다. 시인 하이네는 "너의 집을 골짜기에 지어라. 산 꼭대기에 짓지 말아라"(Baue dein Huttchen im Thal, und nicht auf dem Gipfel)고 하였다. 남의 눈에 띄지 않는 곳, 명예나 지위가 따르지 않는 곳, 남의 발을 씻어 주는 곳, 거기에 하나님은 계시고 거기에 진정한 행복이 있다.

상류 사회라 하여 위계 또는 훈장, 재산 또는 학위를 자랑하는 곳에는 거짓이 있고 허영이 있다. 예수와 같이 몸을 중류 이하에 두고, 최대 다수와 고락을 함께하는 곳에 인생 최대의 행복이 있다. 예수는 사람을 이 행복에 동참하게 하시려고 저·마태복음 11장 28절 이하에서 위안의 말씀을 하셨다. "수고하고 무거운 짐 진 자들아, 다 내게로 오라. 내가 너희를 쉬게 하리라. 나는 마음이 온유하고 겸손하니, 나의 멍에를 메고 내게 배우라. 그러면 너희 마음이 쉼을 얻으리니, 이는 내 멍에는 쉽고 내 짐은 가벼움이라." 고위층 고관이 교인이 되었다 하여 특히 기뻐하는 교회, 이 세상의 재벌 또는 정치가의 도움을 얻어 교세 확장에 힘쓰는 근대식 미국류의 기독교 신자, 신학박사의 학위를 동경하여 이를 얻으려고 애쓰며 그것을 얻었다고 축하회를 여는 신학자와 목사와 전도사, 나야말로 의인이라면서 자기의 의를 의지하는 옛날과 지금의 바리새교인, 자신이야말로 성결한 남녀라 하여 남의 잘못을 보고 그의 더러움에 비하여 자기의 깨끗함을 자부하는 이른바 성결의 성도, 이것은 모두 하나님 앞에 매우 천한 짓이다. "너희가 높은 데 마음을 두지 말고, 도리어 낮은 데 처하라." 참으로 간단하고 명백하며 깊은 진리의 말씀이다. 사회에서는 보잘것없는 자라고 멸시를 당하고, 교회에서는 이단, 괴짜라고 배척을 당하고, 의인과 성결의 성도들에게는 더러운 사람으로 외면을 당하는 곳, 거기에 진정한 기쁨과 행복, 그리고 사람의 모든 생각을 초월하는 평안이 있다.

17절의 "모든 사람 앞에서 선한 일을 도모하라"는 "민중의 소리는 하나님의 소리다(Vox populi est vox Dei). 그러므로 여론을 존중하라"는 뜻이다. 바울은 다른 곳에서 "종말로 형제들아, 무엇에든지 참되며, 무엇에든지 경건하며, 무엇에든지 옳으며, 무엇에든지 정결하며, 무엇에든지 사랑할 만하며, 무엇에든지 칭찬할 만하며, 무슨 덕이 있든지, 무슨 기림이 있든지 이것들을 생각하라"(빌 4:8)고 했다. 바울은 진정한 크리스천이었기에 도량이 넓은 사람이었다. 그는 경우에 따라 선악을 혼동하지 않았다. 선은 어떤 사람이 주창하든지 선이다. 비록 불신자의 도덕이라도 도덕은 도덕이다. 불교에도 좋은 점이 있으면 이를 존중하라. 유교에도 존중할 점이 있으면 이를 따르라. 무사도에도 존중할 점이 많다. 일본의 크리스천이 무사도를 떠날 때, 이는 성서의 명백한 교훈을 어기는 것이다. "돈을 사랑하는 것이 모든 악의 근본이다"(딤전 6:10)는 성서의 가르침이요, 동시에 무사도의 정신이다. 돈을 사랑할 때, 우리는 성서를 어기며, 무사도에도 어긋나는 것이다.

바울은 또한 "내가 차라리 죽을지언정 누구든지 내 자랑하는 것을 헛된 데로 돌리지 못하게 하리라"(고전 9:15)고 했다. 죽음이 오히려 치욕보다 낫다는 것이다. 천박한 미국 선교사가 주는 빵을 먹기보다는 차라리 굶어 죽는 것이 낫다. 그 밖에 만일 일본 크리스천이 선교사의 설교를 듣기 전에 무사도의 훌륭한 교훈에 귀를 기울였다면, 그들의 전도는 수십 배의 성공을 거두었을 것이다. "사람들이 선하다 하는 바를 명심하여 이를 행하라." 소중한 교훈이다. 외국 선교사가 전하는 기독교의 가르침 말고는 모두 불신자의 도덕이니 의지할 것이 못 된다고 생각하는, 우리나라의 이른바 기독교 신자는 바울의 이 말을 명심해야 할 것이다. 정직한 것, 공평한 것, 용감한 것, 독립하는 것, 세상에 빌붙지 않는 것, 권력자에게 아첨하지 않는 것, 자신의 신념에 충실한 것, 도망치는 것을 뒤쫓지 않는 것, 공명정대한 것, 모든 정직한 신앙은 내 신앙과 다르더라도 존중하는 것, 그 밖에도 일일이 다 열거할 수가 없다. 이런 것은 반드시 기독교 도덕이 아니더라도, 크리스천이라면 누구나 명심하여 이를 실천해야 한다. 크리스천은 교회에서는 괴짜로 보일지라도, 상식의 세계에서는 상식 있는 사람으로 인정받아야 한다. "너희가 이방인 중에서 행실을 선하게 가져, 너희를 악행한다고 비방하는 자들로 하여금 너희 선한 일을 보고 권면하시는 날에 하나님께 영광을 돌리게 하려 함이라"(벧전 2:12)고 함과 같다. 하나님을 거역하는 세상 사람이라도 선을 선으로 인정하지 않을 수 없는 때가 온다.

 이 일은 그들과 화목을 유지하며 충돌을 피하기 위해서도 필요하다. 18절에서 "할 수 있는 대로 힘을 다하여 사람들과 화목하라"고 한 것은, 17절에 "너희가 사람들이 선하다 하는 바를 명심하여 이를 행하라"의 설명으로 볼 수 있다. 크리스천은 일부러 세상의 미움을 사서는 안 된다. 할 수 있는 대로 세상 사람이 좋다고 하는 것을 행하여 그들과 화목해야 한다. 크리스천은 하나님의 선민이라 하여 일부러 유별난 생활을 할 필요는 없다. 이 일에 대해서는 바울 자신이 가장 좋은 모범이다(고전 9:19 이하 참조). 그는 어떤 경우에는 너무 지나치다 싶으리만치 비위를 맞추고 세상의 풍속을 따랐다. "바울이 일찍 서원이 있으므로 겐그레아에서 머리를 깎았더라"(행 18:18)고 한 것도 그 한 예다. 이것은 물론 세상에 양보하여 세상과 타협하려 했던 것이 아니다. 가능한 한 그들과 화목하게 지내서, 그들에게 그리스도를 전하기 위함이었다. 사랑은 무례히 행치 않고 남의 감정을 손상시키지 않는다. 사랑은 남들이 좋다고 하는 일이라면 가능한 한 해야 한다. 이것이 사랑의 특성이다.

제52강

기독교 도덕의 둘째: 사랑(4)

3장 18-21절

사랑의 가르침은 13장 9절에서 시작하여 21절까지 계속된다. 마지막 교훈은 원수를 사랑하라는 가르침인데 19절 이하가 그것이다. 그러나 바울은 19절 이전에 이미 두 번이나 이 문제를 언급하였다. 첫째는 14절에서 "너희를 해치는 자를 축복하라. 축복하고 저주하지 말라"고 하였으며, 둘째는 17절 전반에서 "악으로 악을 갚지 말라"고 하였다. 서술의 순서로 보면, 이것은 좀 혼란스럽다. 원수를 사랑하라는 교훈을 모두 묶어 한 군데서 다루는 편이 서술로서는 바람직하다. 그러나 여기에 바울의 의도가 엿보인다. 그는 9절부터 사랑의 교훈을 말하면서, 한시 바삐 사랑의 절정인 원수 사랑의 권면에 들어가고 싶었다. 그래서 14절에서 한 번 그것을 언급했다. 그러나 너무 빨리 언급했다. 아직 원수 사랑의 권면을 하기 전에 할 말이 더 있었다. 그래서 15절에 와서 문제를 되돌렸다. 그러나 같은 마음의 흐름으로 17절 전반에서 다시 원수 사랑의 권면에 들어갔다. 그리고 다시 문제를 되돌린 후에 19절에 와서야 드디어 정식으로 원수 사랑의 교훈에 들어간 것이다. 먼저 "내 사랑하는 자들아"라고 불러서 충분한 주의를 환기시킨 다음에, 그는 이렇게 말한다.

> 원수를 갚지 말라. 물러서서 주의 진노를 기다리라. "주께서 말씀하시기를, 원수 갚는 것이 내게 있다. 내가 반드시 갚으리라"고 기록되어 있기 때문이다. 그러므로 네 원수가 굶주리거든 먹게 하고, 목마르거든 마시게 하라. 네가 이렇게 하는 것이 뜨거운 불을 그 머리에 쌓아 놓는 것이다. 악에 지지 말고, 선으로 악을 이기라.

먼저 "원수를 갚지 말라"고 일반적으로 말하고 다음에 "물러서서 주의 진노를 기다리라"고 한다. 원어에는 "진노에 장소를 주라"고 하여, 특별히 누구의 진노라고 밝히지 않았다. 그러나 5장 9절에서도 단지 '진노'라고만 하여 하나님의 진노를 암시하고 있다. 19절 후반의 구약의 인용에 비추어 보아도 이것은 분명히 하나님의 진노를 의미한다. 하나님의 진노에 처소를 주라고 한다. "하나님으로 하여금 충분히 벌할 자를 벌하시게 하라. 나를 괴롭히는 적에 대하여 나 스스로 갚지 말라. 하나님께 그 진노를 내리실 여지를 드려라. 적은 반드시 하나님께 벌을 받을 것이다. 그러므로 우리는 적에 대하여 보복의 수단을 취할 필요가 전혀 없다"는 것이다. 이것이 옳은 견해라고 생각한다.

이 진노를 사람의 진노라고 보는 학자가 있다. 어떤 학자는 이것을 '원수의 진노'로 보고, 원수로 하여금 제멋대로 진노하게 내버려 두라는 뜻으로 본다. 또 다른 학자는 '너의 진노'로 보고, 너의 진노(곧 복수심)를 억제하라는 뜻으로 본다. 그러나 전후 관계로 보아 이 두 설은 모두 틀렸다고 생각한다. '진노'는 역시 이 경우에 '하나님의 진노'라야 한다.

"원수 갚는 것이 내게 있다. 내가 반드시 갚으리라"는 구약 인용은 신명기 32장 35절(그리스 역)이다. 하나님은 악을 행하는 자를 반드시 벌하신다는 말씀이다. 악한 자에게 처벌을 내리시는 것은 하나님의 일이다. 나를 괴롭히는 악한 자를 그는 반드시 벌하신다. 그러므로 처벌을 일체 하나님께 맡기고, 우리 자신이 원수 갚는 일에서 물러서라는 뜻이다. 다음에 20절의 "네 원수가 만일 굶주리거든 먹게 하고……"는 잠언 25장 21, 22절에서 인용한 것이다. 마지막으로 바울은 "악에게 지지 말고 선으로 악을 이기라"는 유명한 말을 하고, 이 귀하고도 아름다운 권면을 맺고 있다.

원수를 사랑하라는 가르침은 반드시 기독교에만 있는 것은 아니다. 다른 종교, 다른 도덕에서도 이것은 아름다운 일로 권장되고 있다. 다만 유의할 것은 기독교에서는 그리스도의 생애가 원수 사랑의 결정판이라는 점이다. 바울이 로마서 12장에서 이것을 가르친 것은 물론 그가 처음이 아니다. 이것은 그리스도의 교훈 및 생애를 본받은 교훈이다. 그리스도는 산상수훈 중 마태복음 5장 43절 이하에서 명백히 원수 사랑의 가르침을 주시고, 또 그와 비슷한 교훈을 28절 이하에서도 하시고 있다. 이것은 예수의 가르침이기 때문에, 로마서에서의 바울의 가르침보다 물론 아름답고 깊이가 있다. 그리고 이 둘을 비교해 볼 때, 기독교의 원수 사랑의 정신을 알 수 있다. 그리스도의 생애가 원수 사랑의 실천이었던 것은 누구나 안다. 그러므로 그를 믿는 자는 그의 생애를 본받아, 또 그의 교훈에 따라 원수 사랑을 실천해야 한다. 기도해서 성령의 도움을 받아 이것을 실천할 수 있어야만 한다.

그런데 유감스러운 것은 서양의 2천 년 역사다. 기독교를 국교로 삼고 교회를 세워 종교 교육을 실시하고, 왕은 그리스도의 말씀을 지킬 것을 맹세하고 왕위에 오르며, 또 이교국가를 기독교화하려고 선교사를 파송한다. 그런데 원수 사랑을 도무지 실천하지 않는 것은 무슨 까닭인가? 적이라면 극도로 미워하여 이를 넘어뜨리려 하며, 자기의 이익을 지키기 위해서는 불의의 전쟁이라도 예사로 일으킨다. 함께 그리스도 안에 있는 형제 자매이면서 각 민족 사이에 증오와 질투심이 강하고, 서로가 남을 괴롭히고 자신의 이익만을 꾀한다. 이것만이 아니다. 힘없는 미개인 또는 야만인을 괴롭히고 또 자기 나라 및 자기 백성의 욕심을 마음껏 채워 왔다. 근세 초기에 스페인이 미국 및 멕시코의 원주민을 학대한 것을 비롯하여 영국, 프랑스, 독일, 미국이 서로 경쟁하며 세계 도처에서 약소민족을 학대해 왔다. 원수를 사랑하기는커녕 조금도 내게 대항하지 않는 평화의 백성을 사로잡아 칼을 휘두르며 총탄을 쏘았던 것이다. 기독교국이란 허울뿐이었다. 그들이 만일 기독교 국민이라면 악마 또한 천사일 것이다. 그들의 죄악은 역사의 책장 위에 선명하게 남아 있어, 영원히 그 불신과 죄악상을 말하고 있다.

그렇다, 이른바 기독교국은 진정한 기독교국이 아니다. 복음을 위탁받은 구미 민족은 도리어 복음의 명백한 교훈을 어기고 있다. 그러나 이 일은 성서의 교훈의 가치를 털끝만큼도 떨어뜨리는 것이 아니다. 자칭 신자가 이를 행치 않더라도 이것은 반드시 행해야 한다. 다른 사람은 어떻게 하든 상관없다. 우리만은 이것을 행해야 한다. 행하지 않으면 안 된다. 그리스도의 훈계이기 때문에 이것을 행하지 않으면 안 된다. 그리고 이것은 결코 나약한 도덕이 아니다. 니체가 이것을 약자의 도덕이라면서 배척한 것은 그 참 뜻을 몰랐기 때문이다. 이것은 복수하는 것 이상으로 힘이 필요하다. 인간 본연의 마음에 맡기는 것은 어려운 일이 아니다. 본연의 마음은 미움으로 미움을 갚으려 한다. 그런데 사랑으로 미움을 갚는 것은 본연의 정을 이기고 성령의 감화를 받아야만 비로소 가능한 일이다. 원수를 미워하는 힘을 이길 만한 힘이 내게 있어야만 비로소 원수를 사랑할 수 있는 것이다. 그러므로 이것은 대단히 적극적이며 진취적인 도덕이다. 이것을 소극적이며 퇴보적인 교훈이라고 보는 사람은 아직도 이 가르침의 참 뜻을 모르는 사람이다.

"네가 이렇게 하는 것은 뜨거운 불을 그의 머리에 쌓는 것이다"는 무엇을 뜻하는 말인가? 뜨거운 불을 머리에 쌓는다는 것은 심한 고통을 준다는 뜻이다(히브리 사람, 아라비아 사람 사이에서는 이 말을 이런 뜻으로 썼다고 한다). 그러나 어떤 의미에서의 심한 고통인지가 문제다. 어떤 사람은 하나님에게서 오는 형벌이라고 본다. 곧 "원수를 갚는 것은 내게 있다"고 한 것같이 하나님은 반드시 원수를 벌하시므로, 스스로 원수를 갚지 않는 것은 하나님으로 하여금 그에게 큰 형벌을 내리시게 하기 때문이라고 보는 것이다. 그러나 과연 이것이 원수를 사랑하는 길일까? 이것은 도리어 원수를 저주하는 것이 아닌가? 또 다음 절에서 바울은 "네가 원수를 갚으려 하는가? 그러면 여기 가장 좋은 길이 있다. 결코 원수를 미움으로 대하지 말아라. 오히려 사랑으로 원수를 대하라. 굶주리거든 먹이고 목마르거든 마시우라. 이것은 뜨거운 불을 그의 머리에 쌓아 놓는 것이다. 곧 그로 하여금 참회의 땀이 등을 적시어 몸둘 곳이 없도록 괴롭게 만드는 것이다. 이때 그의 양심의 고통은 얼마나 심하겠는가? 이렇게 그를 괴롭히면 너의 복수의 목적은 달성한 것이 아닌가? 그렇다면 원수를 사랑하는 것이 원수에게 복수하는 최상의 길이다. 그러므로 복수를 원하거든 원수를 사랑하라. 그리하여 그를 참회케 하라"고 말한다. 곧 선으로 악을 갚아, 원수의 머리에 통한의 뜨거운 불을 지피라는 것이다.

끝으로 바울은 "악에게 지지 말고, 선으로 악을 이기라"고 한다. 이는 "원수가 저지른 악에 져서, 악으로 악을 갚으려 들지 말아라. 사랑과 선으로 원수의 악을 정복하라"는 뜻이다. 악으로 악을 갚는 것은 악에게 진 것이다. 아무것도 갚지 않고 오직 참고 있는 것은 싸우지 않는 것이다. 선으로 악을 대하는 것은 악과 싸워 이기는 것이다. 덕으로 원한을 갚으며, 사랑으로 미움을 대하며, 선으로 악을 대하는 것, 이것이 원수 사랑의 가르침이다. 그러므로 원수 사랑은 단지 원수를 사랑한다는 것만으로 그치지 않는다. 악과 싸워 이 악을 멸하는 장한 싸움인 것이다.

이 교훈은 실천할 때 비로소 가치가 있다. 체험해야 비로소 그것이 진리임을 알 수 있다. 원수를 만나서 사랑으로 대하는 것이 최상의 길인 것은 인생의 실증으로 비추어 보아도 명백하다. 악으로 악을 대하면 끝이 없다. 원수의 악은 더욱더 커지며 자신의 악도 더욱더 커진다. 서로의 미움과 분노는 더욱 증폭될 뿐이다. 원수에게도 사랑으로 대하라. 나를 미워하는 자를 사랑하며, 나를 저주하는 자를 축복하며, 나를 괴롭히는 자를 위해 복을 빌라. 내 사랑의 마음을 쏟아 그를 위하여 봉사하라. 그렇게 해야 원수의 악이 그칠 것이다. 참회의 눈물이 그의 눈에서 흘러내릴 것이다. 이것은 추측이 아니다. 실제로 여러 사람이 경험한 것이다. 원한에는 사랑으로 대하는 수밖에 없다.

원수 사랑의 교훈에 관한 아름다운 이야기로서, 시인 로웰의 시

'Yussouf'를 소개한다. 이것은 아마 예수 및 바울의 원수 사랑의 교훈에 대한 많은 학자들의 주해보다 더 나은 최상의 주해일 것이다. 유수프(히브리 이름의 요셉)는 아라비아의 추장이었다. 그는 마치 욥기의 주인공 욥과 같이 그 부와 신앙과 덕행으로 유명한 사람이었다. 그런데 어느 날 저녁, 모르는 사람이 그의 막사를 찾아와서 이렇게 말했다. "나는 나를 죽이려는 사람에게 쫓기는 몸이오. 도망쳐 왔지만 어디에도 숨을 곳이 없소. 그래서 나는 착한 사람이란 소문이 나 있는 당신을 찾아왔소. 제발 하룻밤만 신세지게 해주시오." 이에 유수프는 이렇게 대답하였다. "이 막사는 내 것이오. 그러나 동시에 하나님의 것이오. 어서 들어오시오. 그리고 푹 쉬시오. 또한 내가 하나님의 것을 마음대로 사용하는 것처럼 당신도 내 것을 무엇이든 마음대로 쓰시오. 그는 우리들의 이 막사 위에 밤낮 아름다운 하늘을 펼쳐 주시지요. 그의 문간에서는 누구나 못 들어온다고 거절당하는 일이 없지요." 유수프는 하나님의 큰 사랑 안에 있기 때문에 누구에게나 사랑을 쏟았다. 이리하여 도피자는 그의 극진한 보호 하에 들어오게 된 것이다.

그날 밤 유수프는 정성껏 손님을 환대하였다. 그리고 이튿날 아침 날이 채 밝기도 전에 유수프는 손님을 깨워 일으키고 말하였다. "여기 금덩어리가 있소. 또 제일 좋은 준마에는 이미 안장을 얹어 놓았소. 어서 도망치시오. 해가 돋기 전에 어서, 어서." 지난 밤부터 그토록 친절한 대접에 손님의 마음은 움직였다. 크나큰 감동이 그의 가슴속에 요동쳤다. 그의 마음속에는 폭풍과 같은 동요가 이는 것 같았다. 그는 무릎을 꿇고 유수프의 두 손 사이에 이마를 파묻은 채 흐느껴 울며 이렇게 말했다. "나는 당신에게 갚을 것이 있소. 나야말로 당신의 아들을 죽인 이브라힘

(히브리 말로 아브라함인 듯함)이오. 제발 나를 죽여 복수해 주십시오." 유수프는 부지중에 자기 아들의 원수를 숨겨 주고 또 대접했던 것이다. 그러나 그는 조용히 말하였다. "금덩어리 두 개를 더 주겠소. 이것은 당신과 함께 나의 악한 생각도 머나먼 사막으로 가서 다시 돌아오지 않을 것이란 의미요. 나는 죽은 아들을 잊지 못하고 또 그 원수를 갚으려고 오랫동안 벼르고 있었소. 그러나 이제 그 아들의 원수를 후대한 것이 곧 복수한 것이오. 이것이 가장 큰 복수요. 이것으로 이제는 나의 원한도 사라져 버렸소. 참으로 고마운 일이오." 그리고 또 그는 죽은 아들을 생각하며 이렇게 말하였다. "내 맏아들아, 하나님의 예정은 다 옳다. 네 원수는 이제 훌륭히 갚았다. 제발 편히 쉬어라." 이것이 이 시의 내용이다. 불과 30행밖에 안 되는 짧은 시이지만, 그 교훈은 매우 깊다.

인도 독립 운동의 지도자 간디가 최근에 잡혔다. 그는 3억의 인도 국민을 영도하고, 인도를 영국으로부터 독립시키기 위하여 분투, 노력하고 있다. 그의 독립 운동은 영국 정부를 놀라게 하고 있다고 한다. 그는 예수의 원수 사랑에 대한 가르침에 굳게 서 있다. 무기를 가지고 영국에 대항하지 않는다. 반란을 일으키지 않는다. 그는 평화적으로 독립이 실현될 날을 대망하며, 그날을 위하여 투쟁하고 있다. 그는 영국 선교사가 가르쳐 준 성서의 가르침을 따라 무저항주의로 나가고 있다. 결코 영국 정부와 그 관리에게 반항하지 않는다. 그리고 이 주의를 적극적으로 인도 사람에게 불어넣고 있다. 모든 영국 관리의 명령에 복종하며, 모든 과세의 요구에 응하며, 억압이나 학대를 해 와도 이에 반항하지 말고 복종하라고 가르친다. 그는 영국 정부가 인도에서 하는 일이 완전히 성서의 가르침에 어긋나는 것임을 주장한다. 그러나 그 포학에 대해서는 전혀 저항하지 않는다고 선언했다. 무저항주의에 입각한 독립 운동이다.

3월 29일(1922년) 발행된 「아우트 룩」 잡지에 의하면, 간디는 최근에 6년의 금고형을 선고받았다. 그 심문에서 그의 태도는 참으로 훌륭했다. 그는 "나의 행동이 죄가 된다고 판사가 인정한다면, 어떤 처벌이라도 달게 받겠다. 그러나 출옥 후에는 무저항 정신으로 다시 독립 운동을 계속하겠다"고 말했다. 영국 정부는 그에게 부당한 처벌을 내렸지만, 인도 백성은 그의 평소의 교훈을 따라 전혀 반란을 일으키는 일 없이 조용히 살고 있다고 한다. 그의 감화가 계속되는 한, 인도 사람은 그리스도의 원수 사랑의 가르침을 계속 실천할 것이다. 이렇게 할 때 이 거룩한 교훈은 비로소 국제적으로 실천될 것이다. 기독교 국가에서 아직 국제적으로 실행되지 못하는 종교가, 여기에 그들이 멸시하는 미개의 이교도에 의해서 국제적으로 실행되고 있다.

부끄러워하라, 유명 무실의 기독교도들이여! 저 헛되이 신조만을 강조하고, 교리의 정통만을 자랑할 줄 알고, 원수를 사랑하지 않는 자들은 아직 그리스도의 마음을 모르는 자다. 교회의 정통을 자랑하는 신학자가 누구냐? 그리스도는 한 번도 이런 것을 자랑하신 적이 없다. 그는 사랑으로 모든 것을 - 그 목숨까지도 - 바치셨다. 그를 믿는 자는 사랑의 사람이 되어야 한다. 원수를 사랑할 수 있는 사람이 되어야 한다. 그렇지 않고는 교리 연구나 성서 연구도 모두 무일하다. 원수를 사랑하는 사람이 아니면 기독교도가 아니다. 그런데 오늘날 기독교 국가와 자칭 기독교 신자라고 하는 사람들은 조금도 이것을 행하지 않는다. 이것은 자신의 위선을 드러낼 뿐이다.

핵심강해

원수 사랑의 길(12:19 이하)

신명기 32장 35절에서는 "그들이 실족할 때에 내가 보복하겠다. 그들의 환난 날이 가까우니 그들에게 닥칠 그 일이 속히 오리라"고 하였다. 그리고 시편 94편 1절에서는 "여호와여, 복수하시는 하나님이여, 복수하시는 하나님이여, 빛을 비추어 주소서"라고 하였다. 둘 다 원수를 심판해 달라는 기원이다. 바울은 여기서 구약의 옛 말씀을 신약의 새로운 정신으로 인용했다.

"물러서서 주의 진노를 기다리라"는 원어로는 "진노에 장소를 주라"는 의미일 뿐이다. '진노'는 원수의 진노, 또는 하나님의 진노라고도 볼 수 있다. 원수가 진노하는 대로 내버려두라. 또는 너의 진노로써가 아니라, 하나님의 진노로써 원수의 진노에 응하게 하라. 어쨌든 무저항을 권면한 말이다.

"네 원수가 만일 굶주리거든……"은 잠언 25장 21, 22절에서 인용한 말씀이다. "네 원수가 만일 굶주리거든 먹을 것을 주라. 만일 목마르거든 물을 마시우게 하라. 네가 이렇게 하는 것이 불을 그 머리에 쌓아 놓는 것이다. 여호와가 네게 갚아 주시리라." 하나님이 모세를 통하여 이스라엘 백성에게 전하신 말씀 가운데 이와 비슷한 가르침이 있다. 곧 "네가 만일 네 원수의 길 잃은 소나 나귀를 만나거든 반드시 그 사람에게로 돌려주며, 네가 만일 너를 미워하는 자의 나귀가 짐을 싣고 엎드러짐을 보거든 그냥 버려 두지 말고, 그를 도와 그 짐을 부릴지니라"(출

23:4-5). 그러므로 이것은 새로운 교훈이 아니다. 옛 교훈이다. 이와 비슷한 교훈은 인도나 중국에도 있었다. 기독교에만 있는 교훈이 아니다. 바라몬교도 회회교도 유교도 이것을 가르쳤다.

그리스도는 이것을 가르치셨을 뿐만 아니라 실천하셨다. 마태복음 5장 43절 이하는 원수 사랑을 가르친 유명한 말씀이다. 그는 자신을 잡으러 온 대제사장의 종으로서 그 제자 중 한 사람에게 맞아 귀가 떨어진 자를 불쌍히 여기시어 "그 귀를 만져 낫게 하셨다"(눅 22:51). 또 그는 자기를 십자가에 못박은 자들을 위하여 기도하셨다. "아버지여, 저희를 사하여 주옵소서. 자기의 하는 것을 알지 못함이니이다"(눅 23:34).

이 광경을 전부 목격한 베드로는 후에 같은 신자들을 가르쳐 이렇게 말하였다. "그리스도도 너희를 위하여 고난을 받으사, 너희에게 본을 끼쳐 그 자취를 따라오게 하려 하셨느니라. 저는 죄를 범하지 아니하고 그 입에 궤사도 없으시며 욕을 받으시되 대신 욕하지 아니하시고 고난을 받으시되 위협하지 아니하시고, 오직 공의로 심판하시는 자에게 부탁하시며 친히 나무에 달려 그 몸으로 우리 죄를 담당하셨으니……"(벧전 2:21 이하).

기독교는 철두철미 무저항, 원수 사랑주의이다. 이것이 과연 실제적으로 가능한 일이냐 그렇지 않느냐는 별개의 문제다. 기독교가 이렇게 가르치는 것은 명백하다. 그런데 기독교국에 의하여 공공연히 전쟁이 벌어지고, 교회가 승전을 기원하고, 감독이 군대를 축복하는 따위는 얼마나 큰 모순인가. 빅토리아 여왕은 성서를 아프리카 토인의 추장에게 보이며 "영국은 이 책 위에 섰노라"고 말했다. 그러나 영국은 그 오랜 역사에서 공공연히 성서의 훌륭한 교훈을 어기며 검으로 약자를 정복하고,

영토를 빼앗고, 아직도 여전히 불의를 계속하고 있다. 1839년과 1857년의 두 차례에 걸쳐 중국에 대하여 아편전쟁을 일으켜 무고한 백성 2천 명을 죽이고, 아편을 강매하고, 배상금을 물게 하고, 나라 안에서 자유롭게 기독교를 전파하게 하였다. 일본에서 사츠마의 무사가 자기 나라의 상인 두 사람을 죽였다는 이유로 군함을 보내어 가고시마를 포격하게 했던 영국은, 중국과 인도에서 수만 명의 백성을 죽이고도 별로 양심의 가책을 느끼지 않는 것 같다. 이 영국이 구미 여러 나라 중에서 가장 좋은 나라라고 한다. 어떤 영국의 선교사가 일본의 기독교 신자를 평하여, "일본은 기독교를 받아들인 지 아직 백 년이 채 못 된다. 그러므로 일본 사람은 도저히 기독교를 이해하지 못한다"고 말했다는데, 일본 사람은 미련하지만 마태복음 5장 43절 이하와 로마서 3장 19절을 잘 이해한다. 성서의 이러한 말씀에 비추어 볼 때 영국은 결코 기독교 국가가 아님을 알 수 있다. 만일 영국에서 파견한 선교사가 우리에게 가르치는 것같이 성서가 참으로 하나님의 말씀이라면 - 우리는 하나님의 말씀이라고 믿는다 - 영국은 결코 기독교 국가가 아니다.

그러나 영국이 기독교 국가가 아닌 것은, 우리가 크리스천이 아닌 이유가 되지는 못한다. 우리는 하나님의 모든 자비로 말미암아 우리의 원수에게 저항하지 않을 뿐만 아니라, 더 나아가 원수를 사랑할 것이다. 악으로 악을 갚지 않는 것만으로는 부족하다. 더 나아가 선으로 악을 갚아야 한다. 그래야 사랑이 완성되어, 하늘에 계신 아버지의 온전하심과 같이 우리도 온전할 수 있다. 원수를 사랑하는 것은 약하기 때문이 아니다. 강하기 때문이다. 우리는 싸움을 만물의 창조주이신 하나님께 맡겼으므로 스스로 원수를 괴롭힐 필요가 없다. "원수를 갚는 것이 내게 있다"고 하나님은 말씀하신다. 그리고 하나님이 우리를 대신하여 원수를 갚으실 때, 우리는 그들을 위하여 기도해서 그들에게 내리는 형벌이 가볍기를 바라야 한다.

"뜨거운 불을 그의 머리에 쌓는 것이다"란 미래의 심판 때 무거운 형벌이 내 원수에게 내려지기를 바란다는 뜻이 아니다. 원한에 대하여 은혜로 갚음을 받았기에 너무나 부끄러워서 견딜 수 없게 된다는 뜻이다. 이런 경우에는 뜨거운 모닥불을 머리에 끼얹음을 당하는 것같이 느낀다. 불은 형벌이 아니다. 회개로 이끄는 수치의 얼굴 붉힘이다.

"악에게 지지 말고, 선으로 악을 이기라"는 악한 생각에 마음을 빼앗기지 말고 선으로 가득 채우라는 것이다. 미움은 지는 것이다. 용서하고 사랑하는 것이 승리다. 시인 로웰의 시 중에 유명한 'Yussouf'라는 일편이 있다. 유수프(요셉)는 아라비아 사막의 추장이다. 아마 회교 신자였을 것이다. 그런데 그는 부지중에 그의 아들을 죽인 원수 이브라힘을 맞아들여, 그가 자기 원수임을 알고도 이를 용서하고 은혜 위에 더욱 은혜를 베풀어그를 돌려 보냈다. 회교 신자이건 기독교 신자이건, 하나님에게는 다를 것이 없다. 하나님의 계명을 지키는 자가 하나님의 아들이다. 원수를 사랑하는 것이 사랑의 절정이다. 그리스도는 하나님의 원수인 우리를 위하여 자신의 생명을 버리셨다. 우리도 그리스도를 본받아 그와 함께 하나님의 아들이 되어야 한다.

제53강

기독교 도덕의 셋째:
정부와 국가에 대한 의무

13장 1-7절

12장에서 개인간의 도덕을 가르친 바울은, 13장에 들어가 정부와 국가에 대한 도덕을 가르친다. 이렇게 말하면, 12장과는 전혀 별개의 교훈인 것 같지만, 사실은 그렇지 않다. 바울은 12장의 사랑에 대한 가르침의 계속으로, 13장의 국가에 대한 길을 가르친다. "사람을 사랑하라. 나를 괴롭히는 사람까지도 사랑하라. 나라를 사랑하라. 나를 괴롭히는 나라까지도 사랑하라." 이것이 12, 13장을 일관하여 흐르는 정신이다.

12장은 9절부터 사랑을 가르치기 시작하여 원수 사랑의 교훈에까지 이르고, 마지막에는 "악에게 지지 말고, 선으로 악을 이기라"는 위대한 교훈을 하였다. 로마서는 곳곳에 나름대로 강조점이 있다. 3장 24, 26절의 속죄의 교리, 8장 끄트머리의 개가, 11장 끄트머리의 찬미와 같은 것이 그것이다. 이 12장 끄트머리도 바로 실천 도덕의 절정으로서, 그 사상과 말이 함께 매우 강조되고 있다. 사람의 도덕은 도저히 이것을 뛰어넘을 수가 없다. 이것은 인간 도덕의 절정이다. "선으로 악을 이긴다"는 것은 마음속의 싸움을 말한 것이다. 남에게서 악행을 당하고, 그 악을 또 악으로 갚는 것은 곧 악에게 지는 것이다. 이 복수심과 싸워 이것을 누르고 선으로 악을 대하는 것이 곧 선으로 악을 이기는 길이다. 악으로 악을 대하여 원수를 굴복시키는 것은 악에게 지는 것이다. 악을 참을 뿐만 아니라, 나아가 원수를 사랑하는 데까지 이르는 것이 악을 이기는 길이다. 그리스도의 십자가는 이 승리의 극치다. 그는 원수의 포위를 당하고도 대항하지 않고 그대로 십자가를 달게 지셨다. 더구나 자기를 죽이는 원수를 위하여 그들을 용서해 달라고 아버지께 기도하셨다. 이런 분을 주님으로 모시는 자는 항상 그 마음으로 사람을 대하지 않으면 안 된다. 원수 사랑의 마음이 왕성한 때 사회에는 평화가 넘치고, 나라와 나라 사이에는 전쟁이 일어나지 않는다.

12장 끄트머리의 이 정신을 적용시키면, 13장의 국가에 대한 길은 쉽게 이해할 수 있다. 먼저 1절은 "위에 있는 권세 잡은 자에게 모든 사람은 복종하라. 그것은 하나님에게서 나지 않은 권세가 없으며, 모든 권세는 다 하나님이 정하신 바이기 때문이다"라고 말한다. 이것은 이 세상의 정치적 권력에 복종하라는 권면이다. 그 이유로서, 이 세상의 정치적 권력 또한 하나님이 정하신 것임을 강조하고 있다. 크리스천은 하나님께만 복종할 것이며, 이 세상의 권력에 대해서는 복종할 필요가 없다고 주장하는 자를 타이르는 말씀이다. 2절은 "그러므로 권세를 거스르는 자는 하나님의 명을 거스르는 것이다. 거스르는 자는 스스로 그 심판을 받으리라"고 한다. 이 세상의 권세를 거스르는 것은 하나님이 정하신 권세를 거스르는 것이므로, 곧 하나님의 규정을 어긴 것이다. 그러므로 심판을 받는 것이 당연하다는 것이다. 전 세계에 걸친 하나님의 통치를 인정하고, 바울은 여기서 제도 존중과 질서 유지의 건전한 정신을 강조하고 있다.

다음에 3, 4절을 보라. "관원들은 선한 일에 대하여 두려움이 되지 않고, 악한 일에 대하여 두려움이 된다. 네가 권세를 두려워하지 아니하려느냐? 선을 행하라. 그리하면 그에게 칭찬을 받으리라. 그는 너를 이롭게 하기 위한 하나님의 종이다. 만일 악을 행하면 두려워하라. 그는 공연히 검을 잡지 않는다. 하나님의 종이므로 악을 행하는 자에게 진노로 갚는다." 이 세상의 권세에 대한 길은 오직 선을 행하고 악을 피하는 것뿐이다. 선을 행하는 자는 칭찬을 받고, 악을 행하는 자는 벌을 받는다. 권력은 하나님의 종이기 때문에 선을 칭찬하고, 악을 징계한다. 그러므로 선을 행하는 자는 이 세상의 권세를 두려워할 필요가 없다. 옳은 일을 하는 자에게 두려움이 닥칠 리가 없다. 그러나 악을 행하면 반드시 관헌의 처벌이 온다. 그러므로 바울은 악을 행하지 말라고 훈계한다. 그는 다시 5절에서 "그러므로 이에 복종하라. 다만 진노로 인하여서만 할 것이 아니라, 양심을 인하여 복종하라"고 말한다. 형벌이 무서워서가 아니라, 양심적으로 자진해서 권세에 복종하라는 것이다.

다음에 6, 7절은 위에 나온 원리의 적용이다. "그러므로 너희가 공세를 바치라. 그들은 하나님의 일꾼이 되어 항상 그 직무를 주관한다. 너희가 줄 것이 있는 자에게 주되, 공세를 받을 자에게는 공세를 바치고, 국세를 받을 자에게는 국세를 바치고, 두려워할 자를 두려워하고, 존경할 자를 존경하라." 이 뜻은 명백하다. 다만 공세와 국세의 차이에 대해서만 한마디 하자. 독립국의 백성은 국세를 바치지만 공세는 바치지 않는다. 아무리 무거운 세금을 내더라도 국세뿐이다. 그런데 고대에 식민지 백성은 국세 외에 공세란 것을 바칠 필요가 있었다. 이것은 복종과 충성을 상징하는 것이었다. 그러므로 로마 본국의 백성은 국세만 바치면 되지만, 유대인은 국세와 공세를 아울러 바치지 않으면 안 되었다. 그러므로 바울이 여기서 공세 바치기를 권한 것은 정복한 나라의 정부가 정복당한 나라의 백성에게 가하는 압제에도 복종하라는 뜻이다.

1절에서 7절까지의 뜻은 매우 쉽지만, 이와 관련하여 두세 가지 중요한 문제가 있다. 먼저 현대인은 바울의 이 가르침에 항의한다. 즉 이것은 옛날 전제 시대의 훈계이지, 현대의 민주정치에서는 전혀 무용지물이 아니냐고 한다. 그러나 그렇지 않다. 어느 시대의 어떤 정치 조직하에서도 한 나라의 질서를 유지하기 위한 권력은 반드시 있다. 그런데 바울은 그 권력에 복종하여 질서를 존중하는, 평화와 순종을 사랑하는 백성이 되라고 권하는 것이다. 따라서 이 훈계는 어떤 시대에도 해당된다. 그리고 바울의 이 국권 복종론은 12장의 사랑 및 원수 사랑의 가르침에서 저절로 나온다. 어떤 사람이라도 사랑하고 원수라도 사랑하는 것이 크리스천의 길이라면, 좋은 국가에 대해서나 나쁜 국가에 대해서나 복종과 사랑으로 대하고, 비록 포학한 정권하에 있더라도 오히려 나를 학대하는 권력자에게 복종하고, 또 그를 사랑하는 마음을 품어야 한다는 것이다. 따라서 바울의 이 국권 복종의 밑바탕에 가로놓인 것은 기독교적 사랑의 정신이다. 여기서 우리는 그의 이 교훈이 영원히 폐할 수 없는 훈계로서 남아 있을 것임을 알 수 있다.

크리스천이란 그 국적을 하늘에 옮긴 자다. 바울은 "우리의 나라는 하늘에 있다"(빌 3:20)고 했다. 그러므로 이 세상의 일은 이래도 좋고 저래도 좋다. 왜냐하면, 그것이 그에게는 인생 최고의 문제가 아니기 때문이다. 그러므로 구태여 이 세상의 권세에 반항할 정도의 열심이 솟지 않는다. 아무래도 좋은 것이기에 오히려 복종으로 이 세상의 권세를 대한다.

이제 이것을 최근 문제시되는 노동 문제에 대하여 생각해 보자. 노동자는 자본가의 횡포와 잔인을 공격하고, 자본가는 노동자의 태만과 고집을 공격하고 있다. 우리 크리스천은 자본가가 횡포를 부리면 노동자를 동정한다. 그러나 또 노동자가 너무 고집을 부리면 자본가를 동정한다. 크리스천은 모든 경우에 있어 옳은 사람 편이다. 그러나 만일 그가 자본가의 한 사람이라면, 노동자의 횡포 때문에 손해를 입더라도 별로 문제시하지 않는다. 또 노동자의 한 사람이라면, 열심히 자본가를 공격하여 수입 증가를 위해 투쟁할 마음을 갖지 못하는 것이 당연하다. 그는 이미 보물을 하늘에 쌓아둔 자이므로 이 세상의 재물에 대해서 그다지 큰 관심을 갖지 않는다. 이 세상의 일에 중점을 두지 않는 자는 이 세상의 일에는 무관심하다. 이 세상의 이익 문제에 무관심하기 때문에, 무익한 항쟁, 반항, 소요 등에 관여하지 않는다. 어리석은 분노나 자신의 작은 이해 때문에 이 세상에서 분쟁을 일으키지 않는 것이 크리스천의 건전한 상태다. 물론 하나님을 위하여, 또는 평화를 위하여 열띤 운동을 벌이거나, 또는 거기에 관여하는 경우가 없는 것은 아니다. 그러나 그것은 드문 일이다. 평소에는 평화, 복종, 질서, 권력 존중 편에 선다.

그러므로 크리스천은 평화의 백성이다. 세상에서 혁명이나 소요, 반란을 일으키는 것을 싫어한다. 진정한 크리스천으로서 사회 질서를 어지럽힌 자가 있다는 말을 듣지 못했다. 또 자발적으로 혁명이나 반란을 일으킨 자가 있다는 말을 듣지 못했다. 구미 각국이 기독교 국가라면서 종종 추악한 전쟁을 도발하는 것은 극도의 허위다. 그러나 여기에는 하나의 문제가 있다. 만일 정권이 몹시 부패하여 명백히 백성의 원수가 된 경우, 혹은 자기 나라가 압제국의 판도에 속하여 포학과 횡포에 시달리는 경우에는 어떻게 해야 하나? 이런 때는 이에 반항하여 혁명 독립의 깃발을 날리는 것이 옳지 않겠는가? 이를테면, 크롬웰의 영국 혁명 전쟁, 오렌지 공 윌리엄의 네덜란드 독립 전쟁, 조지 워싱턴의 미국 독립 전쟁 같은 것은 모두가 불의의 발호(跋扈)를 제지하려고 의를 위해 사랑을 위해 떨쳐 일어섰던 것이다. 그러므로 이것은 의의 전쟁으로서 칭찬할 것이며, 또 기독교로서 당연히 가담해야 할 것이 아닌가? 반란이라면 반란이지만, 이것은 기독교적으로 권장 또는 적어도 시인할 성질의 것이 아닌가?

　이 문제에 대하여 먼저 유념할 것은, 이런 경우는 극히 드물다는 사실이다. 드물게 있는 어떤 경우나 혹은 정권에 반항하는 것이 정당하다고 하더라도, 그 때문에 평소의 반항이 옳다고 할 수는 없다. 바울은 여기서 크리스천의 평소의 마음가짐을 가르치면서, 평소에는 정권 복종이 옳다는 원리를 말한 것이다. 그러면 위와 같은 어떤 특별한 경우에는 어떻게 할 것인가? 바울은 일반적인 원리를 말했을 뿐이고, 특별한 경우에 대해서는 언급하지 않았다. 그러나 그의 정신으로 보아, 특히 주 예수의 마음에 비추어 볼 때 이러한 경우의 최상의 길을 다소 알 수 있다고 생각한다. 곧 정치의 부정부패가 극에 달하여 백성이 고통을 당하는 경우라도, 크리스천은 평화적인 수단에만 호소해야 한다. 먼저 겸손과 온화로써 권력자를 향하여 항의(프로테스트)해야 한다. 몇 번이고 몇 번이고 되풀이하여 항의하며, 그 밖에 평화를 넘지 않는 범위에서 모든 수단을 취해야 한다. 백절불굴의 마음으로 목적을 관철하기 위해서 기도해야 한다. 그러나 그 목적이 이루어지지 않는다고 해서 무력에 호소하여 반란을 일으켜서는 안 된다. 평화적인 수단에만 한하고, 그 성공 여부는 모두 하나님의 손에 맡겨야 한다.

그러면 크리스천이 정의를 위하여 항의했을 경우, 그것이 죄로 문책될 때는 어떻게 하겠는가? 자기의 목숨을 요구하는 경우에는 하는 수 없이 반란을 일으킬 것인가? 아니다. 이러한 경우에는 권력자의 명을 따라 내 목숨을 내놓아야 한다. 이 점에서는 그리스의 철학자 소크라테스가 많은 기독교도 이상으로 그리스도적이었다. 그는 정부의 부정에 대해서 다만 항의할 뿐이었다. 체포되어 사형선고를 받자, 억울한 죄목이지만 정부가 합법적인 기관을 통하여 내린 판결이라는 이유로 깨끗이 복종하였다. 친구들이 모든 준비를 해놓고 탈옥을 권유하자, 국법을 어긴다는 것은 무도한 일임을 역설하면서 이를 거절하였다. 그의 경우에는 국법의 적용이 잘못되어 있었지만, 국법의 명하는 바를 어길 수가 없었다. 그는 슬피 우는 제자들에게 영혼 불멸의 가르침을 말해 주며 독배를 마시고 최후의 순간까지 순순히 타일렀다.

참으로 장한 죽음이다. 하나님의 외아들의 죽음인 그리스도의 십자가는 별문제로 하고, 사람으로서 소크라테스 이상의 아름다운 죽음을 볼 수가 없다. 그러므로 국법 복종이라는 점에서, 소크라테스는 오렌지 공, 크롬웰, 워싱턴보다 훨씬 위대하다. 그리스도는 이 점에서 소크라테스를 닮고 또 소크라테스 이상이었다. 그는 아무런 반항의 수단을 쓰지 않고 권력자의 재판을 따라 죽음을 받으셨다. 우리는 그리스도를 본받을 것이며, 또 소크라테스를 본받을 것이다.

이 점에서 인도의 혁명가 간디의 무저항적 혁명은 참으로 그리스도적이다. 무기로써 하는 재래식 혁명은 그리스도의 마음에 합당치 않다. 압제자를 무력으로 대항한다는 것은 그들에 대한 미움의 발로다. 크리스천으로서 압제자에게 무력으로 반항한 자는 모두 그들을 하나님의 원수라면서 미워하고 저주했다. 그러나 압제자를 사랑으로 용서하는 태도야말로 크리스천이 취해야 할 태도다. 그들을 위해서 기도할 정도가 되지 않고서는 참 사랑이라고 할 수 없다. 크롬웰, 밀턴 등은 위대한 크리스천으로서 깊이 존경하는 바이지만, 이 점에서는 도저히 우리의 모범이 아니다. 당파심, 항쟁심이 왕성하여 권력에 복종하는 마음이 부족하고 원수를 사랑하는 사랑이 부족했던 것은 몹시 애석한 일이다. 이 점에서 우리는 그들을 본받지 않는다. 전적으로 나사렛 예수만을 본받아야 한다. 권력에 복종하고, 국법을 존중하여 죽음에 응하고, 나를 죽이는 원수를 위하여 기도하는 사랑의 정신을 발휘한 나사렛 예수를 본받지 않으면 안 된다.

마지막으로 유념할 것은, 바울의 로마 정부에 대한 태도다. 13장의 권력 복종이란 말은, 사실상 로마 정부에 대한 복종을 권한 것이다. 사가(史家)에서 인정하는 바와 같이 로마 제국의 정치라면 지상의 정치로서는 가장 완벽한 정치였다. 모든 면에서 인간의 힘으로는 그 이상 정비되고, 그 이상 위력 있고, 그 이상 탁월한 정치를 할 수 없다. 그러므로 이것은 백성이 ─ 비록 속국의 백성일지라도 ─ 기꺼이 복종해야 할 정치였다. 특히 이 정치는 기독교의 세계적 전파에 큰 도움이 되었다. 이런 완벽한 정치 조직하에서 복음은 그 발달된 교통망을 타고 로마의 전 영토에 신속하게 퍼졌다. 이 제국 또한 하나님의 섭리 속에 들어 있었다. 그러므로 바울은 이 정부에 대해서 많은 유대인과 같이 증오를 품지 않고, 좀더 넓고 높은 시점에서 큰 호감을 갖고 있었다. 이것은 그의 넓고 큰 정신에서 우러난 것이었다. 그의 권력 복종론의 배경에 이 사실이 있음을 잊어서는 안 된다.

그러면 우리는 일본의 정치에 대해서 어떻게 생각할 것인가? 물론 여러 가지 병폐는 통탄할 일이지만, 대체로 보아 비교적 좋은 정치라고 인정해야 한다. 이것은 외국에서 살다가 고국에 돌아온 일본 사람들이 대체로 인정하는 바다. 또 일본에 체류하고 있는 외국인으로서 이것을 인정하는 사람도 적지 않다. 확실히 이 나라에는 생명과 재산의 안전, 신앙의 자유, 어느 정도의 사상의 자유 등이 있다. 이 나라에서 우리는 평화롭게 복음을 연구하며, 또 전파할 수 있다. 만일 바울이 오늘 우리 나라에 태어났다면, 이 나라의 복음 전파의 자유와 편의 때문에 일본 정부를 고맙게 여겼을 것이다. 그리고 1-7절과 같은 정권 복종론을 주창했을 것이다. 불신자가 행하는 정치라 하여 그것을 사탄의 정치인 양 생각하는 것은 잘못이다. 이것을 처음부터 원수로 보고 반항하려는 것은 어리석은 짓이다. 양심으로 – 중심으로 – 복종해야 할 것이다. 하나님의 정하신 일에는 복종하라. 원수라도 사랑하라. 가능한 한 모든 사람들과 화목하라. 불신 사회에 살고 있는 우리는 굳센 신앙의 사람인 동시에, 도량이 넓고 관대한 사람이 되어야 한다.

핵심강해

정치와 사회

이 세상 사람들에게 정치는 최대 관심사다. 그러나 크리스천에게는 최대 문제가 다른 데 있다. 예수는 "내 나라는 이 세상의 나라가 아니다"(요18:36)라고 말씀하셨다. 그는 또 "너희는 먼저 하나님의 나라와 그 의를 구하라. 그러면 이 모든 것을 너희에게 더하시리라"(마 6:33)고 말씀하셨다. 예수는 오늘의 기독교 신자가 원하는 것같이, 먼저 정권을 잡고, 그런 다음에 민중을 구원하려고 하시지 않았다.

그는 정치에 무관심하셨다. 유대인의 독립 운동에도 가담하시지 않았다. 어떤 사람이 와서 "우리가 가이사에게 세금을 바치는 것이 가하니이까?"라고 물었을 때, 그는 "가이사의 것은 가이사에게, 하나님의 것은 하나님에게 바치라"고 대답하셨다(눅 20:22). 그리스도는 공자나 맹자와는 달리, 이 세상의 정치에는 전혀 관여하시지 않았다. 거기에 그의 하나님다운 데가 있었다. 즉 예수는 정치 이상의 사람이었다.

크리스천은 정치를 무용지물로 보지 않는다. 그는 정의와 평화를 사랑한다. 그리고 어느 정도까지 이 세상의 정의와 평화를 보증하는 정부를 존중하며, 성실하게 정부에 복종한다. 권세는 다 하나님에게서 나온 것이므로, 크리스천은 하나님께 복종하는 마음으로 정부에 복종한다. 이것은 '할 수 있는 대로 모든 사람과 화목' 하기 위함(롬 12:18)이다. 크리스천은 결코 이른바 이 세상의 혁명가는 아니다. 그는 무엇보다도 소란을 미워하고 평화를 사랑한다. 그는 정치나 사회의 일에 대해서는 본질적으로 보수주의자다. 바울은 제자 디모데에게 다음과 같이 권면했다.

> 내가 첫째로 권하노니 모든 사람을 위하여 간구와 기도와 도고와 감사를 하되, 임금들과 높은 지위에 있는 모든 사람을 위하여 하라. 이는 우리가 모든 경건과 단정한 중에 고요하고 평안한 생활을 하려 함이니라(딤전 2:1-2).

사도 베드로도 초대 신자들에게 같은 권면을 하였다.

> 인간에 세운 모든 제도를 주를 위하여 순복하되, 혹은 위에 있는 왕이나 혹은 악행하는 자를 징벌하고, 선행하는 자를 포장하기 위하여 그의 보낸 방백에게 하라……뭇사람을 공경하며, 형제를 사랑하며, 하나님을 두려워하며, 왕을 공경하라 (벧전 2:13, 14, 17).

초대 교회 때부터 오늘에 이르기까지 진정한 크리스천으로서 주동으로 나서서 왕을 배반하거나, 법을 문란케 하거나, 소란을 일으키거나, 혁명을 꾀한 사람은 없다. 그 이유는 명백하다. 그는 이 세상에서 바라는 바가 없기 때문이다. "자족하는 마음이 있으면 경건이 큰 이익이 되느니라. 우리가 세상에 아무것도 가지고 온 것이 없으며, 또한 아무것도 가지고 가지 못하리니 우리가 먹을 것과 입을 것이 있으면 족한 줄로 알 것이니라……돈을 사랑함이 일만 악의 뿌리가 되나니, 돈을 사모하는 자들이 미혹을 받아 믿음에서 떠나 많은 근심으로써 자기를 찔렀도다. 오직 너 하나님의 사람아, 이것들을 피하고 의와 경건과 믿음과 사랑과 인내와 온유를 좇으라"(딤전 6:6-11)고 한 마음이 있으면 오늘날의 정치 운동,

사회 운동, 노동 운동에 흥미가 있을 리 없다. "돈을 사랑함이 일만 악의 뿌리가 된다"고 한다. 오늘의 외교 문제, 정치 문제, 사회 문제 등 모두가 '돈을 사랑하는' 데서 일어나는 문제에 지나지 않는다. 바울의 이 말에 비추어 볼 때, 기독교국 모두가 그리스도의 나라가 아님은 불을 보는 것보다 더 분명하다. 하나님의 은혜로 '돈을 사랑하는' 마음이 사라질 때, 우리는 평화의 백성이 될 수 있다.

그러나 만일 정치가 부패를 저지를 때는 어떻게 할 것인가? 크리스천은 가능한 한 인내해야 한다. 그러나 불의와 부정이 극에 달하여 인내할 수 없으면 어쩔 수 없이 항의해야 한다. 우리는 불의를 불의라고 밝히 말한다. 마치 세례 요한이 분봉왕 헤롯을 향하여 "그대는 동생의 아내에게 장가들어서는 안 된다"고 말한 것같이 단호하게 말해야 한다. 그러나 그 이상으로 저항하지는 않는다. 크리스천은 검을 빼어서까지 생명과 재산을 보호하려고 하지는 않는다. 목숨을 걸고 정의를 외친다. 그러나 정의를 외쳐도 세상의 권력자가 죽이려 하면 하나님을 믿고 자신을 그가 하는 대로 맡겨 버린다. 이 점에서, 그리스의 소크라테스는 많은 크리스천이 행한 것보다 훨씬 옳게 행했다고 본다. 이 점에서, 오렌지 공 윌리엄, 올리버 크롬웰, 조지 워싱턴은 이교도인 소크라테스에게 훨씬 미치지 못한다.

무엇보다도 예수 자신이 이 길을 택하셨다. 그는 자기 몸을 지키기 위해서는 열두 군단도 더 되는 천사를 아버지께 청하여 받을 수 있는 줄 알면서도 청하지 않고 자신을 원수의 손에 넘기셨다. 그는 빌라도와 대제사장에게 자기를 재판하게 하고, 그리하여 실질적으로 그들을 심판하셨다(마 26:53). 우리 크리스천도 주 그리스도를 본받아 이 길을 걸어야 한다. 영국의 크롬웰도, 미국의 워싱턴도 이 일에는 우리의 모범이 아니다. 우리는 차라리 인도의 간디를 본받을 것이다. 원수를 거스르지 않고 그를 사랑하며, 또한 자기 손으로 독립을 쟁취하는 것이 아니라 하나님에게서 받으려 했다. 진정한 혁명은 이렇게 달성된다. 영국 혁명, 프랑스 혁명, 미국 혁명, 근대에는 러시아 혁명 등이 모두 피로써 피를 갚은 혁명이었기 때문에 그 목적을 이루지 못하였다. 그리스도가 걸으신 십자가의 길만이 진정한 독립과 행복과 평화를 나라와 백성에게 가져온다.

"피차 사랑의 빚 외에는 아무에게든지 아무 빚도 지지 말라"고 했다. 정부에 대해서나, 사회에 대해서나, 이웃에 대해서나 빚은 절대로 지지 말라. 다만 사랑만은 예외다. 사랑의 빚은 영원히 져야 한다. 세금도, 수업료도, 회비도 규칙대로 꼬박꼬박 바쳐라. 그러나 물질적인 의무를 다했다 해서 의무를 다한 줄로 생각하지 말라. 사랑의 의무는 영구하다. 그러므로 사랑하라. 언제까지나 사랑하라.

"사람을 사랑하는 자는 법을 다 이루기 때문이다." 법이란 그 목적이 서로의 권리를 보호하는 데 있다. 그런데 법의 목적은 사람을 사랑함으로써 완전히 달성된다. 사람이 사람을 사랑할 때, 그 권리를 침해할 수 없다. 법은 신앙과는 달리 사람의 외부에 관한 일이다. 그러나 생명과 재산에 관한 일이라 하더라도 그 소유자를 사랑하지 않고서는 그것을 존중할 수가 없다. 법을 지키는 것은 국민 상호간에 사랑하는 것에 기대하는 수밖에 없다.

제54강

기독교 도덕의 넷째:
한 사회인으로서의 사랑

13장 8-10절

바울은 12장에서 사랑의 길을 가르치고, 마지막에는 원수 사랑의 권면을 했다. 그리고 13장에서는 정권에 복종할 것을 가르치고, 마지막으로 "모든 자에게 줄 것을 주되, 공세를 받을 자에게 공세를 바치고, 국세를 받을 자에게 국세를 바치고, 두려워할 자를 두려워하며, 존경할 자를 존경하라"(7절)고 하였다. 그리고 그는 8절부터 10절까지에서 다시 사랑의 교훈을 해준다. 그러나 그는 새 제목으로 넘어갈 때, 앞과의 연결을 단절하고 완전히 새로운 말로 들어가기를 그다지 즐기지 않는다. 자연스럽게 어느새 새 제목으로 들어가는 것이 그의 특징이지만, 의미에서는 7절의 계속이다. "피차 사랑의 빚 외에는 아무에게든지 아무 빚도 지지 말라. 이는 남을 사랑하는 자는 율법을 다 이루기 때문이다." 그는 국세를 바치라. 공세를 바치라. 모든 자에게 줄 것을 다 주라. 사랑 이외에는 아무에게도 어떤 빚도 지지 말라. 일체의 부채, 의무, 책임을 완수하라"고 가르친다.

8-10절은 12장 후반과 마찬가지로 사랑의 가르침이다. 따라서 바울의 글에 반복과 산만함이 심하다고 나무라는 사람도 있다. 그러나 12장의 사랑은 이웃 사람에 대하여 가져야 할 태도를 말하고, 13장은 국가의 구성원인 국민이 법률을 준수하는 것으로서의 사랑이다. 같은 사랑이지만 전혀 다른 입장에서 바라본 것이다. 전자는 개인 도덕으로서의 사랑이며, 후자는 국민 도덕으로서의 사랑이다. 이것은 전후의 관계로 보아 명백하다.

8절 전반의 "피차 사랑의 빚 외에는 아무에게든지 아무 빚도 지지 말라"는 바울의 위대한 말 중의 하나다. 이것을 정확히 번역하면, "아무에게도 아무것도 빚지지 말라. 다만 서로에 대한 사랑만은 예외다"가 된다. 아무에게도 아무것도 빚지지 말라. 부채는 다 갚고, 의무는 모두 완수하라. 다만 사랑의 빚을 지는 일만은 예외다.

사랑 외에는 아무에게도 아무것도 빚지지 말라는 것은 인생의 한 규범으로서 참으로 소중하다. 정부에 대하여, 사회에 대하여, 이웃 사람에게 대하여 완수할 의무는 신속히 완수하라. 혹은 물질로써 하는 의무, 혹은 몸으로써 행할 책무는 정확히 완수하라. 이를테면 납세와 같은 것을 게을리하여 언제까지나 부채로 남겨 두지 말라. 기한 안에 정확히 납부하여 빚이 없게 하라. 또 돈을 꾸는 일 따위는 절대로 피해야 한다. 그리고 어쩔 수 없이 꾸었을 때는 한시라도 빨리 갚도록 노력해야 한다. 빚을 지는 것은 건전한 생활의 커다란 걸림돌이다. 빚 때문에 독립심을 잃고 비굴한 생활에 빠질 염려가 있다. 혹은 그 때문에 친척이나 친구간의 우의가 상하고 오해를 낳아, 남에게도 해를 끼쳐서 고민하는 무서운 결과를 가져오기가 쉽다. 바울은 이것을 가장 싫어한 사람이었다고 생각한다. 빚을 안 진다는 것은 중요한 처세술이다. 크리스천으로서는 더욱 그렇다. 이것은 누구에게나 귀중한 교훈이다.

그러나 '빚지지 말라'는 단지 부채를 경계한 말만은 아니다. 이것은 넓은 의미에서 인생 전반에 관한 교훈이다. 빚지지 말라는 것은 의무를 다하라는 교훈이다. 즉 빚지지 말라는 것은 의무를 다하지 못한 채 살지 말라는 뜻이다. 사람은 세상에 태어나 각 방면에서 해야 할 의무가 있다. 주권자에 대해서는 충성의 의무, 스승과 어른에 대해서는 존경의 의무, 어버이에 대해서는 효도의 의무, 타인에 대해서는 봉사의 의무를 가지고 있다. 그 밖에 이 세상에서 삶을 누리며 가족의 한 사람으로서, 또 사회의 일원으로서, 또 국가의 국민으로서 여러 가지 의무를 두 어깨에 지고 있다. 이것이 사람으로서 자연스러운 일이다. 사람은 이 의무를 자각하고 훌륭히 완수해야 한다. 이것이 곧 빚을 갚는 일이다. 아무에게도 아무것도 빚지지 말라는 것은 이 부채 상환 — 의무 수행 — 을 게을리하지 말라는 뜻이다. 그런데 현대인들은 의무는 조금도 수행하려 하지 않는다. 곧 많은 것을 많은 사람에게 빚진 채 태연하게 지낸다. 빚을 졌으면서도 지지 않은 체하고 있다. 그러나 권리의 행사 및 신장에는 놀랄 정도로 열심이다. 참으로 자기 중심의 극치다. 아무에게도 아무것도 빚지지 말라는 바울의 훈계는 현대인에게 참으로 입에 쓴 양약이다. 그러나 그들은 이 양약을 먹으려 들지 않는다. 그리하여 더욱더 멸망의 구렁텅이로 빠져들어 가고 있다.

그렇다, 아무에게도 아무것도 빚지지 말라. 책임을 완수하지 못한 채 지내지 말라. 의무는 몽땅 수행하라. 그러나 '사랑'이란 한 가지 일에서만은 전혀 예외다. 사랑에 있어서는 서로에 대하여 빚을 진 채 사는 것이 좋다. 사랑은 도저히 다 갚을 수 없는 빚이다. 남을 사랑하는 일에는 한계가 있을 수 없다. 어느 정도까지, 또는 어느 시기까지 사랑했다고 해서, 사랑의 빚이 갚아지는 것은 아니다. 사랑은 일평생 계속해야 한다. 그러므로 일평생 걸려도 다 갚지 못하는 빚, 다 수행할 수 없는 책임이다. 따라서 사랑을 베풀어야 할 책임을 늘 지니고 있는 것이다. 곧 사랑만은 빚지고 있는 것이 좋다. 사랑의 빚을 지지 않는다면, 그것은 벌써 사랑이 없어진 것이다. 그러므로 서로에 대한 사랑만은 어디까지나 열심히 빚질 것이다.

사람과 사람 사이에서는 서로에 대한 의무를 완전히 수행하여 빚진 것이 없는 관계에 있어야 한다. 그러나 무엇이나 다 수행해 버린다면, 피차간에 아무런 관계도 남지 않을 염려가 있다. 무엇인가 하나의 부채쯤은 있어서, 서로 빚진 것이 있기 때문에 피차의 관계가 끊어지지 않게 하는 것이 좋다. 이 구실을 하는 것이 사랑의 빚이다. 사람을 사랑하는 일은 끝날 때가 없다. 그래서 사랑이란 부채는 다 치를 수 없는 빚이다. 아무리 치르고 치러도 다 치를 수 없는 것이다. 그러므로 피차간에 이 부채가 있으면, 일평생 서로의 관계가 끊어지지 않는다. 사람은 서로에 대하여 사랑의 부채를 지고, 그 관계를 일평생 유지해야 한다. 원래 우리는 하나님께 대하여 행할 의무를 다하지 못하고 무거운 부채 속에 빠져 있었던 사람들이다. 그런데 하나님은 외아들의 죽음으로써 우리의 부채를 소멸해 주셨다. 다시 말하면, 외아들이 우리를 대신하여 부채를 갚아 주셨기 때문에, 우리는 이미 하나님께 대해서는 자신이 부채 변상을 할 필요가 없게 되었다. 그래서 하나님께 치러야 할 것을 사람에게로 옮겨서 치러야 한다. 즉 하나님이 이미 우리의 죄를 그리스도의 십자가 공로로 사면하셨으므로, 우리는 이 큰 사랑에 감격하여 남을 사랑하는 것이 당연하다. 이것이 곧 사랑의 빚이다. 사랑하지 않으면 안 된다는 의무다. 이것은 일평생 걸려도 도저히 다 치를 수 없는 빚이다. 이것만은 있는 것이 명예요 없는 것은 불명예다.

아무에게도 아무것도 빚지지 말라. 부채에 빠지지 말라. 의무를 이행하지 못한 채 살아가지 말라. 이것은 독립 존중의 신앙생활에서 꼭 필요하다. 그러나 사랑만은 늘 빚으로 남겨 두라. 이 빚만은 갚아 버리지 않는 것이 좋다. 이것이 8절 상반의 가르침이다. 영어 성서로는 10단어, 원어 성서로는 불과 8단어로 된 한 문장이지만, 그 내용의 넓이와 길이는 엄청나다. 처세의 지침으로서 – 특히 이 복잡한 사회에서 살아가는 사람들에게 – 참으로 소중한 교훈이다.

9절은 "간음하지 말라, 살인하지 말라, 도둑질하지 말라, 거짓 증거하지 말라, 탐내지 말라 한 것과 그 외에 다른 계명이 있지만, 네 이웃을 네 자신과 같이 사랑하라 하신 그 말씀 가운데 다 들어 있는 것이다"라고 말한다. 여기에 든 다섯 가지 금지 조항은 십계명의 제6조항 이하다. 네 이웃을 네 자신과 같이 사랑하라는 것은 레위기 19장 18절에 있는 계명이다. 이것은 율법 중 최대의 것이며 "이 두 계명이 온 율법과 예언자의 강령이니라"(마 22:4)고까지 단언하였다. 바울도 이 정신을 본받아 이 계명으로써 십계명의 제6조항 이하, 곧 사람에 대한 도덕을 하나로 묶었다. 참으로 그렇다. 사람에 대한 길을 열거한다면 십계명의 제2부를 비롯하여 이 세상의 도덕과 법률 등 그 수를 헤아릴 수 없을 만큼 많다. 그러나 "네 이웃을 네 자신과 같이 사랑하라"고 하면, 이 모든 것을 다 포함하는 것이 된다. 이웃 사랑하기를 자기를 사랑하는 것같이 한다면, 어떠한 경우에도 대인(對人) 도덕을 완결시킬 수 있다. 그러므로 모든 도덕과 법률은 없어져도 좋다. 다만 "네 이웃을 네 자신과 같이 사랑하라"는 계명만 있으면 된다.

8절 후반에는 "이는 사람을 사랑하는 자는 율법을 다 이루기 때문이다"라는 구절이 있고, 또 10절은 "사랑은 이웃을 해치지 않는다. 그러므로 사랑은 율법을 다 이룬다"고 한다. 이곳의 '율법'이란 낱말에는 정관사가 붙어 있지 않다. 그러므로 모세 율법 또는 구약 율법만을 가리킨 것이 아니라, 모든 법률이란 법률, 도덕이란 도덕을 싸잡아 말한 것이다. 법률이란 사람들의 권리를 보호하고 그 침해를 방지하기 위한 것이다. 그러므로 법률의 종류, 그 무수한 법조문, 법에 종사하는 재판관과 변호사……얼마나 복잡한가! 오직 사랑만 있으면, 이웃의 이익을 도모할지언정 손해를 도모하지는 않는다. 그러므로 사랑이 있는 곳에 법은 있으나 마나다. 사랑으로 말미암아 사람의 생명과 소유물이 확보되므로 법률은 필요가 없다. 백성들에게 법률을 어떻게 지키게 하느냐는 것은, 어려운 문제다. 그러나 바울이 여기에 제시한 길은 사랑이다. "사람을 사랑하는 자는 율법을 다 이루기 때문이다"는 "……이루었기 때문이다"란 뜻이다. 사람을 사랑한 자는 사실상 이미 법률을 다 이루었다는 것이다. 그리고 법률은 다 이루어 버리면, 그 목적을 달성한 것이다.

국가에 대한 길은 어떤가? 국가의 일원으로서의 임무는 어떤가? 첫째가 권력 복종이다. 다음은 사랑으로 사람을 대하는 것이다. 사랑이 없는 곳에는 법률이 아무리 위엄을 떨치더라도 제대로 실행되지 않는다. 곧 사랑은 사회의 일원으로서 사회적인 의를 행하는 길이다. 특히 크리스천으로서는 이 사실을 명심해야 한다. 교훈은 간단하지만, 의미 심장하고 효과는 100%다. 옛부터 복음이 잘 전파된 국가나 사회에서 국법이 잘 지켜진 것은 이 때문이다. 복종과 사랑으로 국법에 따르고, 또 이것을 다 이루었기 때문이다. 법률을 지키는 것은 법률 이상인 사랑 위에 서서 법률을 초월해야 비로소 가능한 것이다. 이것을 초월하기 때문에, 이것에 구애됨이 없이 도리어 법을 잘 지킬 수 있는 것이다.

바울로서는 더 써야 할 몇 가지 실천 교훈이 있었을 것이다. 그러나 이제는 서신을 끝맺으려고 서두르지 않으면 안 된다. 실천 윤리의 조목을 드는 것은 10절이고, 11절부터는 큰 희망의 제시에 들어간다. "이렇게 되어야 한다"는 위의 모든 실천 교훈을 실행하라는 뜻이다. "우리는 때를 알았다. 이제는 자다가 깰 때다. 이는 우리의 구원이 처음 믿을 때보다 더 가깝다." 이 대목은 로마서의 유명한 구절이다. 이것은 곧 재림의 소망으로서 도덕의 실천, 행위의 긴장을 촉구한 것이다. 돌이켜 12장 첫머리를 보면, '그러므로'라고 하여 은혜의 구원 전체에 대한 설명을 받아, "하나님의 모든 자비로 너희에게 권한다"고 해서, 신앙으로 말미암은 은혜가 바로 도덕의 기초임을 말하고 있다. 그런데 이제 최후에는 재림 구원의 소망을 도덕 실천의 격려자로 삼고 있다. 행위는 믿음과 소망 사이에 있다. 그것은 믿음을 토대로 하고, 소망을 격려자로 하여 이루어진다. 기독교에서 행위라 하면, 사랑이라 함과 거의 마찬가지다. 믿음만으로는 부족하며, 소망만으로도 부족하다. 둘 다 갖추어져야 사랑은 비로소 실천된다. 이것은 곧 바울이 특히 사랑하는 세 개의 연결된 말이다. 그의 서신 중에 가끔 보이는 '믿음, 소망, 사랑'의 가르침이다(가장 두드러진 것이 고전 13장에 있음은 누구나 아는 바다). 믿음으로 의롭다 함을 얻어 감사한 나머지 사랑의 생활로 들어간다. 그러나 어떤 선명한 목표가 앞에 내다보이지 않는다면, 사랑의 걸음은 자칫하면 맥이 풀리기가 쉽다. 그래서 여기에 구원의 소망을 말했다. 구원의 날이 처음 믿을 때보다 더욱 가까웠다는 실감은 사랑의 걸음에 긴장미를 불어넣어 준다. 이리하여 믿음, 소망, 사랑은 신앙생활의 3요소다. 참으로 완전한 가르침, 빈틈없는 인생의 지침이다. 우리는 언제까지나 성부, 성자, 성령의 하나님을 믿고, 믿음, 소망, 사랑이라는 세 표어를 높이 들고 나가자.

핵심강해

부채와 그 상환

아무에게도 아무것도 빚지지 말라. 다만 서로에 대한 사랑은 예외다(롬 13:8).
그러므로 율법을 완성하는 것은 사랑이다(롬 13:10).

사람은 빚을 지고 세상에 태어나 빚 아래서 생장하다가 빚을 갚고 세상을 떠난다. 그렇다, 갚고 떠나야 한다. 국가에 빚진 것이 있고, 사회에 빚진 것이 있고, 부모에게 빚진 것이 있고, 스승에게 빚진 것이 있고, 친구에게 빚진 것이 있다. 사람은 홀로 나지 못하고, 홀로 성장하지 못하며, 홀로 죽지 못한다. 그 자신이 사회와 시대의 산물이다. 자기를 돌아보고 "나는 아무에게도 빚진 바가 없다"고 말할 수는 없다. 이러한 부채를 자각하고 기꺼이 그 상환의 의무를 다하는 자, 그 사람이 애국자요, 공인이요, 효자요, 제자요, 친구다. "네가 아무에게도 아무것도 빚지지 말라"고 한다. 이것은 넓은 의미의 가르침이다. '아무에게도' 다. 단지 세상의 채권자에 대하여 채무를 다 갚으라는 가르침이 아니다. 모든 사람, 관리, 사회, 공중, 부모, 형제, 스승, 친구 등 모든 사람에 대하여 아무것도 빚지지 않도록 노력하라는 것이다.

"모든 사람에게 줄 것을 주라. 공세 받을 자에게 공세를 주라. 국세 받을 자에게 국세를 주라. 두려워할 자를 두려워하라. 존경을 받을 자에게는 존경을 주라. 아무에게도 아무것도 빚지지 말라"고 했다. 부채는 단지 금전, 물품에 국한되지 않는다. 존경의 부채가 있고, 복종의 부채가 있다. 갚을 것은 누구에게나 갚아야 한다. 여기에 사람 된 길이 있다. 이 길을 밟지 않는다면, 크리스천이 아닌 것은 물론 사람도 아니다.

정의란 무엇인가? 사람과 사람 사이에 존재하는 의로운 관계다. 의로운 요구에는 모두 응하는 것이 정의다. 이것은 첫째로 나의 의무를 알기 때문이다. 둘째로 남의 권리를 존중하기 때문이다. 의인은 단지 자신의 결백을 즐기기 위하여 부채의 상환에 힘쓰지 않는다. 남의 권리를 존중하고, 그 요구를 채워 주기 위해 힘쓴다. 이렇게 부채 상환은 선한 행위다. 모든 의로운 사람은 의무감에 사로잡혀서 뿐만 아니라, 사랑의 마음에서 우러나서 아무 빚도 지지 않으려 한다.

부채의 시인과 그 상환, 이것은 인류의 원시적 도덕이다. 그런데 근대 도덕은 어떠한가? 러시아에서 노농 정부가 과거 국가의 부채를 모두 백지화한 것같이, 현대인 또한 모든 부채를 부인하고 권리만을 주장하며, 의무는 전부 돌보지 않는 것이 아닌가? 자기 존재의 권리, 자기 발전의 권리, 향락의 권리, 번식의 권리가 있다고 당당히 주장한다. 시민은 그 권리를 국가에, 아들은 그 권리를 부모에게, 아우는 그 권리를 형에게, 제자는 그 권리를 스승에게, 노동자는 그 권리를 기업주에게 요구한다. 누구나 다른 사람에게 요구할 권리가 있음을 우리는 부인하지 않는다. 그렇다면 부채는 어떻게 하겠는가? 국가도 사회도 가정도 그 대표자를 통하여 부채를 갚으라고 요구할 권리가 있다. 그런데 사랑은 부채 갚기를 생각하고 권리를 주장하지 않는다. "오직 겸손한 마음으로 각각 자기보다 남을 낫게 여기고, 각각 자기 일을 돌아볼뿐더러 또한 각각 다른 사람들의 일을 돌아보라"(빌 2:3-4)고 한다. "사랑은 율법을 완성한다." 사랑으로 말미암아 부채는 근본적으로 상환되고, 다른 사람의 권리는 완전히 보호되며, 또한 자기의 권리도 충분히 존중된다.

"아무에게도 아무것도 빚지지 말라. 다만 서로에 대한 사랑은 예외다." 부채는 몽땅 갚아라. 그러나 예외가 있다. 어떤 것은 빚을 진 채 그냥 둠으로써 상호간에 관계를 유지하라. 그러나 사랑의 의무는 영원히 완수할 수 없다. 사랑의 빚만은 영원히 다 갚을 수 없다. 사랑의 빚은 아무에게나 져야 한다. 사랑의 부채를 남겨 둠으로써, 사람은 서로서로 빚지고, 친밀한 관계를 유지할 수 있다.

법률은 수없이 많다. 헌법, 상법, 민법, 형법 등등. 그러나 이 모든 것은 "네 이웃을 네 자신과 같이 사랑하라"는 한마디로 묶을 수 있다. 사랑은 이웃을 해치지 않는다. 법률의 목적은 권리의 침해를 막는 데 있다. 권리 침해가 없는 곳에 법률은 필요 없다. "사랑은 율법을 완성한다." 사랑이 있을 때, 형사 소송법도 민사 소송법도 전혀 소용이 없게 된다. 그리스도의 사랑의 복음이 널리 펼쳐질 때, 법률은 필요 없게 된다. 의사가 필요 없는 양약이 있듯이, 법률이 필요 없는 훌륭한 가르침이 있다. 그리스도의 복음이 그것이다.

제55강

낮이 가깝다

13장 11-14절

13장 11절 이하는 세상의 종말, 그리스도의 재림, 신자의 부활, 영화 등의 굵직굵직한 문제에 대하여 언급하고 있는 중요한 부분이다. 12장 1절부터 바울은 크리스천의 실천 도덕을 제시하여, 먼저 개인에 대한 도덕으로서 겸손과 사랑을 상세히 말하고, 다음에 사회에 대한 도덕으로서 권력 복종과 사랑을 역설하였다. 그리고 마지막으로 재림의 희망에 대하여 언급하였다. 따라서 13장 11절 이하가 12장 1절부터 13장 10절까지와 깊은 관계가 있음은 물론이다.

지난 번 강의의 맨 나중에 설명한 것같이 크리스천의 도덕 실행을 돕는 것은 믿음과 사랑이다. 11장까지에서 말한 것은 믿음, 그리고 13장 11절 이하는 소망이다. 그리스도의 속죄를 믿고 큰 은혜에 감격하는 것은, 사람으로 하여금 사랑의 행위를 하게 하는 밑바탕이다. 그러나 이것만으로는 튼튼한 뿌리는 있지만 격려가 부족한 것이 유감이다. 여기에 주 재림의 소망이 있을 때, 그때가 임박했다는 긴박감에서 강한 자극을 받아 저절로 긴장된 신앙 생활을 하게 되는 것이다. 곧 믿음, 소망, 사랑은 항상 연합해 있다. 믿음은 사랑의 뿌리가 되며, 소망은 사랑의 격려자가 된다. 그런데 현대는 믿음과 소망을 뜬구름 잡는 것과 같이 신비롭고 불가해한 것이라 하여 배격하고, 다만 사랑만을 가르친다. 불신자는 물론 신자들까지도 그런 형편이다. 그러나 윤리 종교처럼 무력한 것은 없다. 그것은 다만 사람에게 사랑을 명할 뿐이고, 조금도 사랑을 행하게 하지는 않는다. 그러므로 믿음과 소망이 없이는 사랑이 설 자리가 없다. 이것은 과거 2000년 간의 인류의 경험으로 보아 명백하다. 믿음과 소망이 희박해졌을 때 사랑이 충분히 행해진 예가 없다. 사랑이 풍성한 곳에는 반드시 믿음과 소망이 따른다. 모든 진실한 크리스천은 이 사실을 자기의 생애에서 체험한다.

13장 11절 이하의 취지는 어둠의 시대인 현대는 이미 종말이 되려 하고 이제는 밤이 깊어 날이 밝아 오는 듯한 상태이므로, 크리스천은 주 재림 후의 시대에 적응하도록 어둠의 일을 피하고 빛의 일을 하라는 것이다. 11절 후반에서 "이렇게 행하라. 우리는 때를 알았다. 이제는 자다가 깰 때다"라고 한 것은 번역이 정확하지 못하다. 개역 성서에서 "너희가 때를 알므로, 더욱더 그렇게 행하라. 이제는 자다가 깰 때다"라고 한 것은 다소 낫다. 원 뜻은 "너희가 지금의 시기가 자다가 깰 때인 것을 알므로, 이렇게 행하라"는 것이다. 곧 위에 말한 모든 도덕적 행위 실천의 이유로서 종말의 임박을 들고 있다.

"우리는 때를 알았다"고 한다. 여기서 '때' 란 무엇을 말하는가? 이것을 단지 보통 의미의 때로 보아서는 안 된다. 영어 성서에서 이것을 time(때)이라고 번역한 것을, 개역 성서에서는 season(시기)이라고 고쳤다. 원어 *kairos*(카이로스)는 어떤 일정하게 짧고 확실한 시기를 가리키는 말이다. 성서에서는 그리스도 재림 이전의 어떤 기간을 말하는 데 쓰이고 있다. 고린도전서 7장 19절에서 "때가 단축하여졌으므로 이후부터……"라고 한 것 등을 보라. 여기서 말하는 '때'는 '복음의 시대'다. 복음이 전파되는 시대다. 이미 그리스도가 나타나셨고 그 십자가의 희생이 이루어져, 이제는 구약 시대가 가고 신약 시대가 왔다. 그러나 이 복음 전파의 시대는 결코 영구히 계속되는 것이 아니다. 반드시 종말이 있다. 그 종말은 결코 먼 미래의 일이 아니다. 비교적 가까운 장래에 온다. 이 시대는 한편으로는 복음 전파의 시대지만, 다른 한편으로는 어둠의 시대다. 예수는 자기를 잡으러 온 대제사장들과 성전의 군관들과 장로들에게 이렇게 말씀하셨다. "이제는 너희 때요, 어두움의 권세다"(눅 22:53). 악이 날뛰고, 불의가 판을 치고, 진리와 정의가 매우 무력하게 보이는 시대다. 그러나 이 시대는 오래 가지 않는다. 머지않아 끝날 것이다. 어둠의 밤은 이미 깊고, 동녘 하늘은 어느새 주홍 빛으로 물들었다. 의의 태양은 그 빛을 전 세계에 비추기 위하여 솟아오르기 직전이다.

그러므로 "처음 믿을 때보다 우리의 구원이 더욱 가깝다"(13:11 후반). 그리스도 재림의 날, 심판의 날, 두려운 날, 그러나 우리가 구원받는 부활, 영화의 날은 이미 가까워 오므로, 처음 믿을 때보다 우리의 구원은 가까워졌다. 곧 "밤이 깊고 낮이 가까웠다"(13:12 전반). 어둠의 밤은 깊고, 빛의 시대는 가까워졌다. 그러므로 그리스도를 믿는 자에게는 당연히 다음과 같은 교훈이 내려진다.

그러므로 우리가 어둠의 일을 벗고 빛의 갑옷을 입자. 낮에와 같이 단정히 행하고, 방탕과 술취하지 말며, 음란과 호색하지 말며, 쟁투와 시기하지

말고, 오직 주 예수 그리스도를 옷입고, 정욕을 위하여 육신의 일을 도모하지 말라(13:12 후반-14절).

태양은 이미 솟아오르려 하고 있다. 그리스도는 이미 오시려고 장막 저쪽에 기다리고 계신다. 그러므로 어둠의 행위를 버려야 한다. 그리고 빛의 갑옷을 입고, 낮에 걷는 자같이 누가 보든지 단정한 걸음을 걸어야 한다. 육욕에 도취하지 말라. 육신의 정욕에 빠지기 위하여 그 일을 도모하지 말라. 오직 예수 그리스도를 옷입으라. 그렇다, 오직 예수 그리스도를 옷입으라고 바울은 권한다.

여기서 세 가지 악을 들었다. 첫째는 방탕과 술취함, 곧 폭식과 폭음이다. 이것은 식욕의 방종이다. 둘째는 음란과 호색, 이것은 성욕의 방종이다. 셋째는 쟁투와 시기, 이것은 소유욕 또는 자기 중심주의의 방종이다. 어떤 한 사람이 이 세 가지 악에 모두 빠지는 수도 있으리라. 그러나 많은 사람들이 모두를 행하지 않고, 대개 그 한 가지를 좇는다. 곧 폭음, 폭식을 좇든지, 그렇지 않으면 음란, 호색을 좇든지, 그렇지 않으면 쟁투, 시기에 자신을 맡기고 있다. 그러나 전부를 행하는 것이 악인 것같이, 일부를 행하는 것도 악이다. 이것은 다 밤의 행위다. "이미 낮이 가까워 오고 있다. 어서 밤의 행위를 떠나라. 어서 빛 가운데 있는 것같이 행하라……." 바울은 이렇게 외친다.

종말이 가까웠다고 하면, 누구나 진지하지 않을 수 없다. 종말의 가까움을 확실히 안다면, 그 생활과 정신이 함께 긴장하게 마련이다. 자기의 죽음이 가까움을 알게 되면, 실망 중에서도 모든 일에 훌륭한 태도를 보이는 사람이 적지 않다. 신앙의 사람은 물론이고 신앙이 없는 사람도 그렇다. 하물며 세상의 종말의 접근은 단지 종말의 접근만이 아니다. 그야말로 새 시대의 도래, 사모하며 기다리던 주의 나타나심, 자기 구원의 완성, 부활과 영화, 빛과 영광과 생명이 차고 넘치는 때가 다가오는 것이다. 이 소망이 있는데, 크리스천이 어떻게 진실하지 않을 수 있겠는가? 불신자들도 어떤 소망을 앞에 두고는 분투 노력한다. 하물며 절대적인 은혜가 임할 큰 구원의 그 날을 기다리는 신자들이랴.

그러나 반대자는 말할 것이다. "이론으로서는 그럴듯하지만, 사실 1900년 동안 기다리고 기다려도 그리스도의 재림은 없었다. 이는 헛된 소망으로 사람을 훈계 또는 격려하려는 것이 아닌가." 과연 그런가? 1900년이란 사람이 생각하는 것처럼 오랜 기간인가? 영원의 시간에 비해서는 참으로 일순간에 불과하지 않은가? 그러므로 영원을 손에 잡고 계시는 우주의 주재자로서는, 불과 2천 년은 우리의 하루에도 차지 못하는 것이다. "주께는 하루가 천년 같고, 천년이 하루 같다"(벧후 3:8)고 했다. 때가 길거나 짧다는 것은 비교적 그렇다는 말이다. 한 사람에게도 그 경험에 있어서 반드시 동일하지는 않다. 고민하는 8시간은 8개월과 같이 길며, 달게 잠든 8시간은 한 순간과 같다. 그리스도의 재림이 늦는다고 해서 무슨 상관인가? 그 때문에 무덤에 있는 시간이 길어졌다 해서 무슨 상관인가? 무덤에 잠든 동안은 몇천 년이든 몇만 년이든 눈을 떴을 때는 일순간으로 느낄 것임에 틀림없다. 그러므로 기다리는 일은 아무리 길어도 괜찮다.

세상이 종말에 가까워지고 있는 것 ― 처음 믿을 때보다 우리의 구원이 가까워 온 것 ― 은 너무나 명백하다. 세계대전 중에 시작된 인간의 타락은 전쟁 후에 더욱더 심해졌다. 그 부패와 퇴폐는 말할 수 없이 처참하다. 이러한 상태로 세상이 영속될 것이라고 어떻게 믿을 수 있겠는가? 이제는 세계가 종말을 향하여 급속히 달리고 있다는 것을, 많은 지식인이 일치하여 인정한다. 그러나 하나님이 세계를 다스리신다. 그러므로 이 악의 세계가 오래 갈 리가 없다. 하지만 개선의 서광은 아무데서도 비치지 않는다. 세상은 종말에 가까워지고 있다고 인정하는 것이 가장 자연스러운 견해다. 유럽 각국의 진실한 사상가로서, 넓은 지식의 입장에서, 또는 냉정한 학자적 사색의 입장에서 세상의 종말이 가까웠음을 인정하는 자가 많다. 하물며 우리 크리스천으로서, 성서에 주의 약속으로서, 또는 사도의 가르침으로서 이 사실이 명백히 드러나 있음을 아는 사람이랴.

우리는 성서의 이 소망을 의심하지 않고 더욱더 이 소망에 굳게 서서, 이 소망으로 용기를 얻어 사랑의 행위에 더욱 힘써야 한다.

신앙으로 말미암아서만 의롭다 함을 얻는 은혜, 거기에서 오는 사랑만으로 만족한가? 소망을 부인하는 자는 믿음과 사랑만을 주창한다. 이것은 믿음까지를 물리쳐 버리는 현대인으로서는 그래도 나은 편이다. 그러나 이것은 매우 불완전한 길이다. 사람은 약한 존재다. 실수하기 쉬운 것이 사람이다. 이 약하고 실수하기 쉬운 사람에게 믿음으로 구원받는 것만으로 족하다고 하면, 자칫하면 그 행위가 느슨해지기 쉽다. 회개하고 믿기만 하면 된다고 가르치는 불교 정토종의 가르침이 주는 폐단은 널리 알려진 사실이다. 특히 신란의 정토종에서 완성되었다고 하는 이 타력 구원의 가르침은, 마침내 어떠한 방자함도 시인하며, 인간 일체의 죄를 번뇌의 결과라 하여 너그럽게 봐준다. 심지어 아무리 누추한 행위라도 신앙과 양립할 수 있는 것이라고 한다. 보라, 그 신앙 또는 사상 중에 넘쳐나는 더러움을! 이것은 믿음만을 내세우고 소망을 포기하는 데서 오는 폐단이다. 사람이 만일 선한 존재라면 믿음만으로도 좋은 행실의 사람이 될 수 있겠지만, 나약한 인간으로서는 도저히 그렇게 될 수가 없다. 여기서 소망으로 그것을 보충할 필요가 있다. 재림과 심판을 앞두고 두려운 마음을 품고, 그 행위에 긴장과 엄숙을 더하는 동시에, 주의 자비로 말미암아 그때 형벌을 면하고 구원에 들어갈 수 있다는 신뢰 가운데서 경건을 유지할 수 있다. 소망이 따르는 구원의 기쁨이 넘치면 저절로 선행을 할 수 있다. 이것이 소망의 결과다. 그러므로 믿음, 소망, 사랑은 크리스천의 건전한 생활의 세 가지 특징이다.

세상의 종말을 믿는 것이 과연 어리석은 미신인가? 이제는 세상이 종말에 다가가고 있다는 것은 반드시 지식인이 아니더라도 누구나 직감으로 느껴지는 일이 아닌가? 세계의 혼란, 전 세계에 넘쳐나는 어두운 분위기, 모든 것이 병적으로 기우는 듯한 현상, 어떠한 방자한 행동도 미화시키고 있는 오늘 – 이 모든 것이 과연 종말의 예감을 주지 않는가? 8년 전의 세계와 오늘을 비교해 볼 때 과연 어떤가? 이제는 러시아와 독일의 지폐 같은 것은 세계에서 거의 무가치한 것이 되어 있지 않은가? 누가 8년 전에 오늘의 이 사실을 예상했겠는가? 8년 전을 상고하라. 그때 러시아는 짜르(황제)에게 무한한 권력이 있어서, 정권도 교권도 그의 손에 있었다. 그의 밑에 있는 관권(官權)은 세계 제일의 권력으로 백성을 억누르고, 소수의 혁명 운동가를 제외하고는 누구나 이에 굴복했다. 누가 그때 러시아의 제정이 하루아침에 무너져 노농 정부가 일어나고, 그 지폐가 휴지조각이 되리라는 것을 예상했던가? 독일 제국도 8년 전의 위세는 어디로 갔는가? 그 카이제르의 위풍과 그 정연한 군국적 시설과 그 왕성한 과학 산업은 세계를 뒤흔들 수 있는 힘을 가지고 있었다. 누가 그 때, 큰 제국이 쇠퇴하여 그 마르크가 오늘날과 같이 가치가 떨어질 것을 예상할 수 있었는가? 이제 세상은 이렇게 급격한 변동을 보이고 있다. 그렇다면 이제부터 8년 후의 세계를 지금 누가 예상할 수 있는가? 8년 후에 세계 각국의 지폐가 모두 무가치하게 되고, 굶어 죽은 시체가 지구 표면에 가득할 날이 오지 않는다고 누가 단언할 수 있는가? 이렇게 세상에 종말이 오지 않는다고 누가 말할 수 있는가?

세상의 종말이란 어떠한 때인가? 그렇다, 그때는 지금까지 귀하게 여겨지던 것이 모두 천해지고, 지금까지 천하게 여겨지던 것이 모두 귀하게 되는 때다. 그렇다, 가치 전도의 때, 이것이 곧 세상의 종말이다. 그때는 사람이 귀하게 여기던 재산, 보물 같은 것이 아무런 가치도 없을 것이다. 하룻밤 사이에 모두 형체도 없이 사라져 버릴 것이다. 그때는 이 세상의 권력자, 부자 — 곧 어두운 밤인 지금 판을 치며 날뛰는 박쥐족, 올빼미족, 두더지족들은 새벽을 알리는 닭의 울음과 함께 자취를 감추고, 밤 사이에는 아무런 세력이 없었던 종달새, 비둘기, 꾀꼬리 등이 의의 태양이 솟아오름과 함께 기쁨에 넘쳐 춤추고 노래할 것이다. 그리하여 세계는 완전히 바뀌어 새 세계를 이루고, 인류와 사회와 우주는 하루아침에 완성될 것이다. 이 세계 완성의 소망이야말로 이 세상에서 힘없는 우리들을 격려하여 사랑의 행위를 낳게 하는 크나큰 힘이다.

세상의 종말은 어떤 형태로 오는가? 그것은 확실치 않다. 그러나 어떤 모양으로든지 오는 것만은 확실하다. 문명의 파괴, 땅의 변동, 지구의 파멸, 태양계의 변동 등 어떤 모양으로든지 세상의 종말은 올 수 있다. 언제 바뀌고, 언제 뒤집힐지 알 수 없는 땅 위에서 영원한 안정을 바라는 사람의 어리석음이여! 이 믿을 수 없는 땅 위에 곳간을 크게 지어 재물을 쌓아두고 영혼에게 이르되, "영혼아, 여러 해 쓸 물건을 많이 쌓아 두었으니, 평안히 쉬고, 먹고, 마시고, 즐거워하자" 하는 자의 어리석음이여! 그런데 하나님은 이 사람에게 "어리석은 자여, 오늘 밤에 네 영혼을 도로 찾으리니 그러면 네 예비한 것이 누구의 것이 되겠느냐?"고 하셨다(눅 12:16-20). 그렇다, 참으로 그렇다. 믿을 수 없는 권력을 탐하는 것이 얼마나 어리석은 짓인가? 악착같이 노력하고 핏대를 세워 싸워서, 결국 얻는 것이란 멸망뿐이 아닌가? "네 고집과 회개하지 아니한 마음을 따라 진노의 날 곧 하나님의 의로우신 심판이 나타나는 그날에 임할 진노를 네게 쌓는다"(롬 2:5)고 한 것이 곧 이것을 말함이다. 믿음으로 말미암아 의롭다 함을 얻은 우리는 소망을 아울러 품고, 이 믿음과 소망으로 용기를 얻어 이 시대에 '빛의 아들'로서 사랑의 생활을 해야 한다. 어두운 밤에도 결코 실망치 않고, 새벽이 가까움을 믿고, 빛의 갑옷을 입고 전진해야 한다.

핵심강해

종말과 도덕

기독교 도덕은 사랑이다. 사랑은 믿음과 소망 사이에 있다. 믿음의 결과로서의 사랑이다. 소망에 격려되는 사랑이다. 믿음, 사랑, 소망의 세 자매는 서로 의지하여 나간다. 바울은 사랑을 말하기 시작할 때 '그러므로' 또는 '이러므로' (12:1)란 접속사로 시작하였다. 사람이 구원받는 것은 행위로 말미암지 않고 믿음으로 말미암는다는 진리에 입각해서 기독교 도덕을 말했기 때문이다. 신앙의 기초는 하나님의 아들이 신자를 위하여 행하신 속죄의 행위다. '이러므로' 신자는 서로에 대하여 또는 이 세상의 정부와 사회에 대하여 사랑으로 행해야 한다는 것이, 12장 1절부터 13장 10절까지의 말씀이다. 바울의 서신을 연구하려면 간단한 접속사 또는 대명사의 의미에 특별히 주의할 필요가 있다. 믿음 때문에 사랑하라, 소망을 위해 게을리하지 말라는 것이 12장과 13장의 대의이다.

"우리는 때를 알았다." 지금 시대가 어떤 때인지를 알았다. 지금은 '복음의 시대'요, 이것은 영구히 계속될 것이 아니다. 이윽고 주 그리스도의 재림으로써 끝날 것이다. 그때는 시시각각으로 다가오고 있다. 그러므로 '이제는 자다가 깰 때'다. 이제는 우리가 처음 믿을 때보다 우리의 구원이 가까우며, 어둠의 세력이 날뛰는 밤의 시대는 이미 깊어져서 의의 태양이 세상을 비출 때가 다가왔다. 그러므로 우리는 어둠의 행위를 버리고 빛의 옷을 입어야 한다. 밤은 아직 완전히 가지 않았지만, 우리는 주 안에서 빛의 아들이요 또한 낮의 아들이므로 행위를 단정히 하여 낮에 걷는 것같이 하자. 폭음, 폭식, 음행, 방종, 분쟁, 파벌 등 공명 정대를 기피하는 어둠의 길을 걷지 말라. 너희가 밤의 옷을 벗고 광명의 주이신 예수 그리스도를 영접하기 위하여 그가 입으신 의의 옷을 입으라. 그의 재림과 함께 사라질 이 세상의 모양을 본받아 육신의 정욕을 채우려고 너의 마음을 빼앗기지 말라.

로마서는 특히 신앙에 대하여 논한 서신이다. 그러므로 소망에 대해서는 많이 말하지 않는다. 그러나 전혀 말하지 않는 것은 아니다. 8장은 구원의 완성에 대하여 말하는 소망의 장이다. 그리고 여기서 또한 사랑의 격려로서 세상의 종말에 대하여 말하고 있다. 또 15장 13절에서는 "소망의 하나님이 너희에게 성령의 능력으로 소망이 넘치게 하시기를 바란다"고 하고 있다. 소망이 없으면 기독교는 없다. 크리스천의 소망은 그리스도의 재림과, 이에 따르는 구원에 대한 완성의 소망이다. 무한히 진화할 것을 바라는 소망이 아니다. 서서히 행해지는 세상의 개혁과 발전에 대한 소망이 아니다. "너희 가운데서 하늘로 올리우신 이 예수는 하늘로 가심을 본 그대로 오시리라"(행 1:11)고 천사가 제자들에게 일러 준 그 약속의 성취다. 이 일의 진부(眞否)는 우리가 물을 바가 아니다. 예수와 그의 제자들이 이렇게 믿고, 이 신앙으로 말미암아 기독교가 시작된 것은 의심할 여지가 없다. 이 신앙 위에서 예수는 산상수훈을 가르쳤고, 그 소망을 기초로 하여 바울은 사랑의 교훈을 말했다. 그리스도 재림의 소망이 없이는, 신약 성서를 쓸 수 없었다고 말할 수 있다.

그러나 "그런 일이 있을 수 있느냐?"고 하는 것은 케케묵은 질문이다. 바울이 이 말을 한 이후 이미 1900년이 지났지만 아직도 그리스도는 오지 않았다. 밤도 새지 않았다. 그의 이 소망은 사실로 나타나지 않았다.

이제 신세계의 출현은 느릿느릿한 만물의 진화와, 이에 따르는 인류의 노력에 기대하는 수밖에 없다고 한다. 이렇게 주장하는 것은 이 세상의 지식인만이 아니다. 많은 기독교회와 기독교 신자들까지 그리스도 재림의 신앙에 격렬히 반대하고 있다. 로마서의 이 부분은, 그들에게 있어서 영적으로 해석되지 않으면 이미 쓸모없는 고대의 미신으로 다루어진다. 이제는 그리스도 재림의 신앙을 (그 밖의 모든 기적과 함께) 배제한 기독교가 세상에 유행하고 있다.

그리스도는 과연 아직 오시지 않았다. 그러나 그것 때문에 성서가 깨어지지는 않는다. 베드로가 말한 대로 하나님께는 천년이 하루와 같은 것이다. 영원한 존재자로서 볼 때, 모든 유한의 때는 일순간이다($a \div \infty = 0$이다). 세상의 종말은 다가오고 있다. 이것은 옛날이나 지금이나 사실이다. "우리는 때를 안다." 이 시대가 어떤 때인지를 안다. 이것은 영구히 계속될 것이 아니다. 처음이 있고 나중이 있다. 그리고 '처음 믿을 때보다 우리의 구원은 더욱 가깝지' 않은가? 처음 믿을 때를 사도 시대로 보면, 20세기인 오늘은 더욱 세상의 종말에 가깝지 않은가? 1914년에 일어난 세계대전 이후 세계의 상태는 어떤가? 세상은 과연 발전하였는가? 인류 6천 년 간의 이른바 발전의 결과는 어떤가? 문명의 중심이라고 불리는 유럽의 현 상태는 어떤가? 최선의 기독교국이라고 하는 미국은 어떤가? 1년 동안에(1920년의 조사에 의함) 450억 엔을 사치품에 소비하고 불과 7,500만 엔을 전도를 위하여 사용하는 미국민이 과연 그 신앙을 말할 수 있는가? 금주법은 공공연히 깨어지고, 살인과 자살이 오늘날처럼 많았던 때가 없다. 참으로 이제는 밤도 한밤중이다. 오스왈드 스펜글러(Oswald Spengler)란 사람이 *Der Untergang des Abend-landes*(「서양 문명의 몰락」)란 책을 써서 유럽인의 주의를 끌고 있는 시대다. 블라디미르(Vladimir), 소로비에프(Sorovief) 및 드미트리 메레체코브스키(Dmitri Mereschkovski) 등 유럽 근대의 예언자적인 철학자도 세계의 종말이 임박했음을 경고하고 있다.

주는 가깝다. 그러므로 아무에게도 아무것도 빚지지 말라. 주는 가깝다. 그러므로 먹고 마시는 것이나 정욕 또는 질투에 사로잡히지 말라. 주는 가깝다. 그러므로 진실하고 단정하라. "형제들아, 내가 이 말을 하노니 때가 단축하여진고로 이후부터 아내 있는 자들은 없는 자같이 하며, 우는 자들은 울지 않는 자같이 하며 기쁜 자들은 기쁘지 않은 자같이 하며, 매매하는 자들은 없는 자같이 하며, 세상 물건을 쓰는 자들은 다 쓰지 못하는 자같이 하라. 이 세상의 형적은 지나감이니라"(고전 7:29-31)고 하였다. 육신과 이 세상의 일에 깨끗하라. 주는 가깝다. 만물의 종말은 다가왔다. 정욕을 위하여 육신의 일을 도모하지 말라.

건전한 도덕에 경계가 필요하다. 오직 사랑과 은혜에 의한 도덕은 방종에 흐르기가 쉽다. 정토종 불교의 역사가 그것을 보여 준다. 프로테스탄트교에도 이와 비슷한 교파가 있다. 구원의 한 면은 성결이다. "하나님의 뜻은 이것이니 곧 너희의 거룩함이라"(살전 4:3), "모든 사람으로 더불어 화평함과 거룩함을 좇으라. 이것이 없이는 아무도 주를 보지 못하리라"(히 12:14)고 한다. 그리고 거룩하게 하는 데는 불이 필요하다. 두려운 주의 날의 도래를 상기할 때, 우리의 마음속은 정결하게 된다. 우리가 하나님의 은혜에 너무 익숙해진 나머지 방심하면 악마가 틈을 탄다. 그래서 경계할 필요가 있다. "그러나 주의 날이 도적같이 오리니, 그 날에는 하늘이 큰 소리로 떠나가고, 체질이 뜨거운 불에 풀어지고, 땅과 그 중에 있는 모든 일이 드러나리로다. 이 모든 것이 이렇게 풀어지리니 너희가 어떠한 사람이 되어야 마땅하냐? 거룩한 행실과 경건함으로 하나님의 날이 임하기를 바라보고 간절히 사모하라. 그날에 하늘이 불에 타서 풀어지고 체질이 뜨거운 불에 녹아지려니와 우리는 그의 약속대로 의의 거하는 바 새 하늘과 새 땅을 바라보도다. 그러므로 사랑하는 자들아, 너희가 이것을 바라보나니, 주 앞에서 점도 없고 흠도 없이 평강 가운데서 나타나기를 힘쓰라"(벧후 3:10-14)고 한 바와 같다.

세상의 종말은 어떠한 모양으로든지 온다. 다음에 일어날지도 모르는 세계 전쟁에 의해서도 온다. 혹은 프링다스 피트리가 제창한 문명 순환기의 종결에 의해서도 온다. 태평양 주위에 화산국의 연쇄를 쌓은 것 같은 땅 속의 대변동에 의해서도 온다. 남극에 퇴적해 있는 얼음 덩어리가 녹는 것에 의해서도 온다. 지구와 다른 천체의 충돌에 의해서도 온다. 태양계의 암흑성운 통과에 의해서도 온다. 지구는 지금까지 몇 번이나 대변동을 거쳐 왔다. 한때는 파충류 전성 시대가 있었다. 지금은 쇠퇴했지만 뱀과 도마뱀 따위로 대표되는 파충류가 세계를 뒤덮었던 시대도 있었다. 그것이 오늘의 인류가 점령한 세상이 되었다. 이 세계가 이대로 영구히 지속되리라고는 믿기 어려운 일이다.

세상의 종말이다. 그 파괴가 아니다. 하나님은 자신이 지으신 것을 멸시하시지 않는다. "그날에 하늘이 불에 타서 풀어지고, 체질이 뜨거운 불에 녹아지려니와 우리는 그의 약속대로 의의 거하는 바 새 하늘과 새 땅을 바라보도다." 세상의 종말은 '죽음과 음부와 불의 못'이 아니다. '새 하늘과 새 땅'이다. 죄인의 존재를 허용하지 않는 정의의 세계다. 마치 오늘의 세계가 뱀과 도마뱀의 조상이었던 추하고 무서운 대 파충의 존재를 허용하지 않는 것같이, 장차 올 의의 세계는 오늘 세상에서 마구 날뛰는 사람들의 활동과 존재를 허용치 않는다. "지금은 너희의 때, 암흑의 세력이다"라고 예수가 말씀하신 시대다. 지금은 밤이며 박쥐, 올빼미, 두더지 등 어둠을 사랑하는 동물들이 날뛰는 시대다. 그러나 닭 울음이 한 번 새벽을 알리고 의의 태양이 솟아오르면, 이른바 야생 동물 곧 야간에 활동하는 동물은 햇빛을 피하여 구멍과 굴 속에 숨으며, 그 대신 종달새는 하늘을 향하여 치솟고, 비둘기 소리는 숲속에 들리며, 물총새는 물장구를 치고, 우주는 바뀌어 낮의 세계가 된다. "너희는 다 빛의 아들, 낮의 아들이다. 우리는 밤에 속한 자, 어둠에 속한 자가 아니다. 그러므로 우리는 남이 자는 것과 같이 자지 말고 깨어서 조심하라"고 한 것과 같다. "너희가 전에는 어둠이더니 이제는 주 안에서 빛이라. 빛의 자녀들처럼 행하라"(엡 5:8).

제56강

작은 문제의 해결

14장 이하의 정신

로마서는 13장까지에서 복음에 관한 중요한 문제는 다 논했다. 개인은 어떻게 구원받는지, 인류는 어떻게 구원받는지, 사람은 크리스천으로서 도덕적으로 어떤 행위를 해야 하는지, 대충 이런 중요한 문제에 대해 이미 충분히 대답했다. 그리고 14장 이후는 비교적 작은, 로마 교회 특유의 ― 다른 교회에도 없다고 할 수는 없지만 ― 문제만을 다루고 있다. 그러므로 바울은 이러한 문제에 들어가지 말고, 13장으로써 이 서신을 끝맺었어야 했다. 비록 그가 14장 이하를 기록할 필요가 있었더라도, 이미 근본 문제를 다 연구한 우리로서는 여기서 연구를 마치는 것이 옳지 않겠는가라고 생각할 수도 있다. 그러나 작은 문제도 등한히 해선 안 된다. 사람의 생애에 자주 일어나는 것은 작은 문제다. 그 해결 여하는 신앙적 삶의 건전한 걸음에 영향을 미치는 바가 결코 적지 않다. 그러므로 바울이 작은 문제 해결에 쓴 정신을 배우는 것은 우리에게 매우 유익하고, 또 필요한 일이다. 어떤 의미에서는 큰 문제의 해결에 못지않을 만큼 중대하다고도 말할 수 있다. 그러므로 계속 14장 이하를 연구해 보자.

먼저 14장을 보라. 그 전체가 먹는 문제다. 이것은 작은 문제지만, 기독교의 사랑의 문제와 관련이 많다는 점에서 결코 작은 문제가 아니다. 바울이 이 문제를 그리스도의 사랑의 높은 자리에서 해결한 것은 매우 유의할 점이다. 다음의 15장 전체는 14장과 같은 정신의 계속이며, 그 후반은 바울의 로마 교회에 대한 태도 및 복음 전파에 관한 각오다. 그리고 16장은 개인적인 인사다. 여기서 바울은 몇 사람의 친구에 대하여 적고 있다. 그 한 사람 한 사람에 대하여 간결하고도 적절한 소개를 하고 있다. 여기서 그의 친구관을 알 수 있다. 바울 같은 대 종교가가 얼마나 빈틈없는 마음씨 또는 좋은 생각을 가지고 있었는지 그 하나하나를 보고 위대한 가슴속에 숨어 있는, 여성같이 섬세하고 우아한 사랑을 엿볼 수 있다. 그리고 16장 25절 이하에서는 장엄한 찬송이 나온다. 이것으로 이 서신은 끝을 맺는다.

그리스도는 하나님이시다. 동시에 사람이시다. 그는 이 세상의 성인과 같이 하나님다운 사람, 또는 사람이면서 하나님 같은 분이 아니다. 그에게는 두 가지 성질이 있다. 하나는 신성이고 다른 하나는 인성이다. 곧 그는 완전한 하나님이시며, 동시에 완전한 사람이었다. 크리스천은 물론 순수한 사람이지만, 그 안에 그리스도가 머무는 사람이다. 그러므로 보통 사람과는 다르다. 그리스도 안에서 '다 새롭게' 된 자다. 그의 속에는 그리스도가 계신다. 그러므로 그에겐 하나님의 마음이 있는 동시에 사람의 마음도 있다. 참된 크리스천은 강하게 하나님다운(intensely divine), 동시에 강하게 사람다운(intensely human) 존재다. 노력과 수양으로써 사람다운 데를 죽이고, 이른바 성인이 된 자가 아니다. 특별한 수양과 깨달음에 의하여 이 세상을 초월하고 인간성을 탈각한다는 것이 불교의 가르침이라면, 이 점에서 기독교와 불교는 근본적으로 다르다. 기독교에서는 특별히 거룩한 생활에 들어가는 것, 특별히 거룩한 일에 종사하는 것, 곧 형식상으로 거룩한 것을 요구하지 않는다. 크리스천은 외형상으로는 이 세상 사람과 다른 점이 하나도 없다. 마음 또한 사람다우면 된다. 다만 그 사람다움이 하나님의 영으로 말미암아 심화되어, 강하고 깊이 사람답게 되기를 요구하는 것이다. 바울 같은 사람은 위대한 크리스천이었기 때문에, 그 하나님다운 면이나 사람다운 면이 모두 심하고 강렬하였다. 로마서 14장 이하의 3장은 그의 이런 인간적인 면의 발로로서 매우 흥미가 있다.

사람에게 꼭 있어야 할 것은 이 두 가지 면이다. 즉 하나님다운 면(Divinity)과 사람다운 면(Humanity), 이것을 인간미라고나 번역할까. 하늘에 관한 열심과 땅에 관한 열심, 이 둘이 서로 어우러져 진정한 사람을 만든다. 한편으로 치우칠 때 — 후자에 치우치는 것은 물론, 전자에 치우치더라도 — 그 사람은 건전치 못한 사람이다. 우리 민족은 인간미는 풍부하지만, 신적인 미가 매우 부족한 백성이다. 그러므로 사람으로서 건전성이 부족할 뿐 아니라 그 인간미까지도 몹시 천박해지기가 쉽다. 보라, 우리말에는 정을 나타내는 아름다운 말은 풍부하지만, 신성, 엄숙한 것을 나타내는 말은 심히 부족한 것을. 사람은 이 두 가지 면을 갖추어야 비로소 진정한 사람이다. 바울이 종교적으로 위대하기 때문에, 인간미가 부족한 것같이 생각하는 것은 큰 오해다. 그가 종교적으로 위대한 것은 그가 인간적으로도 위대하다는 것을 나타낸다. 왜냐하면, 인간미가 부족한 사람이 종교적으로 위대할 리가 없기 때문이다.

로마서는 위대한 신학서라고 한다. 참으로 위대한 신학서다. 개인의 구원과 인류의 구원과 실천 도덕에 관한 완전한 가르침이다. 이 세상에 이 이상의 신학서가 나타나지는 못할 것이다. 로마서 이전에 로마서가 없고, 로마서 이후에 로마서가 없다. 그러나 이 서신이 만일 신학의 제시만으로 그친다면, 너무나 엄숙하여 사람들이 접근할 수 없게 될 것이다. 그런데 여기에 14, 15, 16장이 있다. 이것은 바울과 로마 신자 사이의 관계를 나타내는 것으로, 그의 인간미가 유감 없이 나타나 있다. 이것이 있기 때문에 로마서가 우리에게 진정한 서신이 되며, 또 바울에게 친근미가 느껴진다. 14장 이하는 이런 의미에서 소중한 동시에, 그 내용이 전하는 교훈으로 보더라도 매우 소중한 부분이다. 우리는 이것을 가볍게 보아서는 안 된다.

먼저 14장 1절에서는 "믿음이 연약한 자를 받으라. 그러나 그의 생각하는 바를 비난하지 말라"고 말한다. 이것이 이 장 전체의 정신이다. 신앙상의 근본 문제가 다르면 싸워야 한다. 그러나 생활상의 작은 문제에 대해서는 다른 신자의 생각하는 바를 비난해서는 안 된다. 그로 하여금 그 믿는 대로 내버려 두어야 한다. 그를 비판하지 말고, 형제로서 사랑으로 받아들여야 한다. 남의 작은 문제에까지 간섭하여, 그로 하여금 내 뜻을 좇게 하려고 해서는 안 된다. 사람은 각기 보는 바가 다르다. 그러므로 서로 남의 생각을 존중하고, 그 자유를 허용하고, 넓은 사랑의 마음으로 서로를 용납해야 한다.

2절에서는 "어떤 사람은 모든 것을 먹을 것이라고 믿고, 어떤 사람은 연약하여 다만 채소만을 먹었다"고 말한다. 여기서 신자 중에는 육식을 하는 자와 육식을 피하는 자의 두 종류가 있었다. 그런데 후자가 육식을 피한 이유는 오늘의 채식주의자와는 그 목적이 달랐다. 당시 그리스, 로마 등의 도시에서는 우상에게 바쳤던 고기를 상인에게 넘겨주면, 상인이 그것을 다른 고기와 섞어 가지고 시장에서 파는 풍습이 있었다. 따라서 육식을 할 때는 우상에게 바쳤던 고기도 먹을 우려가 있었다. 여기서 당연히 신자는 두 종류로 나뉘었다. '마음이 굳센 사람'은 우상에게 바쳤던 고기를 먹는 것을 조금도 두려워하지 않았다. 그들은 예수의 말씀을 인용하여(마 15:16-18) 입에서 나오는 것은 사람을 더럽히지만, 입으로 들어가는 것은 사람을 더럽히지 않는다고 했을 것이다. 그들은 형식에 구애받지 않는 강한 신앙과 인격의 소유자였다. 바울 자신도 물론 이에 속하는 사람이었다. 그런데 이른바 '믿음이 약한 자'가 있었다. 그들은 조심성이 있고 마음이 약한 사람들이었다. 그래서 여호와 하나님을 믿는 이상, 우상에게 바쳤던 것을 먹는 것은 신앙적으로 불순하다고 생각하였다. 이것을 불철저하다고 비난할 수도 있다. 그러나 사람들은 각기 타고난 성향과 과거의 환경과 유전이 다르다. 모든 사람이 강한 신자가 될 수는 없다. 약한 신자의 생각도 일리가 있다. 그 양심의 예민함과 경건하려고 애쓰는 마음을 인정해 주어야 한다.

또 날을 지키고 지키지 않는 문제가 있었다. "어떤 사람은 이 날을 저 날보다 낫게 여기고, 어떤 사람은 모든 날을 다 같게 여긴다"(5절)고 한다. '혹은 절기, 혹은 월삭, 혹은 안식일' (골 2:16)에 대하여 낡은 율법을 그대로 지키는 사람이 있었다. 그들은 날을 경건하게 지키지 않으면 하나님의 뜻을 어긴다고 생각하며 날을 지켰다. 그런데 어떤 사람에게는 모든 날이 동일했다. 그들은 어떤 날에는 특별한 봉사를 해야 한다는 형식주의를 초월하였다. 모든 날에 똑같이 하나님을 섬기는 것이 필요하며, 그것으로 충분하다고 보았다. 이른바 전자는 약한 신자, 후자는 강한 신자였다.

이렇게 강한 신자가 있고, 또 약한 신자가 있었다. 이런 두 종류의 사람이 있는 것은 별로 탓할 바가 없다. 곤란한 것은 둘 사이가 자칫하면 사랑의 일치를 잃는 일이었다. 강한 자는 약한 자를 소심자라 하여 비웃으며 그들이 보는 앞에서 일부러 먹기도 했다. 약한 자는 강한 자를 경건하지 못한 자, 근신하지 않는 자라 하여 행동을 같이하기를 꺼려해서 서로가 등지고 있는 형편이었다. 이 검은 구름은 아마 현재까지는 짙지 않은 것 같다. 그러나 검은 구름이 형성되고 있는 것만은 사실이었다.

그래서 바울은 이렇게 권면한다. "이런 작은 일의 불일치를 문제 삼지 말고 사랑으로 일치하라. 서로 비판하지 말고, 또 얕보지 말며, 사소한 문제니까 서로 양보하고, 그리스도의 사랑으로 하나가 되라." 특히 강한 신자에 대하여 주의를 환기시킨다. 강한 신자에게는 식물이나 날의 문제가 자유롭다. 아무래도 좋은 문제다. 고기는 먹어도 좋다. 그러므로 무슨 이유가 있으면 먹지 않아도 좋고 어떻게 해도 좋다. 그러므로 만일 고기를 먹는 일이 사랑의 길에 어긋나는 경우에는 먹지 말 것이다. "고기도 먹지 아니하고, 포도주도 마시지 아니하고, 무엇이든지 네 형제로 거리끼게 하는 일을 아니함이 아름다우니라"(21절)고 한 것이 바울의 생각이다. 식물 문제는 작은 문제다. 그러나 사랑은 큰 문제다. 작은 문제 때문에 큰 문제를 희생해서는 안 된다. 작은 문제에서 자기 생각을 관철하기 위하여 큰 문제인 사랑의 길을 깨뜨려서는 안 된다. 날은 지켜도 좋고 지키지 않아도 좋다. 먹어도 좋고 먹지 않아도 좋다. 그러나 사랑은 반드시 행해야 한다. 그러므로 사랑의 길에 합치하도록 날을 지키며 또 고기를 금하라는 것이다. "하나님의 나라는 먹는 것과 마시는 것이 아니다. 오직 의와 화평과 성령으로 말미암는 기쁨이다"(17절). 그러므로 음식 문제를 중요한 문제로 여겨 다투지 말라. 이러한 작은 문제는 사랑을 위하여 서로 양보하고, 오직 의와 화평과 기쁨을 실현하도록 애쓰라. 이것이 바울의 권면이다. 사소한 문제 같지만, 그 해결은 결코 작은 문제가 아니다. 그러므로 작은 문제가 큰 문제로 바뀐다.

극장 관람은 어떠하냐는 문제가 있다. 금주, 금연 등의 문제도 있다. 극장 관람이 절대로 나쁘다고 할 수는 없다. 또 소량의 음주, 흡연은 경우에 따라서는 도리어 건강에 좋을지도 모른다. 술, 담배를 죄악이라고 말할 수는 없다. 그러나 술, 담배를 안 하는 형제 앞에서 일부러 술, 담배를 하는 것은 사랑의 길이 아니다. 그렇게 해서 사람을 실족하게 하면, 이것은 명백히 죄악이다. 더구나 신자로서 음주, 흡연을 하는 것은 같은 신자인 청년을 넘어지게 하기가 쉬운 일이며, 또 불신자로 하여금 복음을 오해케 하기가 쉬운 것이다. 모두 사랑의 길에 맞지 않는다. 그러므로 이런 실제 문제는 아무래도 좋지만 사랑의 길에 맞도록 행해야 한다.

전에 삿뽀로 농업학교 교장이었던 윌리엄 S. 클락은 미국에서 일본에 올 때 건강 유지를 위해 네 다스의 진품 브랜디를 가지고 왔었다. 이것은 취하여 즐기기 위한 것이 아니라, 가끔 조금씩 마시어 피로를 회복하고 건강을 유지하기 위함이었다. 그런데 시나카와에서 고다루로 가는 배 안에서 음주가 일본 사람, 특히 일본 청년에게 심한 해독을 끼치는 것을 보고 크게 느끼는 바가 있었다. 그래서 일본을 구출하기 위해 금주의 필요성을 느끼고 삿뽀로에 도착하자마자 당장 그 브랜디를 버림으로써 자신부터 금주의 본을 보이는 동시에, 금주회를 일으켜 금주의 필요성을 역설하였다. 이 일로 인해 금주의 미풍이 일본에 들어와, 이것이 금주 사업의 한 원천이 되었다. 아무래도 좋은 일이므로 사랑의 표준에 비추어 정해야 한다.

믿음이 강한 자는, 작은 문제는 약한 자에게 양보하는 마음씨가 필요하다. 이것이 사랑을 온전히 이루는 길이다. 또 약한 자는 강한 자를 비판해서는 안 된다. 3절에서는 "먹지 못하는 자는 먹는 자를 비판하지 말라"고 말하며, 다음 4절에서도 강하게 훈계하고 있다. 약한 자는 강한 자에게 사랑을 강요해서는 안 된다. 사랑의 부족을 나무라고 더욱 사랑해야 한다고 요구하는 것은 비열한 행위다. 강한 자는 약한 자를 용서하고, 사랑 때문에 그를 업신여기지 말라. 약한 자는 강한 자의 행위에 대하여 사랑이 없다고 비판하지 말라. 이같이 하면, 양자 사이에 차별과 등지는 일이 없어져, 그리스도 안에서 한 형제 자매로서 단란한 사랑을 유지할 수 있다.

신앙의 근본 문제에서는 절대로 양보하지 않았던 바울이 사랑에 대해서는 얼마나 용의주도하고 섬세했는지를 보라. 인생의 실제 문제에 대해 얼마나 그리스도적인 사랑에 뿌리박고 있었는지를 보라. 그의 확신은 바위같이 튼튼하며, 감정은 여성처럼 곱고 자상하였다. 그는 강하게 신적(神的)인 동시에, 또한 강하게 인간미를 풍겼다. 셋째 하늘에 들려 올라가 사람이 못할 말을 들을 만큼 종교적으로 위대했던 그는, 한 사람의 약한 신자에 대해서도 아내가 남편을 생각하는 듯한 애틋한 사랑으로 배려할 만큼 인간적이었다. 많은 신앙의 위인들이 다 그랬다. 이것이 영적 위인의 특징이다. 영적으로 위대한 동시에 인간미가 풍부한 것, 약한 형제를 위하여 자기의 자유를 제한하려는 마음씨, 진실한 신자에겐 이것이 있다. 우리도 바울의 이 마음을 본받아 강하게 종교적인 동시에, 또한 강하게 인간적인 섬세한 사랑의 사람이 되어야 할 것이다.

핵심강해

작은 문제의 해결

로마서는 13장으로써 끝난 것으로 볼 수 있다. 사람은 무엇으로 구원받는가? 믿음으로 구원받는다. 유대인의 다수가 구원받지 못하는 것은 무슨 까닭인가? 만민이 구원받기 위해서다. 기독교 도덕의 근본, 성격, 실천, 격려 등 이러한 모든 문제에 철저한 해결책을 제공했으므로, 바울은 여기서 펜을 놓아도 좋았을 것이다. 13장 14절 다음에 15장 33절의 "평화의 하나님께서 너희 모든 사람과 함께 계시기를 바란다. 아멘"이란 말로 이 서신을 끝맺어도 좋았을 것이다.

그러나 바울에겐 아직 하고 싶은 말이 있었다. 그것은 복음의 일반적 진리를 떠나서, 로마에 있는 신자의 신상에 관한 일이었다. 곧 교리 문제, 도덕 문제, 세계 문제를 떠나서 신자의 일신상에 관한 문제였다. 바울은 이 문제에 대하여 한마디 하지 않고는 이 서신을 끝맺을 수가 없었다.

무엇을 먹을 것인가, 어떻게 성일을 지킬 것인가? 바울 자신의 전도 여행 계획, 로마에 있는 모든 친구에 대한 문안, 신자 상호간의 관계, 그들과 바울의 관계 등의 문제는 개인적이다. 작은 문제다. 세상 사람들은 이방 사람의 사도로서의 사명을 띤 바울은 이러한 문제에 관여할 필요가 없지 않느냐고 생각할지도 모른다. 그러나 그리스도의 마음을 지닌 신자는 그렇게 생각하지 않는다.

그리스도는 신인(神人: God-Man)이었다. 하나님과 사람의 양성을 한 몸에 지닌 분이었다. 그리고 신자 또한 그러하다. 신자는 이 세상을 초월한, 이른바 성인이 아니다. 그에게는 하나님다운 데가 있다. 동시에 사람다운 데가 있다. 그의 최대의 관심은 물론 하늘에 속한 일이다. 그러나 그는 땅에 속한 일을 잊지 않는다. 크리스천은 깊이 하나님답게 되고자 하는 동시에, 또한 깊이 사람답게 되고자 한다. 하늘에 관하여 최대의 흥미를 품는 그는, 땅에 대해서도 가장 열심이 있는 자. 휴머니티는 땅과 사람에 관한 열심이다. 이것을 인간미라고 번역해도 좋다. 하나님다움과 사람다움, 하나님에 관한 일과 사람에 관한 일, 신학과 인문학 등 완전한 사람은 반드시 이 양면이 있다.

로마서는 최대의 신학론이다. 세상에 있었던, 또 앞으로 있을 모든 신학의 모형이다. 그러나 신학뿐만이 아니다. 여기에 인간미가 첨가되어, 차가워지기 쉬운 신학으로 하여금 피가 있고 눈물이 있게 한다. 우리는 1장에서 같은 믿음의 친구에 대한 바울의 심정을 엿보았다. "형제들아, 내가 여러 번 뜻을 세워 너희에게 가려고 하였으나 아직도 오히려 길이 막힌다. 너희가 이 일을 모르기를 내가 원치 않는다"(1:13). 이것은 신학이 아니라, 우정이다. 그리고 1장 17절 이하에서 13장 끝절까지에서 당당한 신학론을 펼친 후에, 바울은 여기서 또 친구를 향한 그의 심정을 토로한다. 그러므로 14장 이하에서 16장까지는 로마서의 인간적인 부분으로서 흥미로운 부분이다. 신학을 본체로 보면 그 부속물에 지나지 않지만, 바울이 어떤 사람인지 크리스천이란 무엇인지를 엿보기 위해서는 꼭 필요한 부분이다.

"어떤 사람은 모든 것을 먹어도 좋다고 믿고, 어떤 사람은 연약하여 채소만 먹었다." "어떤 사람은 이 날을 저 날보다 낫게 여기고, 어떤 사람은 모든 날이 다 같다고 여긴다." 이런 것들은 다 사소한 문제다. 아무래도 좋은 문제다. 그러나 사랑의 입장에서 보면 결코 작은 문제가 아니다. 이것을 해결하는 데는 그리스도로 말미암아 하나님에게서 오는 사랑과 능력과 판단력이 필요하다. 첫째로 알아야 할 것은, 필요한 것과 필요하지 않은 것의 구별이다. 전자를 위해서는 끝까지 싸우라. 그러나 후자에 대해서는 관용하라. 사람이 의롭다 함을 얻는 것은 율법으로 말미암지 않고 믿음으로 말미암는다는 것은 중요한 문제다. 바울은 이것 때문에 베드로를 면책하고, 갈라디아 교회와의 우정 관계를 걸고 그의 주장을 유지하였다. 그러나 "먹고 마시는 것과 절기나 월삭이나 안식일을 인하여 누구든지 너희를 폄론하지 못하게 하라"(골 2:16)고 하여, 소중하지 않은 문제에 대해서는 자유와 관용과 불간섭으로 대했다. 이것은 행해도 좋고 행하지 않아도 좋은 문제다. 생명에 관한 문제가 아니기 때문이다. 각 사람이 자유롭게 선택할 문제다. 바울의 균형감 있는 상식은 이 경우에 잘 나타나 있다.

"아무래도 좋은 문제는 사랑으로 양보하라"는 것은 바울의 제2의 교훈이다. 그는 이렇게 말한다. "나는 주 예수로 말미암아 모든 것이 깨끗하지 않은 것이 없음을 알며 또 믿는다. 그러나 형제 중에 만일 어떤 것을 깨끗하지 않다고 생각하는 자가 있으면 그것은 그 사람에게는 깨끗하지 않은 것이다. 그러므로 내 편에서 일부러 그가 보는 앞에서 그것을 먹는 것은 그로 하여금 근심하게 하는 일이기 때문에 나는 사랑으로 행하려고 그것을 먹지 않는다. 그 또한 주께서 그 피로 구속하신 자이므로, 나는 먹는 것 때문에 그를 멸망케 하지 않으려고 노력한다. 나는 사랑 때문에 내 자유에 제한을 가한다. 이것이 곧 사랑의 길이다"(14-15절). 신자는 괜히 형제의 감정을 해치는 일을 크게 조심해야 한다. 그것은 작은 문제다. 그러므로 그에게 먼저 그것을 포기시키려 하지 말아야 한다. 오히려 내 편에서 자진해서 그의 생각대로 따라가 주어야 한다. 위대한 바울이여! 그에겐 여성같이 섬세한 배려가 있었다. 바위같이 굳센 그에게도 그 틈바구니에 핀 백합화 같은 아름다움과 향기가 있었다.

"하나님의 나라는 먹는 것과 마시는 것이 아니다. 오직 의와 평화와 성령으로 말미암는 기쁨이다"(17절). 하나님의 나라는 육의 일이 아니라, 영의 일이다. 이는 "예수께서 가라사대 너희도 아직까지 깨달음이 없느냐? 입으로 들어가는 모든 것은 배로 들어가서 뒤로 내어버려지는 줄을 알지 못하느냐? 입에서 나오는 모든 것들은 마음에서 나오나니, 이것이야말로 사람을 더럽게 하느니라"(마 15:16-18)고 하신 것과 같다. 무엇을 먹든(로마서의 이 경우에는 한 번 우상에게 바쳤던 고기를 가리키는 것 같다) 무엇을 마시든, 그것은 사람을 더럽게 하지 않는다. 크리스천에게는 이른바 '더러운 것'이 없다. 그러나 마음에서 입을 통해 나오는 것, 곧 악한 생각, 거짓 증거, 비방 등은 사람을 더럽힌다(마 15:19-20). 그러므로 신자는 육의 일로 다투어서는 안 된다. 영의 일이 큰 문제다. 육의 일은 작은 문제다. 작은 문제에 열을 내고 큰 문제를 잊어서는 안 된다.

금주, 금연의 일, 극장 관람을 하는 일, 토요일을 안식일로 지키는 일, 이것은 다 작은 문제다. 신자는 이런 것들 때문에 서로를 비판해서는 안 된다. 사랑으로 이것을 양보하고, 그리스도의 사랑을 나타내는 데 힘써야 한다.

제57강

바울의 전도 방침

15장 14절

　12, 13장에서 일반적인 실천 도덕을 말하고, 14장부터 로마 교회 특유의 문제에 들어간 것은 앞에서도 말했다. 바울은 후자를 위하여 15장 13절까지를 열심히 말했다. 그리고 마지막으로 "희망을 주시는 하나님이, 너희가 성령의 능력으로 그 희망을 넘치게 하기 위하여, 너희의 믿음에서 일어나는 모든 기쁨과 평안을 충만케 하시기를 바란다"는 말로 끝을 맺는다. 로마서의 본문은 여기서 일단 끝났다고 볼 수 있다. 1장 16절에서 15장 13절까지로 교리의 설명 및 실천 도덕의 권고는 끝났다. 그러므로 나머지는 여담 또는 인사다. 이것이 15장 14절 이하다.

　15장 14절부터 이 장의 끝까지는 자기에 관한 설명이다. 일종의 인사다. 그러나 그 가운데는 바울의 전도 방침이 확실히 나타나 있다. 우리는 여기에 유념해야 한다.

　먼저 14, 15절에서는 "내 형제들아, 너희가 선함이 가득하고, 모든 지식이 차서 능히 서로 권하는 자임을 나도 확신한다. 그러나 형제들아, 내가 너희에게 다시 생각나게 하려고 거리낌없이 대충 너희에게 썼다"고 한다. 여기서 볼 수 있는 것은 바울의 큰 겸손이다. 그는 원래 로마의 신자들을 가르칠 만한 충분한 능력이 있고, 그들 역시 그에게서 가르침을 받아야 할 사람들이었다. 그러나 로마 교회는 그가 창설한 교회가 아니었다. 그 중에는 그가 아는 신자도 있었지만, 대부분의 교인은 모르는 사람이었을 것이다. 그래서 적당한 예절과 겸손이 필요했다. 그러므로 "너희는 내게서 배울 필요가 없는 사람들이며, 믿음과 행위가 훌륭하지만, 그래도 아는 일들을 다시 생각나게 하려고 이같이 길게 썼다"고 먼저 말하고 있다. 바울과 같이 여러 면에서 우수한 인물이 겸손에서도 우수했던 것은 유의할 점이다. 겸손할 필요가 없는데도 겸손하다는 데 그의 위대함이 있다. 만일 그에게 이 같은 아름다운 점이 없었다면, 다른 많은 장점도 별로 빛나지 않았을 것이다. 이 미덕이 있기 때문에 다른 모든 장점이 더욱 빛을 발한다. 이것이 그가 영적 위인이었던 특징이다. 그래서 그의 인격에 한층 더 아름다움과 위대함을 더해 준다. 우리는 모름지기 바울의 이 태도를 배워야 한다. 뿐만 아니라, 이같이 남의 감정을 존중하고, 남의 오해를 피하고, 좋은 감정을 일으키게 하기 위하여 세심한 주의를 하는 용이주도함을 보라. 더욱더 그의 위대함을 나타내는 것이 아닌가?

15절 마지막에서는 "이는 하나님께서 내게 주신 은혜로 말미암는 것이다"라고 하였다. 곧 로마 신자를 향하여 복음을 말한 것은 하나님에게서 받은 은혜 때문이었다는 것이다. 이 은혜란 무엇인가? 그에게 주신 이방 전도직이다. 그는 16-19절에서 이것을 설명하고 있다. 그는 하나님의 부르심을 입어 이 큰 임무를 받아서, 그리스도의 일꾼이 되어 오직 이방인의 복음화에 헌신했다. 그리스도의 도움으로 '이방인을 순종케 하기 위하여 표적과 기사의 능력과 성령의 능력을 나타내며, 말씀과 행위로 예루살렘으로부터 두루 다녀 일루리곤에 이르기까지' 복음을 전파하였다. 이것이 이제까지 그가 행한 일이었다. 이 이방 전도는 이후에도 더욱더 열심으로 하려고 하는 일생의 사업이다. 그러므로 로마 신자에게 복음을 가르치는 것도 이 직분에 충실하기 위함이다. 로마 교회가 이방에 있는 교회이므로 그 교회를 향하여 이방의 사도로서 가르치는 것이다.

20절에서 바울은 전도의 방침을 "또 내가 조심하여 남의 터 위에 건축하지 아니하려고, 예수의 이름을 아직 부르지 않는 곳에 복음을 전파하였다"고 말한다. 그는 아직 심령이 열리지 못한 이들에게 전도하였다. 아직 사람들이 도끼를 대지 않은 나무를 찍어 넘어뜨리고, 아직 사람들이 쟁기로 갈지 않은 땅을 갈아엎고 거기에 복음의 씨를 뿌리는 것을 방침으로 삼았다. 그러므로 유대 전도에는 손을 대지 않았고, 이방에 있어서도 다른 사람이 세운 교회에는 가지 않았다. 그는 복음이 전혀 들어가지 않은 곳, 한 명의 신자도 없는 곳을 택하여 거기서 복음을 전했다. '조심하여'는 바른 번역이 아니다. '힘써'라고 번역해야 한다. '야심을 품었다'는 것이 원어의 뜻이다. "남의 터 위에 건축하지 아니하려고, 예수의 이름을 부르지 않는 곳에 복음을 전파하려는 야심을 품었다." 그는 이 일에 야심을 품고, 또 명예로 삼고, 중심으로 기뻐하며 행했다. 여기에 그의 독립 정신이 보인다. 세계를 전도 구역으로 삼는 거룩한 야망의 위대함이 보인다.

심령 미개지는 전 세계에 널려 있었다. 바울은 그것을 개척하느라고 조금의 겨를도 없어서 로마에 가려고 해도 갈 수가 없었다. "그러므로 여러 번 길이 막히어, 내가 너희에게 갈 수 없었다"고 23절에서 말한다. 그는 또 이렇게 말한다. "이제는 이 지방에 전할 곳이 없다. 내가 여러 해 전부터 너희에게 가기를 원하고 있으므로, 스페인으로 가는 길에 저희에게 들리리라. 이는 지나는 길에 너희를 만나 다소 만족을 얻고, 또 너희에게 전송받기를 바라기 때문이다"(23-24절). 그는 소아시아, 그리스 방면에는 이미 복음을 전할 곳이 없었으므로, 마침내 로마로 가기로 했다. 그러나 로마로 가는 것을 목적으로 삼은 것이 아니다. 스페인으로 가는 도중에 로마에 들러 얼마 동안 머무르면서 만족을 얻은 후에 로마를 떠나 스페인으로 가겠다는 것이다. 그는 이런 원대한 세계 전도의 계획을 세우고, 그것을 실현하려고 노력했다.

로마 교회는 바울이 세운 교회가 아니다. 그러므로 그는 이에 대하여 다소 겸손과 예의를 나타냈다. 남의 사업에 관한 일이므로 세심한 주의로 이를 대하며, 다른 사람의 영역 안으로 들어가기를 피했다. 하물며 남의 사업을 자신이 가로채려는 마음은 조금도 없었다. 로마 교회는 문명 세계의 중심에 서 있는 교회다. 이것을 내 것으로 삼는 것은, 마치 높은 산꼭대기에서 산 아래의 들을 굽어보는 것과 같다. 세계 전도를 천직으로 삼은 그가 이 교회를 본거지로 삼았다면, 모든 일이 얼마나 더 편리했겠는가! 그러나 바울은 애써 남의 터 위에 건축하지 않기로 결심했다.

그러므로 매우 조심스럽게 로마 교회를 대했다. 충분한 예절을 갖추었고, 아름다운 겸손이 나타나 있다. 바울의 이런 심정을 알고 로마 신자들은 도리어 바울을 자기네 교회의 감독으로 맞고 싶은 마음을 품었을지도 모른다. 그러나 바울은 남의 터 위에 건축하는 것을 떳떳하지 못한 일로 여겼다. 그가 바라보는 곳은 서쪽 나라 스페인이다. 소아시아와 그리스의 전도를 마친 그는 스페인 전도를 위하여 그 여생을 바치려 하였다. 그러나 로마행은 여러 해 동안의 숙원이었으므로, 스페인으로 가는 도중에 로마에 들러 거기서 얼마 동안 사랑을 나눈 후에, 로마 형제들의 기도의 전송을 받으며 스페인으로 가려고 작정했다.

이것이 바울의 전도 계획이다. 당시의 문명 세계 전체를 한 손 안에 넣고 있는 듯한 기개와 도량의 큼을 보라. 그의 이방 사도직은 전체를 전도 구역으로 가지고 있는 것이었다. 그의 위대함이 도저히 그 이하로서는 만족할 수 없었던 것이다. 그는 이런 방침에 따라 30년의 전도 생애를 보냈다. 그가 그 계획대로 스페인까지 갔는지 못 갔는지는 모른다. 혹은 갈 수 있었는지도 모른다. 혹은 가기 전에 박해를 받아 로마에서 순교했는지도 모른다. 그의 전도 사적을 알려면, 남아 있는 모든 서신과 아울러 사도행전에 의지하는 길밖에 없다. 사도행전은 절반 이상을 바울의 전도 기록으로 채우고 있다. 이것은 성서 중에 가장 흥미 깊은 문서다. 당시의 지리, 인정, 풍속 등을 연구하고, 이러한 배경으로 이 책의 기사를 읽으면 무한한 흥미가 솟는다. 원래 좋은 기행서는 크리스천에게 맑은 즐거움을 준다. 이것은, 요즘 잇달아 나오는 얄팍한 문학서 같은 것을 읽는 것에 비하면 천지 차이다. 리빙스턴의 아프리카 전도 여행기는 그 대표적인 것이다. 그리고 사도행전은 모든 여행기 중에 가장 우수한 여행기다. 우리는 로마서 15장 후반에서 바울의 세계 전도 정신을 배움과 동시에, 구체화된 것으로서 사도행전의 기사를 주목할 만하다.

바울은 세계를 자기 집같이 여기는 전도자였다. 만국 백성에게 복음을 전파하라는 주의 명령에 따라서, 남이 개척한 곳을 피하여 전혀 빛이 비치지 않는 들과 골짜기에 빛을 비추려고 하였다. 이것이 그가 일평생 품었고, 바뀌지 않았던 거룩한 소망이었다. 그러므로 그는 이방 세계의 요지에 씨를 뿌리며 두루 다니고, 마침내 당시 세계의 서쪽에 치우쳐 있는 스페인을 눈여겨 보게 되었던 것이다. 생각건대, 그는 평생 세계 지도를 바라보며 끊임없이 전도에 몰두했을 것이다. 그리고 항상 젊은 희망으로 마음이 뛰었을 것이다. 물론 그는 특별한 의미에서 택함받은 그릇이기 때문에, 누구나 바울과 같이 세계에 전도할 사람이 될 수는 없다. 하지만 그의 정신을 본받을 수는 있다. 남의 터 위에 건축하지 않겠다는 기개, 심령 미개의 땅을 선택하여 그 어둠을 개척하려고 하는 의지, 그것은 배울 수 있다.

왜 손바닥만한 작은 천지에서 서로 당을 짓고, 서로 싸우며, 서로 으르렁거리는가? 왜 눈을 남쪽 바다로 보내 거기 있는 보르네오, 뉴기니아의 영적 미개지를 생각하지 않는가? 왜 북쪽의 무한히 광활한 시베리아를 등한히 하는가? 그 연해주만 해도 얼마나 넓은가? 누군가 야프로노이와 스타노보이 두 산맥의 봉우리에 복음의 깃발을 드높게 휘날릴 자는 없는가? 가까운 이웃 나라인 중국에 눈을 돌리더라도, 우리 나라의 몇 갑절 되는 땅이 누군가가 와서 복음으로 점령해 주기를 기다리고 있다. 영혼의 미개지는 전 세계에 널려 있다. 그 넓이는 헤아릴 수 없을 정도다. 그 중의 일부를 내 구역으로 삼더라도, 일본 전토를 내 것으로 삼는 것보다 천만 배 더 낫다. 이런 소망으로 불타는 자는 없는가? 하나님은 그런 용감한 종을 부르신다.

그런데 오늘의 일본 사람이 생각하는 것은 무엇인가? 그 바라는 바는 무엇인가? 그 최대의 문제는 물질 문제, 경제 문제다. 가장 바라는 바는 자기 수입을 다소 늘리는 일이다. 또는 자기 중심의 하찮은 연애 문제다.

가장 즐겨 읽는 것은 퇴폐적인 애욕을 소재로 한 저속한 소설 따위다. 자신의 작은 이해가 현대의 일본인을 지배하고 있는 전부다. 참으로 따라지의 집합체, 이것이 우리 민족의 현상이 아닌가? 크리스천까지도 이 악풍에 물들어, 대개는 단지 자신의 작은 위안을 위해서만 복음을 믿고 있음은 참으로 통탄할 노릇이다. 이런 자기 위주의 신앙은 결코 진정한 신앙이 아니다. 자기를 잊는 신앙이야말로 진정한 신앙이다. 자기를 잊고 세계를 생각할 것을, 우리는 오늘의 일본 기독교도들에게 권하고 싶다. 광활한 세계에는 아직 복음의 빛을 보지 못한 백성이 무수하게 존재하고 있다. 복음의 빛을 받지 못하는 땅이 몇천만 마일인지 모르게 존재하고 있다. 늘 이 일을 잊어서는 안 된다. 물론 세계 전도의 사명을 받지 못하고서는 세계 전도의 길에 오를 수 없다. 그러므로 전도자는 특별한 사람에 국한된다. 다만 모든 신자에게 요구되는 것은 자기 위안을 주로 하는 신앙을 버리고 세계를 생각하는 신앙을 갖는 일이다. 이리하여, 일신의 이해득실을 잊고 내 신앙 생활을 향상시켜 그 내용을 풍부히 해야겠다는 마음을 가져야 한다.

그러므로 바울의 전도 계획을 배우고, 그 전도 방침을 탐구하는 것은 단순한 역사 연구가 아니다. 이것은 자신이 각성하기 위한 연구다. 우리는 그를 본받도록 힘써야 한다.

핵심강해

바울의 전도 방침

형제들아, 나는 여기에 장황하게 복음의 진리와 그 응용에 대하여 여러분에게 써 보낸다. 그러나 이것은 결코 여러분에게 사랑과 지식이 부족하다고 생각했기 때문이 아니다. 나는 여러분이 자애가 가득하고, 모든 지식이 충만하여, 능히 서로를 권할 수 있음을 잘 알고 있다(14절). 그러나 나는 여러분에게 여러분이 이미 잘 알고 있는 것을 다시 생각나게 하려고, 이것저것 거리낌없이 써 보낸다. 이렇게 하는 것은 하나님께서 내게 주신 은혜로 말미암은 것이다(15절). 은혜란 다른 것이 아니다. 내가 이방인을 위하여 예수 그리스도의 일꾼이 되어, 하나님의 복음으로 제사장 직무를 맡아, 이방인으로 하여금 성령으로 깨끗함을 받아 하나님의 뜻에 합당한 제물로서 드리기 위하여 택함을 입었다는, 그 은혜를 말한다(16절).

그러므로 나는 다른 일에 대해서는 자랑할 수 없지만, 하나님의 일에 관해서는 예수 그리스도로 말미암아 자랑할 수 있다고 믿는다(17절). 곧 그리스도가 이방인들로 하여금 자신에게 복종케 하기 위하여 나를 통하여 역사하신 일, 말과 행동과 표적과 기사의 능력과 성령의 능력으로 나를 통하여 역사하신 일, 그리하여 예루살렘으로부터 일루리곤에 이르기까지 나로 하여금 두루 다니며 복음을 전하게 하신 일, 이런 일들 이외에 나는 아무것도 말하지 않겠다(18-19절). 그 밖에 내게는 또 하나의 야심이 있다(*philotimeomai*). 그것은 내가 남의 터 위에 건축하지 않겠다는 것이다. 나는 그리스도의 이름을 아직 부르지 않는 곳에 복음을 전파하는 것을 나의 방침으로 삼았다(20절). 곧 이사야서 52장 15절에서 말한 대로다.

주의 소식을 받지 못한 자들이 볼 것이요, 듣지 못한 자들이 깨달으리라.

이러한 형편이어서, 나는 여러 번 길이 막혀 여러분에게 갈 수 없었다(22절). 그런데 이제는 이 지방에 복음을 전할 곳이 없고, 또 나는 여러 해 전부터 여러분에게 가기를 원하고 있으므로(23절), 언제든지 내가 스페인으로 갈 때 여러분에게 들를 것이다. 나는 그리로 가는 도중에 여러분을 만나려 한다. 그리하여 내 마음에 다소 만족을 얻은 후에, 여러분의 전송을 받아 그리로 가려 한다(24절). 그러나 나는 이제 성도를 섬기는 일로 예루살렘으로 가려 한다(25절). 왜냐하면, 마게도냐와 아가야 사람들이 예루살렘에 있는 성도 중 가난한 사람을 위하여 기꺼이 얼마를 동정하였기 때문이다(26절). 참으로 그들은 기쁘게 이 일을 하였다. 그들은 저들에게 빚을 지고 있다. 그것은, 만일 이방 사람인 그들이 유대인인 저들에게서 영에 속한 것을 받았다면, 그들은 육에 속한 것으로 저들을 섬길 의무가 있기 때문이다(27절). 그러므로 나는 이 일을 성취하여, 이 열매를 저들에게 넘겨준 후에 여러분에게 가고, 또 여러분의 전송을 받아 스페인으로 갈 것이다(28). 그리고 내가 여러분에게 갈 때는 그리스도의 은혜로 충만하여 갈 줄 안다(29절).

이러한 형편이므로 형제들아, 나는 예수 그리스도로 말미암아, 또 성령의 사랑으로 말미암아, 여러분이 나를 위하여 힘을 다하여 나와 함께 하나님께 기도하기를 바란다(30절). 평강의 하나님이 여러분과 함께 계시기를 바란다. 아멘(33절).

이상으로써 로마 교회에 대한 바울의 태도가 분명해졌다. 로마 교회는 바울이 세운 교회가 아니다. 그러므로 그는 조심스럽게 그 교회를 대하였다. 그는 갈라디아 교회에 대하여 "어리석은 갈라디아 사람들아"라고 한 것같이, 또 빌립보 교회에 대하여 "내 사랑하는 곳, 사모하는 형제, 나의 기쁨, 나의 면류관인 내 사랑하는 자들아"라고 한 것같이 로마 교회를 대하지 않았다. 자신이 세운 교회가 아니었으므로 말로 조심하고 예절을 지켰다. 이렇게 하는 것이 당연하다. "사랑은 무례를 행치 않는다"고 했다. 남의 자식을 자기 자식처럼 다루어서는 안 된다. 이것을 '교직의 예'라고 한다. 이 예의가 지켜지는 곳에서만 전도가 성공한다.

예루살렘으로부터 일루리곤까지는 먼 거리다. 직경으로 1,400마일(약 22,250킬로미터)이다. 바울은 세 차례의 전도 여행에서 적어도 이것의 4배가 되는 거리를 통과했을 것이다. 그 사이에는 몇몇 큰 도시가 있었다. 길리기아에서 아나트리아 고원으로 가는 데 유명한 '길리기리아문'의 오솔길이 있었다. 흑해에서 아드리아 바다까지에는 바르칸 반도를 횡단하는 이그나티아의 국도가 있었다. 그 사이에는 많은 인종이 살고, 많은 언어가 사용되었다. 일찍이 아돌프 다이즈만은 바울 연구를 위하여 그의 발자취를 따라 여행하다가 큰 어려움을 당한 적이 있었다. 기차, 선박의 편의가 없었던 로마 제국 시대의 어려움을 헤아릴 만하다. 고린도후서 11장 25, 26절을 보라.

바울은 겸손과 순종이 몸에 밴 그리스도의 종이다. 그러나 그에게도 하나의 야심이 있었다. 20절에 '내가 조심하여'라고 한 것은 약한 역어이다. 영역에는 So Have I Strived(내가 힘써)라 하고, 난외에 being ambitious(내가 야심으로 품는)라고 쓰여 있다. 희랍 어 *philotimeomai* 의 원뜻은 '내가 명예를 좋아한다' 이다. 그러므로 바울은 여기서 '내게 야심이 있다' 고 말했다고 해석해도 된다. 그 야심이 무엇이냐면, "나는 남의 터 위에 건축하지 않는다" 는 것이었다. 바울은 사랑의 사람인 동시에 이름을 중히 여기고 부끄럼을 아는 사람이었다. 그는 고린도 사람에게 써보낸 글에서 "내가 차라리 죽을지언정, 누구든지 내 자랑하는 것(명예)을 헛된 데로 돌리지 못하게 하리라"(고전 9:5)고 하였다. 그는 야비한 일은 할 수 없었다. 바울은 다른 사람의 공을 빼앗지 않았다. "베드로에게 능력을 주시어 할례 받은 자의 사도가 되게 하신 이가, 또한 내게도 능력을 주시어 이방 사람의 사도가 되게 하셨다"고 말한 대로, 그는 처음부터 자신의 전도 영역을 정하였다. 이 규정을 굳게 지켜서 그는 결코 다른 사도들의 영역을 넘보지 않았다. 베드로는 유대와 그 부근, 도마는 아마도 동방의 인도, 그리고 그 밖의 사도들도 각각 전도 구역이 배당되어 있었을 것이다. 바울이 맡은 곳은 당시 세계에서 가장 문명이 발달한 곳이었다. 이른바 '이방' 이었다. 그리스 문화가 보급된 나라들이었다. 아가야, 마게도냐, 이탈리아, 스페인, 지중해의 북쪽 해안 일대였다. 이 넓은 지역에 복음을 전파하는 일과 아울러 남의 터 위에 건축하지 않는 일이 그의 전도 방침이요, 크리스천으로서의 욕망 곧 야심이었다.

그는 로마에 가려 한다. 그러나 오래 머물러 있지는 않을 것이다. 스페인으로 가는 도중에 그곳을 방문하려 한다. 로마는 이방의 수도다. 따라서 바울의 전도 영역에 속한다. 그러나 로마 교회의 토대는 다른 사람이 닦아 놓았다. 그러므로 터치하려 하지 않는다. 그는 이것을 존중하고 사랑한다. 이것을 가르치기 위하여 긴 서신을 써 보낸다. 그러나 그 교회를 자기의 교회로 간주하지는 않는다. 남의 권리를 존중하며, 그 사업을 존중한다. 그는 제국의 수도는 전도를 먼저 시작한 사람들에게 양보하고, 자신은 세계의 서쪽 끝인 스페인으로 가서, 거기서 십자가의 복음을 전파하려 하였다. 위대하고, 점잖고, 사내다운 바울이여!

제58강

바울의 동역자들

16장 1-24절

바울은 자신의 전도 계획을 설명하고 15장을 끝맺었다. 그리고 마지막에 "평강의 하나님이 너희 모든 사람과 함께 계시기를 바란다. 아멘"이라고 하여 마치 이 서신을 맺는 듯한 말을 했다. 그는 이때 펜을 놓으려고 했는지도 모른다. 그러나 이 서신의 지참자인 뵈뵈를 로마 신자에게 한마디 소개할 필요를 느끼고 16장 1, 3절을 썼다. 그리고 다시 로마에 있는 그의 친구들을 생각하고 그 이름을 열서하여 "문안하라"는 안부를 16장까지 하고 있다.

히브리 사람의 인사말은 "샬롬 아레켐"인데, 이는 하나님의 평안이 네게 있으라는 뜻이다. 그는 로마 신자 중에서 아는 사람 이름을 떠올리고, 일일이 "안부 잘 전해 주시오"라고 온 회중을 향하여 요청했다. 물론 여기에 열거된 사람들도 이 서신을 읽는 사람 중에 끼여 있었으므로 구태여 이렇게 말할 필요가 없을 것 같지만, 그는 이렇게 말하여 온 회중이 이 사람들에게 유의해 주기를 바랐을 것이다. 어쨌든 이 부분은 사람 이름의 연속이어서 별로 연구할 필요가 있다고 생각되지는 않는다. 사람들은 역사적으로는 다소 의미가 있겠지만, 신앙적으로는 별로 연구할 필요가 없다고 말할 것이다. 그러나 이것은 천박한 견해다. 경건한 마음으로 이것을 연구하라. 말 속의 깊은 뜻을 찾아내라. 그렇게 하면 이 부분 역시 확실히 하나님의 말씀 중 일부이며, 사람의 신앙을 돕는 말임을 깨닫게 될 것이다. 건성으로 읽으면, 마치 사막을 걷는 것 같은 느낌일 것이다. 그러나 사막도 결코 무가치한 것이 아니다. 거기에 있는 약간의 화초와 곤충 따위는 박물학자에게 무한한 흥미를 자아낸다. 성서 연구에서 필요한 것은 경건한 마음과 깊이 탐구하는 정신이다.

바울은 먼저 '겐그리아 교회의 일꾼으로 있는' 뵈뵈를 '우리 자매'라고 그들에게 소개하였다. 그리고 "너희가 주 안에서 성도들의 합당한 예절로 그를 영접하고 무엇이든지 그에게 소용되는 바를 도와주라"고 권한 다음에 뵈뵈의 사람됨을 간결한 말로 나타내어, "그녀는 원래 많은 사람을 돕고, 또한 나도 돕는다"고 말하였다. 불과 2절이긴 하지만, 참으로 빈틈없는 소개의 말이다.

다음으로 그는 로마에 있는 사람들을 문안하려고 그 이름을 열거하면서 첫째로 브리스가와 아굴라를 들었다. 브리스가는 아내, 아굴라는 남편이다. 이 부부에 관해서는 사도행전 18장에 자세하게 나온다. 그들은 원래 로마 사람이었는데, 한때 고린도에 살았다. 이때 바울과 직업을 같이 하고 — 그들은 천막공이었다 — 또 복음을 위하여 함께 수고했다. 또 바울과 함께 에베소에 가서 같은 일을 하였다. 그 후 이 부부는 로마로 돌아간 듯하다. 바울은 몇 사람에게 인사를 할 때, 누구보다 먼저 이 두 사람을 들었다. 그들은 그만한 대우를 받을 만한 사람들이었다. "그들은 예수 그리스도 안에서 나와 함께 일한 자다. 또 내 목숨을 위하여 자기의 목을 검 아래 내놓았다. 다만 나뿐 아니라, 이방인의 교회도 그들에게 감사하였다"고 말한다. 짧은 말 속에 풍부한 내용이 담겨 있다. 바울은 그들과 함께 고생하던 세월을 상기하고, 온갖 감회가 새로움을 느꼈을 것이다. 그들에 대하여 품고 있는 감사의 마음이 저절로 이 아름다운 칭찬의 말로 나타났을 것이다.

다음에는 에배네도이다. "그는 아시아에서 그리스도의 처음 익은 열매다"라고 한다. 아시아는 소아시아에 있는 한 주(州)의 이름이고, 에베소는 그 수도다. 에배네도는 아마 바울의 에베소 전도 당시에 최초로 회개한 사람일 것이다. 이 한 가지 사실 가운데 에배네도의 인물과 신앙이 잘 보인다. 바울은 그의 명예를 위하여, 이 일을 특히 로마 신도들에게 전했을 것이다.

다음에는 "우리를 위하여 많이 수고한 마리아에게 문안하라"고 한다. 이 여자에 대해서 자세히는 모르지만, 이 단 한마디로써 그녀가 신앙의 전사였음을 알 수 있다. 다음에는 안드로니고와 유니아를 든다. 이 두 사람은 바울과 함께 얼마 동안 옥에 갇힌 적이 있으며, 사람들 사이에서 유명했고, 또 바울보다 먼저 회개한 사람이라고 바울은 말하고 있다. 이 몇 마디로써 그들이 어떤 인물이었는지를 알 수 있다. 계속하여 암블리아 이하 십수 명을 드는데, 될 수 있는 대로 그 사람들의 특징에 대하여 한 마디씩 한다. '그리스도 안에서 우리와 함께 일하는 우르바노', '그리스도 안에서 인정함을 받은 아벨레', "그들은 주 안에서 수고한 여인이다"라고 하여, 모두가 한마디로써 그 사람의 특징을 말하고 있다.

이렇게 로마의 신도가 그 중의 주요한 사람들에게 경의를 표할 것을 권고한 다음에, 바울은 16절에서 일단 이 인사를 마치려고 "너희가 거룩한 입맞춤으로 서로 문안하라. 그리스도의 모든 교회가 다 너희에게 문안하였다"고 한다. 전반은 로마 신도간의 사랑과 경의의 교환을 권한 것이고, 후자는 다른 교회로부터의 전언을 한데 묶어서 전한 것이다.

이상의 인사말은 로마에 있는 바울의 동역자들에 대한 것이다. 그에겐 이런 좋은 친구가 로마에 있었다. 대개 사람은 아무런 목적 없이는, 아무리 혼자 앉아서 궁리에 골똘하더라도 결코 큰 사상을 품을 수가 없다. 큰 사상은 남을 도우려고 사랑에 불탈 때 저절로 솟아난다. 로마서의 내용이 기독교적 구원의 완전한 설명임은 말할 것도 없지만, 이것을 하나의 우주관, 인생관 등으로 보더라도 위대하고 심오하고 장엄한 큰 사상이다. 무엇이 이런 큰 사상을 낳았겠는가? 몇 가지 답이 있겠지만, 로마 신도에 대한 바울의 사랑이 없이는 이것이 나오지 못했을 것이 명백하다. 그러므로 우리는 로마서를 낳은 원인의 하나로서 바울의 몇몇 친구의 이름을 본다. 브리스가와 아굴라를 비롯하여, 여기에 적혀 있는 20여 명의 사람들을 위로하고, 격려하고, 가르치고자 하는 사랑의 욕구가 마침내 로마서가 된 것이다.

칼라일의 크롬웰전은 세상에 나온 전기 중에서 가장 우수한 것이다. 그는 크롬웰의 서신과 연설을 될 수 있는 대로 많이 수집하여 거기에 설명을 보태 독자의 이해를 돕고, 이것을 출판했다. 그러므로 책 이름을 「크롬웰전」이라 하지 않고, 「크롬웰의 서신 및 연설」이라 했다. 만일 그가 자기의 펜으로 크롬웰의 생애를 묘사했다면, 독자는 칼라일을 통하여 크롬웰을 아는 것이 되어, 그 지식은 간접적인 것이 된다. 그러나 만일 크롬웰의 서간과 연설을 그대로 독자에게 전하면, 독자들은 직접 크롬웰의 모습을 접할 수가 있어, 그 지식은 직접적이며 또 참신할 수 있다. 칼라일은 이렇게 생각했기 때문에, 일부러 자기를 감추고 크롬웰만을 사람들 앞에 제시했다. 그의 크롬웰전은 이래서 소중하다. 사람의 편지처럼 그 사람을 잘 나타내는 것도 없다. 로마서는 위대한 사상의 발표이지만, 그 마지막의 인명록을 보고 이것이 하나의 서신으로 보내진 것이며, 이 책이 단순한 논문이 아니라 산 사람이 산 사람에게 보낸 하나의 산 소식임을 알게 된다. 이 인명록은 로마서의 가치와 성격을 잘 나타낸다.

이 인명록 중 1/3이 여성인 것은 특히 우리의 주의를 끈다. 첫째는 이 서신의 지참인인 뵈뵈, 둘째는 브리스가, 셋째는 마리아로서 이 세 사람에 대해서는 앞에서 말했다. 그 중에서도 브리스가는 바울과 남편인 아굴라와 함께 주를 위하여 십자가를 진 여인이며, 또 그 이름이 남편보다 먼저 적혀 있는 것을 보면(행 18:18, 26, 딤후 4:9에서도 같다) 그녀의 신앙심은 정평이 나 있었던 것 같다. 그리고 넷째로 바울이 든 여성은 드루배나와 드루보사다. "그들은 주 안에서 수고한 여자다"라고 한다. 이 두 사람(아마 한 가족인 듯)은 복음을 위하여 힘쓴 여성들이었다. 다섯째로는 "사랑하는 버시에게 문안하라. 그는 주 안에서 많이 수고한 여자다"라고 하여, 그녀가 기꺼이 십자가를 지고 있는 사람임을 나타내 준다. 다음에는 루포의 어머니를 들어, "곧 내 어머니다"라고 간단히 한마디 한다. 이로써 그녀가 고귀한 노파였음을 짐작할 수 있다. 15절의 율리아는 여성이며, 그 밖에 '네레오와 그 자매'란 말이 나온다. 이같이 초대 교회에는 여성이 많았다. 더구나 우수하고 복음을 위하여 애쓴 여성들이 많았다.

그리스도가 세상에 계실 때도 제자 중에 몇몇 여인이 있어 중요한 구실을 했다. 어떤 의미에서는 여자가 남자보다 나았던 것이 사복음서에 기록되어 있다. 그리고 여기에 기록된 대로 사도 시대에도 여성 가운데 좋은 신자가 많았다. 그들은 남자 못지않게 훌륭한 일을 하였다. 이리하여 여성은 기독교 세계에서 실질적으로 두각을 나타내고, 그 지위를 높였다. 원래 그리스, 로마의 문명은 결코 여성을 존중하는 것이 아니었다. 그 사회에서는 남존여비의 풍습이 강했다. 당시에 철인, 현자의 저서를 보아도 그 여성관은 일반의 그것과 비슷했다. 이러한 시대와 사회에서 복음은 새롭게 여성의 가치를 나타내고, 여성의 지위를 높였기 때문에 매우 독창적이었다. 이것이 복음의 혁명적 성질의 한 표현이다. 바울은 고린도전서에서 "여자의 머리는 남자다"(11:3)라는 남주여종주의(남존여비가 아니다)를 주장하면서도, "그러나 주 안에서 남자 없이 여자만 있지 않고, 여자 없이 남자만 있지 않다"(같은 11:11)라는 평등관을 말하고 있다. 또 여기서는 인명록 중 몇 사람의 여성을 들어 그들을 칭찬하고 있다. 이것은 당시의 대 철학자인 세네카나 시세로도 도저히 할 수 없는 일로서, 바울이 혁명적임을 잘 말해 주는 동시에, 그를 이렇게 혁명적으로 만든 복음이 혁명적 세력임을 알 수 있다.

다음에 주의할 것은, 여기에 기록된 사람들이 다 신앙의 용사라는 것이다. 혹은 부자도 고관도 있었을 것이다. 혹은 가난한 사람도 하층 사회의 사람도 있었을 것이다. 혹은 노예도 있었을 것이다. 그들이 다 사랑과 믿음으로 일치하여, 여기서 하나의 아름다운 영적 집단을 이룩했다. 여기에 기록된 27명은 바울이 아는 로마 신자로서 모두 좋은 신앙의 소유자인 것을 보면, 그가 모르는 로마 신자 중에도 좋은 신자가 적지 않았을 것은 물론이다. 이로써 초대 교회의 영적 풍성을 엿볼 수 있다.

또 유의할 것은, 5절 전반의 "그 집에 있는 교회에도 문안하라"는 말이다. 교회라지만 오늘의 교회와는 다르다. 이것은 원어로 에클레시아이며, 하나의 단체를 이루고 있는 신도 전체를 뜻한다. 이 경우에는 브리스가와 아굴라의 집에서 몇몇 신자가 모이는 집회의 사람들을 가리킨다. 오늘의 교회라고 하는 조직은 기원 2세기까지는 없었다. 교회는 사랑으로 맺어진 형제적 단체였다. 로마 교회도 특별히 당당한 회당을 가지고 있었던 것이 아니다. 신자의 집에서 모임을 갖고 있었을 뿐이다. 브리스가의 집에 있는 교회도 그 하나였으며, 다른 데도 이와 비슷한 것이 있었을 것이다(14-15절 참조). 간소하고 단순하여 따로 교역자가 없고, 교권이나 교회 정치 등 이 세상의 정치 조직을 흉내낸 것이 없고, 자유롭고, 즐거운 교회였다. 이런 것이 교회라면 우리도 얼마든지 기꺼이 받아들이겠다. 이것을 우리의 영적 가정으로 영접하겠다. 그렇다, 이것만이 진정한 교회다. 기독교가 활발하게 살아 있던 초대 교회 시절에는 교회란 다 이런 것이었다. 그 후 영적으로 잃은 것을 육적으로 메우기 위하여, 현재와 같은 교회란 것이 생겨났다.

여기서 15장 25절 이하를 유의해야 한다. 24절까지에서 바울은 스페인으로 갈 계획이 있다고 말하였다. 그러나 25절부터는 갑자기 어조가 바뀐다. "그러나 이제는 내가 성도를 섬기는 일로 예루살렘으로 가려 한다. 이는 마게도냐와 아가야 사람들이 예루살렘의 가난한 성도를 위하여 기쁘게 동정하였기 때문이다……그러므로 내가 이 일을 마치고, 이 열매를 그들에게 넘겨준 후에, 너희를 거쳐 스페인으로 갈 것이다"라고 전에 약속한 대로, 그는 예루살렘의 가난한 신도를 돕기 위해 이방에서 모금을 하였다. 그리고 로마로 가기 전에 예루살렘으로 가서 그 돈을 넘겨주려고 하였다. 또 그것을 실행하였다. 그는 고린도에서 로마서를 쓴 후에, 형제들과 함께 예루살렘으로 갔다. 예루살렘은 바울을 배척하는 분위기가 짙었다. 그곳의 완고한 유대교 신도들은 그를 원수같이 여겼다. 그러므로 그가 예루살렘으로 가는 것은 불 속으로 뛰어드는 나방과 같은 것이었다. 따라서 형제 자매들은 그 길을 막으려고 정성어린 충고를 하였다. 그러나 그는 예루살렘으로 갔다. 그리고 목숨을 걸고 이 사랑의 임무를 실천했다. 만일 요행히 예루살렘에서 목숨을 보전할 수 있다면, 다시 서쪽으로 길을 잡아 로마로 가고, 로마에서 또 스페인으로 가려고 마음 먹었다. 과연 그는 예루살렘에서 생명의 위기를 만났다. 그러나 하나님은 죽음 가운데서 그의 목숨을 건져 주셨다. 바울의 로마행은 헛되지 않았다. 그는 뜻밖에 죄수로서 로마에 갔다. 하나님은 이런 식으로 바울의 로마행에 대한 간절한 소망을 이루어 주셨다. 하나님을 찬송하자!(이 일에 대해서는 행 20장 이하를 참고하라).

 때는 주후 59년의 봄이었다고 역사가는 말한다. 바울은 죄수의 몸이면서도 봄과 같은 희망으로 빛나, 이탈리아 반도와 시실리 섬 사이를 북상하여 반도의 서해안에 있는 항구 보디올에 상륙했다. 그리고 거기서 육로로 로마에 올라가 그곳의 형제들과 대면하였다. 그때 브리스가와 아굴라 이하 수십 명(또는 수백 명)의 형제 자매들의 기쁨은 얼마나 컸겠는가! 또 여러 해 동안 그리워했던 수도 로마를 바라보는 대 사도의 기쁨은 얼마나 컸겠는가! 이곳에서 수년을 지내는 동안, 이 대 사도와 신자들의 사귐은 얼마나 아름다웠을까! 형제 자매가 서로 다투는 오늘날의 교회와 비교할 때, 이는 너무나 차이가 있지 않은가.

핵심강해

바울의 동역자들

나는 여러분에게 우리의 뵈뵈 자매를 추천한다. 그녀는 겐그리아 교회의 여집사다. 나는 여러분이 성도로서의 합당한 예절로 주 안에서 그녀를 영접하고, 그녀가 여러분에게 요구하는 대로 무엇이든지 그녀를 도와주라고 권한다. 그녀 자신도 오늘날까지 많은 사람을 돕고, 나 자신 또한 그녀의 도움을 받았기 때문이다(1-2절).

그리스도 예수 안에서 나와 함께 일하는 동역자인 브리스가와 아굴라에게 안부를 전해 달라. 그들은 내 목숨을 위하여 그 목을 검 아래 내놓았다. 그 때문에 나뿐만 아니라 이방 사람의 모든 교회가 그들에게 감사한다. 또 그들의 집에 있는 교회에도 안부를 전해 달라(3-5절).

사랑하는 에배네도에게 안부를 전해 달라. 그는 아시아가 그리스도에게 바친 처음 열매다(5절).

우리를 위하여 많이 수고한 마리아에게 안부를 전해 달라(6절).

내 친척이며, 나와 함께 죄수가 되었던 안드로니고와 유니아에게 안부를 전해 달라. 그들은 사도들 사이에 명성이 알려진 자다. 또 그들은 나보다 먼저 그리스도를 믿은 자다(7절).

주 안에서 내가 사랑하는 암블리아에게 안부를 전해 달라(8절).

그리스도 안에서 나와 함께 일하는 우르바노와 내가 사랑하는 스다구에게 안부를 전해 달라(9절).

그리스도 안에서 연단받은 아벨레에게 안부를 전해 달라(10절).

아리스도불로의 집 식구들에게 안부를 전해 달라(11절).

나의 친척인 헤로디온에게 안부를 전해 달라(11절).

나깃수의 집 식구들 중 그리스도 안에 있는 자들에게 안부를 전해 달라(12절).

주 안에서 수고한 드루배나와 드루보사에게 안부를 전해 달라. 그들은 주 안에서 수고한 여인이다(12절).

사랑받는 버시에게 안부를 전해 달라. 그녀는 주 안에서 많이 수고하는 자다(12절).

주 안에서 택하심을 입은 루포와 그 어머니에게 안부를 전해 달라. 그의 어머니는 나의 어머니다(13절).

아순그리도와 블레곤과 허메와 바드로바와 허마와 또 그들과 함께 있는 형제들에게 안부를 전해 달라(14절).

빌롤로고와 율리아와 네레오와 그 자매와 올름바와 또 그들과 함께 있는 모든 성도들에게 안부를 전해 달라(14절).

여러분이 거룩한 입맞춤으로 서로 문안하기를 바란다. 그리스도의 모든 교회가 여러분에게 문안한다(16절).

16장의 약주

이상은 로마에 있는 바울의 동역자 인명록 또는 로마 교회의 제직자 명단이라고 볼 수 있다. 또 여기서 연역해서 로마 교회의 조직 체계를 엿볼 수도 있다. 고유 명사는 확실한 사실을 말한다. 로마서는 산 사람이 산 사람들에게 써 보낸 서신이다.

여기서 유의할 것은 여성들의 이름이 비교적 많다는 사실이다. 모두 27명의 이름이 있는데, 그 중 9명이 여성이다. 로마서를 로마에 가지고 간 사람은 고린도 시의 항구 겐그리아의 여집사인 뵈뵈였다. 바울에게서 가장 먼저 소개를 받은 자가 천막 제조업자인 아굴라의 아내 브리스가였다. 그 밖에 드루배나와 드루보사(그들은 아마 친 자매였을 것이다. 혹은 골육보다도 더 친한 친구였는지도 모른다)……주의 사랑을 받는 버시, 특히 바울이 '내 어머니'라고 한 루포의 어머니가 있었다. 기독교는 처음부터 여성을 맞아들이고 그들을 높이고 존중한 종교다. 남존여비 시대인 당시로서는 매우 돋보이는 일이었다. 그리고 여성은 초대 교회에서 단지 귀하게만 여겨졌던 것이 아니다. 그들은 남자 못지않게 열심히 일을 했다. 브리스가는 남편과 함께 한때는 바울을 위하여 그 목을 단두대 위에 내놓으려 하기까지 했다. '우리를 위하여 많은 수고를 한 마리아'라 하여, 마리아 또한 바울 일행을 위해 위험을 무릅쓰고 봉사했다.

27명 모두가 신앙의 용사들이었다. 그 중에 학자가 있었는지 모르지만, 바울은 그것을 적지 않는다. 고위 고관은 없었던 것 같다. 아리스도불로의 집 식구나 또 나깃수의 집 식구라 하여 두 사람 다 부자인 것 같지만, 그들 자신이 신자였던 것이 아니라, 그들의 집 식구(딸려 있는 사람이나 노예) 중에 신자가 있었던 것 같다. 기독교회는 신자의 단체다. 그 안에서 귀히 여기는 것은 학문이나 지위가 아니라 신앙이다. 또한 '그리스도 안에서 연단받은 아벨레'라 한다. 신앙의 시련을 거쳐 합격한 자다. 영어에서는 이른바 approved in Christ다. 그리스도 안에서 그 신앙이 시련을 받아(많은 환난과 박해로) 그만하면 됐다고 인정받은 자다. 신앙의 베테랑이다. 여러 번 안팎의 악마와 싸워 그것을 이겨내는 비법을 아는 사람이다. '그리스도 안에서 연단받은 아벨레', 이러한 사람이 바울의 친구이며 로마 교회의 기초석이었다. 신학과 철학과 희랍 어와 히브리 어의 지식이 있더라도, 단련된 신앙이 없으면 신자의 신뢰를 받기가 어렵다.

로마 교회라 한다. 로마 교회란 어떤 특별한 회당을 가진 단체였을까? 그렇지 않다. "브리스가와 아굴라의 집에 있는 교회에 문안하라" 하여, 천막 제조업자의 집이 로마 교회가 있었던 곳 혹은 그 하나였음을 알 수 있다. 초대 교회가 각처의 독실한 신자의 집에 있었던 것은 의심할 여지가 없다. 사도행전 12장 12절, 골로새서 4장 15절, 빌레몬서 2절 등이 그것을 증명한다. 그렇다고 해서 우리는 교회당이 필요없다는 것은 아니다. 다만 교회당은 없어도 신앙만 있으면, 교회는 있을 수 있다고 믿는다. "두세 사람이 내 이름으로 모이는 곳에, 나도 거기에 있으리라"고 예수는 말씀하셨다. 내가 아는 가장 좋은 교회는 신자의 집에 있는 교회다. 우리는 신앙으로 우리 각자의 집을 교회로 할 수가 있다. 왜 교회를 시작하지 않는가?

지금부터 거의 10년 전에 나는 이 일에 대하여 다음과 같이 말한 적이 있다.

로마 제국의 수도이며 인구 4백만이 넘는다고 하는 로마 시에서, 기독교회는 한 사람의 천막 제조업자의 집에 있었다. 보통 집이었다. 높은 강단도 없고 목사의 사택도 없었다. 그러나 교회는 있었다. 거기서 바울의 친구인 브리스가와 아굴라는 안식일마다 형제 자매를 초대하고, 그리스도 안에서 단련된 아벨레도 그곳으로 왔다. 루포는 늙은 어머니의 손을 잡고 참석했으며, 빌롤로고는 그 아내 율리아와 함께, 네레오는 그 자매와 함께, 드루배나와 드루보사의 자매는 함께 손을 잡고, 아리스도불로의 남종, 여종과 나깃수의 노예는 아무 거리낌없이 명가의 신사, 숙녀와 함께 한 방에 모였다. 그리스도는 그들 가운데 계셨다. 브리스가와 아굴라의 집은 땅 위의 하늘나라가 되었다.

모든 면에서 위대했던 바울은 우정 면에서도 위대했다. 그는 사람의 장점을 보는 눈을 가지고 있었다. 친구에게 문안을 하면서, 그는 단지 이름만 부르는 것이 아니라 거기에 한마디씩 장점을 보탰다. 에배네도는 아시아가 그리스도에게 바친 처음 열매였다. 안드로니고는 바울보다 먼저 그리스도를 믿은 사람이었다. 아벨레는 신앙 단련의 전사였다. 루포는 특히 주의 택하심을 입은 자요, 그의 어머니는 또한 내 어머니라고 하였다. 특히 남자인 경우에는 '주 안에서 내가 사랑하는 암블리아' 라 하고, 여자인 경우에는 '사랑받는 버시' 라 하는 등 용의주도하다. 바울에게는 많은 제자가 있었지만, 그가 특히 자랑한 것은 자신에게 주어진 적은 수의 친구였다. 그는 뜨거운 사랑으로 그들을 사랑하였다.

이 편지를 써보낸 지 3년 후인 주후 59년 봄에, 그는 죄수로서 로마에 도착하였다. 사도행전 28장 15절을 보면 "로마의 형제들이 우리 소식을 듣고 압비오 광장과 삼관까지 맞으러 오니, 바울이 그들을 보고 하나님께 감사하고 담대한 마음을 얻었다"고 하였다. 그때 그는 이 친구들을 만나 거룩한 키스로 서로 문안했을 것이다.

제59강

결말: 송영의 말

16장 25절 이하

여러 번 끝내려 하다가 끝내지 않던 로마서는 이제 드디어 끝나게 되었다. 16장 25절 이하는 이 대 서신의 마지막을 장식하기에 알맞은 찬송이다.

바울은 15장 13절로써 일단 이 서신을 끝냈지만, 추신하여 33절에 이르러 다시 이 서신을 끝내려 하였다. 그러나 또 추신하여 16장 16절에 이르러 세 번째 펜을 놓으려 하였다. 그러나 또 추신하여 이론을 경계하라고 타이르고, 20절에서 네 번째 펜을 놓으려 하였다. 그러나 또 추신하여 그와 함께 있는 자의 인사말을 전한 후에, 드디어 이 서신도 끝나게 되었으므로 최후로 큰 송영의 말을 적었다. 이것은 서신의 형식으로 보면 다소 변칙이다. 그러나 필자의 마음은 이 변칙을 통하여 빛나고 있다. 마치 한 종교 집회를 개최했을 때 일단 집회를 폐회한 후에 강사의 덧붙이는 말이 있어 두 번 집회를 폐회했으나, 다시 또 덧붙일 말이 있어 세 번 집회를 폐회하고, 이렇게 하기를 몇 차례 거듭한 후에 겨우 끝낸 것과 같다. 이것은 집회의 형식으로 보면 확실히 혼란이지만, 도리어 그 가운데 영적 생명이 풍성함을 엿볼 수 있다.

로마서는 위대한 서신이다. 벽두의 말(1:1-7)이 위대하다. 이에 대응하여 마지막 송영의 말도 위대하다. 장엄한 전당을 장식하기에 알맞도록 그 앞문과 뒷문이 장엄하다. 우리는 이제 이 장엄한 뒷문에 온 주의를 집중하자. 이 송영의 말은 3절이지만, 사실은 전체가 하나의 문장을 이루고 있다(최후의 아멘은 별개로 하고). 일역 성서에도, 영역 성서에도 모두 하나의 문장으로 되어 있다. 원문에서는 아홉 개의 구로 된 하나의 문장이고 52단어로 이루어져서(관사까지 합쳐서) 반드시 복잡한 글이 아니지만, 일역에서는 좀 복잡한 글로 되어 있다. 그러므로 다음과 같이 한 구 한 구로 분석하면 연구하기가 편하다. 하나의 문장 속에 광범한 기독교 사상이 압축되어 있다. 그러므로 한 구마다 사상이 새롭다. A구가 하나의 큰 사상을 전하면, 또 B구가 다른 큰 사상을 전한다. 그러므로 한 구 한 구를 유심히 읽어야 한다.

**너희를 능히 견고게 하시는 이에게
나의 복음으로 말미암아
예수 그리스도를 전파함으로 말미암아
비밀의 계시로 말미암아
오랫동안 세상에 감추어졌다가 이제 나타나
영원한 하나님의 명을 좇아
예언자들의 성서로써
믿음의 순종에 들어가게 하려고
모든 백성에게 알려진
오직 한 분이시고 지혜로우신 하나님께**

**영원토록
예수 그리스도로 말미암아
영광을 돌립니다.**

이 송영의 말의 골격은 "너희를 능히 견고케 하시는 이에게, 곧 오직 한 분이시고 지혜로우신 하나님께 영원토록 예수 그리스도로 말미암아 영광이 있기를" 이란 구절이다. 그 밖의 것은 이 몸통에 붙은 가지와 잎이다. 물론 가지와 잎도 소중한 것이긴 하지만, 먼저 유의할 것은 그 몸통이다. '너희를 능히 견고케 하시는 이' 는 곧 '오직 한 분이시고 지혜로우신 하나님' 이다. 믿음은 하나님에게서 받은 것이다. 신앙생활에 굳게 서는 것은 하나님의 인도로 말미암는 것이다. 하나님은 그를 믿는 자를 능히 견고케 하신다. 곧 견고케 하는 능력을 가지고 계시는 것이다. 아아, 몇 사람의 신자를 만들었다고 자랑하는 자가 누군가? 그러면 너는 꽃을 만들 수 있는가? 나무를 자라게 할 수 있는가? "나는 심었고, 아볼로는 물을 주었으되 오직 하나님은 자라나게 하셨나니, 그런즉 심는 이나 물 주는 이는 아무것도 아니로되, 오직 자라나게 하시는 하나님뿐이니라"(고전 3:6-7)고 한다. 전도자는 아무리 큰 일을 하더라도 신자를 만들고 자라게 하고 견고케 할 수는 없다. 자라게 하시는 이는 오직 하나님뿐이다. 그러므로 "주께서 너희를 우리 주 예수 그리스도의 날에 책망할 것이 없는 자로 끝까지 견고케 하시리라"(고전 1:8)고 하고, 또 "너희 안에서 착한 일을 시작하신 이가 그리스도 예수의 날까지 이루실 줄을 우리가 확신하노라"(빌 1:6)고 하였다. 바울은 신앙을 능히 견고케 하시는 오직 한 분이시고 지혜로우신 하나님을 찬미하고 있다.

다음에 유의할 것은 "영원토록 예수 그리스도로 말미암아 영광이 있기를"이라 하여 그리스도를 통하여 하나님을 찬미한 것이다. 그리스도를 하나님과 사람의 중개자로 하여, 그를 통하여 하나님과 사귀며 그로 말미암아 죄사함을 받고 그로 말미암아 영생을 얻는다는 것은 복음적 기독교의 핵심이다. 현대는 그리스도를 제쳐놓고 하나님을 믿는 일이 유행하여 기독교 신자 중에도 그리스도를 하나의 스승으로만 보는 자가 많다. 이는 바울의 마음과는 정반대다. 그리스도 이외에 구원이 없다는 것은 복음적 구원의 근본 진리다. 바울은 이 송영의 말의 마지막에 '예수 그리스도로 말미암아'란 구절을 씀으로써 그의 확고한 신앙을 나타냈다.

이 찬미의 말이 15, 16, 17절의 줄거리다. 바울의 송영의 말의 뼈대는 이것뿐이다. 그러나 여기에 딸려 있는 각 구가 또한 하나하나 중대한 사상의 발표다. 이제 그것을 살펴보자. 첫번째 구는 내 '복음으로 말미암아'이다. 하나님은 복음으로 말미암아 신도를 견고케 하신다. 내 복음이라 해도 특별히 보통 복음과 다른 것은 아니다. 이것은 바울 특유의 말이다. 그는 2장 18절과 디모데후서 2장 8절에서 같은 말을 쓰고 있다. 내가 가르치는 것이 진정한 복음임을 확신했기 때문에 그는 가끔 이런 말을 썼을 것이다. "우리나 혹 하늘로부터 온 천사라도 우리가 너희에게 전한 복음 외에 다른 복음을 전하면 저주를 받을지어다"(갈 1:8)라고 말했을 정도다. 그의 이 같은 확신을 알면 '내 복음'이란 말이 결코 편협과 오만을 뜻하는 것이 아님을 알 수 있다. 다음 구는 '예수 그리스도의 전파함'이다. 하나님은 복음으로 말미암아 그리스도를 전파함으로써 신도들을 굳세게 하신다. 그리스도를 전파하는 일, 그와 그의 생애, 그 십자가, 부활, 재림을 사람들에게 전파하는 일, 그에 관한 일 이외에는 아무것도 전하지 않는 것, 이것이 곧 그리스도를 전파하는 일이다. 복음이란 요컨대 그리스도를 전파하는 일에 지나지 않는다.

다음에는 '신비의 계시로 말미암아' 라는 구가 있다. 예수 그리스도의 전파란 것을 바꾸어 말하면 '신비의 계시로 말미암아' 다. 이 신비는 '오랫동안 세상에 감추어졌다가 이제 나타난' 것이다. "우리가 말하는 바는 감추어졌던 하나님의 신비의 지혜다. 이는 창세 전부터 하나님이 미리 우리의 영광을 위하여 정하신 것이다" (고전 2:7)라고 바울은 일찍이 말하였다. 미리 정해지기는 했지만 감추어져 있었던 것이다. 그 감추어졌던 것이 이제 하나님의 외아들의 출현, 그 생애, 그 십자가, 그 부활로 말미암아 분명히 계시된 것이다. 이것이 곧 바울이 말하는 '내 복음' 이다. 내 복음이라지만 결코 자신의 창작이 아니다. 하나님이 그리스도를 통하여 계시하신 가르침이다. 만일 복음이 인간이 만든 가르침이라면 거기에는 참 생명이 없다. 아침에 피었다가 저녁에 시드는 들꽃의 영화 같은 것이다. 그 전파자인 바울과 그 밖의 사도들에게 바위보다 굳센 확신과 불보다 뜨거운 열심이 솟았을 까닭이 없다. 복음이 하나님의 계시이기 때문에 그것을 전파하기 위하여 모든 것을 버리면서도 조금도 후회 없이 독수리처럼 날개치며 올라갔던 것이다.

이 신비가 지금 계시된 것은 '영원한 하나님의 명을 좇아서' 다. 영원히 계신 하나님은 이때 이 신비를 계시하기로 스스로 정하셨다. 곧 이 복음은 완전히 하나님의 의지에서 나온 것이지 사람의 마음에 의지하지 않는 것이다. 또 이 신비의 계시는 '예언자들의 성서로써' 다. 곧 구약성서로써 하나님의 계시가 드러났다. '오랫동안 감추어졌다가' 라고 한 대로 그리스도 출현 이전에는 사람들이 구약성서의 참 뜻을 미처 몰랐는데,

이제 그리스도가 오심으로써 그 참 뜻이 밝혀져 성서를 통하여 하나님의 계시가 나타났다. 물론 성령의 인도는 필수적이다. 그러나 성서가 이 새 계시의 수단임은 분명하다. "성서(구약)는 능히 너로 하여금 그리스도 예수 안에 있는 믿음으로 말미암아 구원에 이르는 지혜가 있게 하느니라"(딤후 3:15)고 바울이 말년에 디모데에게 가르친 것을 보라. 마지막으로 이 계시는 '믿어 순종하게 하려고 모든 백성에게 알려진' 것이다. 계시의 목적은 세계 모든 나라 백성으로 하여금 하나님께로 돌아오게 하려는 데 있다. 그리스도의 복음의 목적은 이것이다. 복음의 본질은 어디까지나 세계적이다. 전 인류로 하여금 하나님을 믿고 순종하게 하는 데 있다. 하나님은 이것을 목적으로 하고 전 인류를 초청하신다. 그렇다. 늘 전 인류를 부르고 계신다.

송영의 말의 큰 뜻은 위와 같다. 이제 원문의 순서에 따라 이것을 알기 쉽게 고쳐 적어 본다.

> 너희를 능히 견고케 하시는 이는 하나님이시다. 하나님은 복음으로 너희를 견고케 하신다. 다시 말하면 예수 그리스도를 전파함으로써 너희를 견고케 하시는 것이다. 바꾸어 말하면 신비의 계시로 말미암아 너희를 견고케 하시는 것이다 — 이 신비는 오랫동안 세상에 감추어져 있다가 이제 나타난 것이다. 그 나타남은 영원하신 하나님의 명으로 말미암는 것이며, 구약성서를 통하여 나타나며, 또 모든 백성들로 하여금 믿음의 순종에 들어가게 하려고 나타난 것이다 — 이렇게 너희를 능히 견고케 하시는 오직 한 분이시고 지혜로우신 하나님에게, 예수 그리스도로 말미암아 영원토록 영광이 있기를 바란다.

많은 학자들이 말하듯이 이 송영 가운데는 로마서 전체가 압축되어 있다.

하나님의 영광을 찬미하는 것이야말로 크리스천이 해야 할 일이다. 아무리 큰 성공을 거두고 축하를 받더라도 그는 이것을 자신의 능력에 돌려서는 안 된다. 오직 하나님의 능력에 돌리고 그 영광을 찬양해야 한다. 또 아무리 큰 불행을 당하더라도 하나님을 무자비하다고 해서는 안 된다. 여전히 하나님을 찬양해야 한다. 큰 재난을 당하고도 "내가 모태에서 적신이 나왔사온즉, 또한 적신이 그리로 돌아가올지라. 주신 자도 여호와시요, 취하신 자도 여호와시오니, 여호와의 이름이 찬송을 받으실지니이다"(욥 1:21)라고 한 욥이야말로 우리의 좋은 모범이다. 로마서를 쓰고 나서 그 끝에 자기 능력을 전혀 내세우지 않고 모든 영광을 하나님께 돌리고 아름다운 송영을 남긴 사도 바울은 우리의 좋은 모범이다.

참으로 그렇다. 모든 것은 하나님에게서 나왔다. 사람은 다만 하나님이 시키시는 대로 이 일 저 일을 하는 것뿐이다. 사람에게 무슨 능력이 있더라도, 그것은 원래 하나님에게서 받은 것이다. 사람에게 무슨 자랑할 것이 있으랴. 사람은 하나님 앞에서 절대의 겸손이 있을 뿐이다. 그는 무엇을 하든지 오직 한 분이시고 지혜로우신 하나님을 찬양할 것이다. 한 가지 일을 다 마치면 하나님을 찬양하고, 하루를 지내면 하나님을 찬양하고, 한 주일, 한 달, 한 해를 다 보내면 하나님을 찬양해야 한다. 돌이켜보아 자기에게서 어떤 좋은 일을 발견하면 아직도 신앙이 불순한 단계다. 마침내 이 세상을 떠나는 때, 하나님께 부르심을 받는 때가 오면 일생을 회고하여 자기의 공로를 생각함이 없이 모든 좋은 일을 하나님께 돌리고 소리 높여 찬송해야 한다. 위대한 서신의 마지막을 송영으로 맺은 대 사도를 본받아, 우리도 우리가 누려 온 작은 생애의 최후를 송영으로 맺어야 한다. 우리는 이제도 후에도 언제까지나 하나님을 찬송하자. 그렇다, 하나님만을 찬송하자.

이것이 이 위대한 서신을 맺는 큰 찬미의 말이다. 바울이 아니고서는 로마서가 쓰여질 수 없었던 것같이, 그가 아니고서는 이런 위대한 송영의 말이 나올 수 없었을 것이다. 그 단어 하나하나, 그 구절 하나하나를 보라. 불필요한 말은 하나도 없다. 그 하나하나가 중대한 사상의 압축이다. 이 서신을 다 쓰고 난 후에도 대 사도의 정력은 여전하여, 최후에 이토록 웅장하고 영적 생명의 에센스라고 할 만한 큰 찬양이 영혼의 밑바닥에서 하늘을 향하여 치솟았던 것이다. 그것 자체가 참으로 장하고 아름다운 일이다. 이것이야말로 진짜 화룡점정(畵龍點睛)이다. 이것이 있기에 로마서는 영원히 세계 제일의 책이다.

핵심강해

16장 17절 이하

로마서는 마지막에 이르렀다. 그 주요부는 15장 13절로써 끝났다. "소망을 주시는 하나님이 너희에게 성령의 능력으로 소망이 넘치게 하기 위하여 너희의 믿음에서 일어나는 모든 기쁨과 평안을 충만케 하여 주시기를"이란 기원으로써 이 서신은 끝났다고 볼 수 있다. 그런데 바울은 자신의 일에 관하여 추신을 붙일 필요를 느꼈다. 그래서 14절 이하에서 32절까지에 그의 장래 전도 계획을 썼다. 이것을 다 쓴 다음에 33절에서 "평강의 하나님께서 너희 모든 사람과 함께 계시기를 바란다. 아멘"이라고 쓰고 이것으로 끝맺으려 했다. 그런데 그는 다시 로마에 있는 그의 친구들 생각이 났다. 그들은 모두 신앙의 용사들로서, 그들에 대하여 또 한마디 안 쓸 수가 없었다. 그래서 세 번이나 필기자에게 펜을 잡게 하였다. 그것이 16장 1절부터 16절까지의 소개 및 인사의 말이다. 이것을 마친 다음에 17절부터 19절에서는 이단의 침입에 관하여 주의를 환기시켰다. 20절에서 "평강의 하나님께서 속히 사단을 너희 발 아래 상하게 하시리라. 우리 주 예수 그리스도의 은혜가 너희에게 있기를 바란다"라고 쓰고, 여기서 세 번째로 편지를 끝내려 하였다. 그런데 그는 아직도 마칠 수가 없었다. 그와 함께 있었던 디모데와 그 밖의 세 사람 곧 서기 더디오, 온 교회의 집 주인 가이오, 고린도 시의 회계 주임 에라스도와, 그 밖에도 형제 구아도 또한 이 기회를 이용하여 그리스도의 사랑을 멀리 로마의 형제 자매에게 보내려고 하였다. 문서 교환의 기회는 적었다. 좋은 기회를 놓쳐서는 안 된다고 생각하였다(24절의 "우리 주 예수 그리스도의 은혜……"는 아마 후세의 기입일 것이다. 개역에서는 뺐다).

세 번 마치려 하다가 마치지 못한 이 서신은 마침내 끝에 이르렀다. 최후의 한마디는 본문에 해당하는 것이라야 한다. 건축으로 말하면 최후의 관석(冠石)이다. 위대하고 장엄하고 총괄적이라야 한다. 사실은 상상했던 대로다. 로마서의 결말은 다음과 같다.

> 너희를 능히 견고케 하시는 이, 내 복음과 예수 그리스도를 전파함으로 말미암아, 곧 오랫동안 감추어졌다가 이제 나타나 영원하신 하나님의 명을 좇아 예언자들의 성서로써 믿음의 순종에 들어가게 하려고 모든 백성에게 알려진 신비의 계시로 말미암아 너희를 능히 견고케 하시는 이, 곧 오직 한 분이시고 지혜로우신 하나님께 영광이 영원토록 예수 그리스도로 말미암아 있기를. 아멘.

참으로 위대하고 귀중한 말씀이다. 로마서를 총괄하기에 모자람이 없는 말씀이다.

표현은 복잡한 것 같아 보이지만 그 뜻은 간단명료하다. "내가 전파한 복음으로 너희를 능히 견고케 하시는 이 곧 오직 한 분이시고 지혜로우신 하나님께 영광이 영원토록 예수 그리스도로 말미암아 있기를" — 이것이 이 송영의 줄거리다. 까다롭게 여겨지는 부분은 바울이 전파한 복음의 설명으로 비교적 가벼운 말이다. 논리학상의 대전제와 소전제로서 먼저 대를 이해하면 소는 저절로 알게 된다.

이 중에서 가장 귀중한 말은 '능히 하실 수 있는 이'다. 이것은 희랍어로는 *dunamenō*란 한 단어다. 그리고 영역에서는 him-that-is-able이라

하였다. 그러나 네 단어이지만 한 단어로 읽어야 한다. '할 수 있는 이' 또는 '할 수 있는 능력을 가진 이' 란 뜻이다. 물론 하나님을 가리킨다. 하나님은 할 수 있는 분, 할 능력이 있는 분이다. 곧 듀나메노스이다. 바울은 복음을 전할 수 있었다. 그러나 그 복음으로 사람을 구원할 수 있는 분은 하나님이라고 그는 믿었다. 나는 말하는 자요, 하나님은 구원하실 수 있는 분이라고 바울은 말한다. 바울은 아무리 위대해도 자신이 구원하는 일을 할 수 있다고는 믿지 않았다. 그는 자기를 알았다. 그러므로 정말로 겸손하였다. 그는 "할 수 있는 하나님께 영광을 돌립니다"라고 찬송하였다. 자기가 신자를 만들 수 있다고 믿는 현대인, 인격이나 환경의 힘으로 사람을 크리스천이 되게 할 수 있다고 생각하는 미국식 기독교 신자는 여기서 배우는 바가 있어야 한다.

'할 수 있는 분', '견고케 할 수 있는 분', '신자의 신앙을 확립할 수 있는 분', 그것은 사람이 아니라 하나님이시다. 위대한 바울에게도 이 능력은 없었다. 그러므로 영광을 하나님께 돌리고 있다. 이 하나님은 오직 한 분이신 하나님이다. 지혜의 근원이시다. 사람은 지혜가 있어도 이를 행할 능력이 없다. 하지만 하나님은 전지 전능하시다. 이 지혜와 능력은 특히 죄인을 구원하는 경우에 나타난다. 바울은 11장 끄트머리에서 "깊도다 하나님의 지혜와 지식의 부요함이여!"라고 하여 모든 백성의 구원에 관한 하나님의 지식을 찬미하였다. 복잡한 인생의 관계 속에서 하나님은 우리를 광명과 자유로 인도하신다. 능히 이 일을 하실 능력을 가지고 계신다. 그러므로 영광을 돌립니다.

하나님은 신자의 신앙을 굳게 하시고 그의 구원을 완성하실 수 있다. 그는 바울에게 나타내신 복음으로 이 일을 하신다. 곧 로마서에 기록된 십자가 속죄의 복음이다. 하나님은 이 복음으로 세상을 심판하시는 동시에 또한 세상을 구원하신다. "예수 외에 달리 구원이 없다"고 베드로가 말한 대로다. 그리고 바울의 복음은 '예수 그리스도를 전파함'이다. 그의 제자 누가가 전한 것과 같은 그리스도를 전파하는 일, 그것이 곧 바울의 복음이다. 바울은 오늘의 신학자가 주창하는 것같이 자기가 전한 복음과 예수 그리스도의 생애의 사건을 구별하지 않았다. 그런데 그 복음이란 도대체 어떤 것이었느냐 하면, 이것은 '오랫동안 감추어졌다가 이제 나타나 하나님의 명을 좇아 성서로써 모든 백성에게 알려진 신비의 계시'다. 바울이 전한 복음은 그의 창작이 아니었다. 이것은 오래 전부터 세상에 있었던 것이다. 그런데 오랫동안 감추어져 있다가 이제야 나타난 것이었다. 이것은 바울이 스스로 나서서 전파한 것이 아니었다. 하나님의 명령을 따라 예언자들의 글, 곧 구약성서를 통해 모든 백성에게 알려진 것이었다. 자기의 창작이 아니다. 자기의 전도가 아니다. 오랫동안 비밀로서 사람 눈에 감추어져 있던 하나님의 뜻을 하나님의 명을 좇아 성서로써 전파하는 것이다.

너희를 견고케 하실 능력을 가지신 분, 곧 오직 한 분이시고 지혜로우신 하나님께 "영광이 영원히 예수 그리스도로 말미암아 있기를 바란다"고 한다. 왜 그리스도로 말미암아야 하는가? 이것은 없어도 되는 말이 아닌가? 그렇지 않다. 이것은 없어서는 안 되는 말이다. 하나님은 그리스도를 통해 사람에게 구원을 베푸신다. 사람 또한 그리스도로 말미암아 하나님께로 돌아갈 수 있다. 하나님의 영광은 그리스도로 말미암아 나타나고, 또한 그리스도로 말미암아 그에게로 돌아간다. 그리스도 없이는 구원이 없다. 영생이 없다. 부활이 없다. 승리와 영광의 면류관이 없다. "영광을 오직 그리스도로 말미암아, 아버지 하나님께 돌려드립니다"라고 하는 찬양이다.

제60강

로마서 전체 개관

무릇 독서를 하고 난 후에 잊지 못하는 것은 그 책 전체의 인상이다. 물론 그 책의 중요한 부분도 잊을 수 없지만, 가장 강하게 오랫동안 마음속에 남아 있는 것은 그 책의 전체적인 분위기다. 이는 온갖 꽃이 만발한 향기로운 봄동산을 거닌 후에 그 하나하나의 꽃 중에도 잊지 못하는 것이 있지만, 한때 들꽃 속에 묻혀 있어 그 향기에 도취했다는 그 사실이 가장 강한 기억으로 남아 있는 것과 같다. 로마서를 읽고 난 후의 느낌도 마찬가지다. 3장 후반, 혹은 7장 후반, 혹은 8장 전체와 같은 두드러진 부분이 우리의 기억에 강하게 남는 것은 사실이다. 그러나 더욱 강하게 우리를 움직이는 것은 책 전체의 인상이다. 이제 여기에 로마서 전체의 인상을 적어 보겠다. 곧 로마서 전체의 개관이다.

로마서 전체를 강론의 제목으로 삼는 경우도 있다. 두세 가지 예를 들면, 로마서가 세계 역사에 끼친 영향이라는 제목도 재미있는 것이다. 루터의 종교개혁이 로마서 연구에 근원을 둔 것이 최대의 것이다. 그 밖에도 로마서는 여러 번 역사적인 혁신의 원천이 되어 왔다. 또 몇몇 위인들이 로마서를 어떻게 보았는가, 즉 로마서에 대한 견해, 혹은 로마서에서 얻은 인상 등을 배우는 것도 흥미롭다.

로마서를 읽는 첫 인상은 그것이 믿음만을 강조하는 책이라는 사실이다. 믿음으로 말미암아 의롭다 함을 얻고, 믿음으로 말미암아 깨끗함을 받고, 믿음으로 시작해서 믿음으로 끝난다. 이 진리를 가르친 것이 로마서다. 로마서는 물론 사랑을 가르친다. 또 소망을 가르친다. 사랑을 가르친 12, 13장이나, 소망을 가르친 8장 같은 것은 모두 유명한 곳이다. 그러나 로마서 전체에 넘치는 분위기는 역시 믿음이 제일이다. 바울은 율법과 신앙을 대립시켜 신앙으로 율법을 깨뜨려 버린다. 이리하여 낡은 율법 시대를 작별하고 새로운 신앙 시대로 접어든 것을 선포한다. 이것이 로마서다. 이 책은 신앙 시대의 여명을 알려 주는 새벽 종소리다.

둘째로 받는 인상은 이 책이 은혜의 책이라는 사실이다. 사람에 대한 하나님의 길은 절대적 은혜다. 하나님은 오직 은혜로써 사람을 의롭다 하시고 사람을 구원하신다. "그리스도는 우리가 아직 죄인이었던 때에 우리를 위하여 죽으셨다. 하나님은 이것으로 자신의 사랑을 나타내셨다"(5:8)고 하는 것이 로마서의 기둥이다. 우리가 죄인인 것은 하나님의 은혜 내리심을 조금도 방해하지 않는다. 죄인을 구원하려고 그는 그 외아들을 세상에 보내시고, 그로 하여금 십자가 위에서 인류의 죄를 속죄하게 하여 죄인이 사함받아 구원받는 길을 열어 놓으셨다. 이것은 사람의 공로로 말미암지 않는다. 사람의 소원으로 말미암지도 않는다. 오직 하나님의 자발적 행동이다. 그러므로 절대적 은혜다. 이 진리를 밝힌 것이 로마서다.

하나님은 오직 은혜로써만 사람을 대하신다. 사람이 공로 없이 구원받는 길은 이미 갖추어져 있다. 그러므로 사람은 단지 이대로 하나님께로 돌아가 믿고 순종하는 생활을 하기만 하면 된다. 지극히 간단하고 쉬운 일이다. 그런데 많은 사람은 이것을 모른다. 하나님이 손을 벌려 보물을 주려고 하시는 것을 알지 못한다. 그러므로 이 은혜 가운데 자기를 던져 넣으려고 하지 않는다. 신자들도 이 복음의 중심적 생명이 어디 있는지를 잘 모른다. 그러므로 신앙생활을 끊임없는 노력으로, 선을 행하는 일인 줄로 잘못 알고 있다. 그러기 때문에 신앙생활이 해이해지고 무기력해진다. 이것은 하나님의 은혜의 성격을 모르기 때문이다. 오늘의 기독교 신자는 "은혜, 은혜" 하고 부르짖을 뿐, 이 은혜가 무엇인지를 모른다. 바울은 신앙 중심의 사람이었다. 그 신앙의 기초를 하나님의 은혜, 하나님의 사랑에 둔 사람이었다. 하나님이 먼저 사랑으로 사람을 대하기 때문에 이에 감격하여 사람이 믿는 것이라고 그는 가르친다. 은혜 없이 복음은 없다. 로마서는 하나님의 은혜를 무엇보다도 강조하는 책이다.

기독교를 다른 종교와 동일시해서는 안 된다. 기독교는 종교가 아니라 하나님으로부터 사람에게 임하는 계시다. 종교는 사람이 신을 찾는 것이지만, 기독교는 하나님이 사람을 찾으신다. 그러므로 전자는 사람의 노력, 사색, 연구, 수양, 논리, 수도에 중점을 두는 것이고, 후자는 다만 하나님의 은혜를 받아들이는 데 가장 중점을 둔다. 자기가 여러 가지 방법을 생각해 내어 신에게로 다가가는 것이 일반 종교요, 은혜를 받아 감사와 기쁨에 넘치는 생활을 하는 것이 기독교. 이 세상의 종교와 하나님에게서 내려온 계시인 복음은 이렇게 서로 다르다. 땅에서 나는 것과 하늘에서 나는 것은 근본적인 차이가 있는 것이다. 그런데 사람은 이 구별을 모르고 혹은 비교종교학의 입장에서, 혹은 노력이나 수양으로, 혹은 논리나 연구의 방법으로 복음의 생명에 도달하려 한다. 이것이 존슨 박사의 이른바 황소에게서 우유를 짜내기를 바라는 격이다. 그러나 갓난아기 같은 마음으로 겸손하게 하나님이 주시는 생명을 받는 것, 이것이 구원에 들어가는 유일한 길이다. 하나님은 사람을 찾고 계신다. 그는 사람이 노력이나 수양의 험한 길을 거쳐 다가오기를 기다리시는 하나님이 아니다. 하나님은 항상 사람을 찾고 계신다. 두 손에 값진 구슬을 가득 쥐고 사람들이 손을 내밀어 받아 주기를 기다리고 계신다. 사람은 믿음으로 이것을 받기만 하면 된다. 거기서 참 생명이 온다.

로마서는 이 진리를 전하는 책이다. 그러므로 믿음으로 이 은혜를 받는 태도를 사람에게 요구하는 책이다. 그러나 이러한 태도에 들어가는 데 먼저 필요한 것은 하나님 앞에 어떻게 의롭게 되느냐의 문제를 마음에 깊이 새기는 일이다. 자신의 죄와 더러움 때문에 거룩한 하나님 앞에 설 수 없으며, 마땅히 하나님의 형벌을 받아야 할 것을 인정하여 고뇌가 무겁게 마음을 짓눌러 하나님 앞에서 어떻게 하면 의롭게 될 수 있느냐는 문제로 고민하는 사람, 이런 사람에게 로마서는 가장 좋은 반려다. 로마서는 요컨대 이 인생의 가장 어려운 문제에 대하여 명확하고도 최종적인 해답을 줌으로써 마음의 무거운 고민을 제거하고 청천백일(靑天白日)의 경지로 사람을 끌어내는 것이다. 곧 로마서는 사람이 주는 의가 아니라 하나님이 주시는 의, 사람에게 있는 의가 아니라 그리스도에게 있는 의, 이 의를 모든 믿는 자에게 주신다는 것을 가르치며, 사람들로 하여금 끝없는 환희의 세계로 인도한다. 바울은 빌립보서에서 이 사실을 말하여 "내가 가진 의는 율법에서 난 것이 아니요 오직 그리스도를 믿음으로 말미암은 것이니 곧 믿음으로 하나님께로서 난 의라"(빌 3:9)고 하였다. 이 의를 사람에게 주어 죄의 고민을 없애 주는 것이 로마서가 말하는 복음이다. 그러므로 로마서는 이런 문제로 고민하는 사람이 읽어야 할 책이다.

하지만 어떻게 의롭게 되느냐는 문제를 생각하지 않는 사람이 이 세상에는 너무나 많다. 그러나 그것은 결코 이 책의 가치를 손상시키는 것이 아니다. 왜냐하면 사람이 인생에 눈떴을 때, 자기의 실상을 알고 그 가장 깊은 요구를 알아냈을 때, 자신이 가장 비참하게 되었을 때 심중에 반드시 일어나는 것은 이 한 가지 문제이기 때문이다. 그러므로 누구나 로마서를 읽어야 한다. 오늘을 위하여 또는 후일을 위하여 누구나 로마서를 읽어야 한다. 이 책에 나타나 있는 복음의 길을 거쳐야 이 책에 나타나 있는 생명에 들어갈 수 있다. 세상에 태어나서 다른 모든 일보다 먼저 온 힘을 기울여야 할 가장 큰 일이다.

유의할 것이 또 하나 있다. '예수 그리스도의 종 바울'로써 시작된 이 책은 마지막에 '오직 한 분이신 지혜로운 하나님'을 찬미하고 끝났다. 그는 먼저 그리스도의 종이라 하여 자기를 온전히 그리스도 안에 감추어 소개했고, 마지막에는 하나님을 찬미할 뿐 자기는 조금도 나타내지 않았다. 원래 강한 특징을 가지고 있었던 그였으므로 어디서나 그의 정신은 선명하게 나타난다. 특히 7장 후반과 같은 통렬한 자기 자신의 고백이 있어, 이 책을 읽고 나면 저자인 바울이 강하게 독자의 마음에 남는다. 그러나 이것은 일부러 그렇게 한 일은 아니다. 그는 자기를 나타내지 않으려고 노력하였다. 그는 '아무도 나의 이름으로 세례를 받았다 말하지 못하게 하려'(고전 1:15)고 될 수 있는 대로 세례를 베풀지 않았다. 그는

"하나님의 증거를 전할 때에 말과 지혜의 아름다운 것으로 하지 아니하였다." 이것은 자기의 힘으로 사람을 복음으로 인도할까 봐 두려워서였다. 그는 "너희 믿음이 사람의 지혜에 있지 아니하고 다만 하나님의 능력에 있게 하려 함이다"(고전 2:1-5)라고 말하였다. 그는 이렇게 늘 조심하여 자기를 감추고 하나님과 그리스도를 나타내려 애썼다. 그러므로 로마서를 읽으면 그의 모습이 강하게 인상에 남지만, 그보다 몇십 배 더 강하게 인상에 남는 것은 하나님과 그리스도의 모습이다. 하나님의 사랑과 그리스도의 구원은 바울의 모든 특징을 억누르고 또렷하게 드러나 있다. 그렇다, 하나님과 그리스도는 온 하늘의 빛을 다 받은 것같이 선명하게 조명되고 있다. 그러므로 이 책을 읽고 더 알고 싶은 것은 바울이 아니라 하나님과 그리스도다. 바울이 한사코 자기를 감추며 나타내려 한 이 하나님, 이 그리스도는 어떤 분이신가, 그 사랑, 그 구원에 대하여 더 깊은 지식을 어떻게 얻을 수 있는가 하고 사람들은 이 연구에 불탄다. 이런 의미에서 로마서는 최고의 전도서다.

세계 최대의 대작이나 명저는 많지만, 로마서에 비하면 그 빛을 잃는다. 괴테의 「파우스트」와 같은 것을 근대인의 성서라고 하는 사람이 있지만 그것은 도저히 로마서와는 비교가 안 된다. 그 밖에 단테의 「신곡」도, 셰익스피어의 「햄릿」도 도저히 로마서를 따르지 못한다. 임종의 자리에 있는 어느 누가 세상의 명작에서 위안을 얻었을 수 있겠는가? 그러나 죽음에 처해 있든 삶에 처해 있든 어떤 경우에도 인생의 최대 반려는 로마서다. 그러므로 이보다 더 위대한 책은 이 세상에 없다.

핵심 강해

로마서 전체 개관

로마서를 다 읽고 나서 가장 먼저 느끼는 것은 이 서신이 신앙의 책이란 것이다. "하나님의 의는 복음에 나타나 믿음으로 믿음에 이른다. 기록하여 의인은 믿음으로 말미암아 산다고 함과 같다"(1:17)고 한다. 신앙이 원인이며, 신앙이 수단이며, 또한 신앙이 결과다. 신앙으로 시작하여 신앙으로 끝난다. 사색이 아니다. 수양이 아니다. 스스로 깨끗하게 되려고 노력하는 것이 아니다. 신앙이다. 신앙으로 말미암아 의롭다 함을 얻고, 신앙으로 말미암아 깨끗함을 받고, 신앙으로 말미암아 구원받는다. 다만 우러러봄으로써 구원받는다. "종의 눈이 그 상전의 손을, 여종의 눈이 그 주모의 손을 바람같이 우리 눈이 여호와 우리 하나님을 바라며 우리를 긍휼히 여기시기를 기다리나이다"(시 132:2)라는 태도다. 이 태도에 자기를 두지 않고는 로마서를 알지 못한다. 로마서를 읽을 때, 단지 철학자 같은 냉정과 예술가 같은 민감만 가지고는 귀한 책인 이유를 모른다.

둘째로 로마서는 은혜의 책이다. "모든 사람이 죄를 범하였으므로 하나님이 주시는 영광을 받을 수 없다. 다만 그리스도 예수의 구속으로 말미암아 하나님의 은혜로 공로 없이 의롭다 함을 얻는다"(3:23, 24)고 했다. 구원은 하나님에게서 나오는 것이지 사람이 만들어 낼 수가 없다. "하나님이 제사와 예물을 원치 아니하시고 오직 나를 위하여 한 몸을 예비하셨다"(히 10:5)고 했다. 구원은 하나님께 바치는 희생과 예물에 대한 보상으로 오는 것이 아니다. 하나님이 그 무한하신 사랑으로 나를 위하여 예비하신 성자의 몸 때문에 내게 주신 것이다. 희생을 바치는 이는 내가 아니라 하나님이시다. "그리스도는 우리가 아직 죄인이었던 때에 우리를 위하여 죽으셨다. 하나님은 이로 말미암아 그 사랑을 나타내셨다"(5:8)고 했다. 구원은 하나님이 주신다. 사람은 다만 신앙으로 이것을 받기만 하면 된다. 은혜는 사랑의 자발적인 행위다. 사람이 은혜 받기를 기다렸다가 베푸는 것은 은혜가 아니다. 은혜 받을 자격이 없는 자를 위하여 복을 예비하는 것, 그것이 은혜다. 로마서가 신약성서의 다른 부분과 함께 강조하는 것은 죄인으로서 받을 자격이 없는 하나님의 은혜다. 하나님의 이 사랑을 알았기에 바울은 이렇게 외쳤다. "혹은 죽음, 혹은 삶, 혹은 천사, 혹은 권세 잡은 자, 혹은 능력 있는 자, 혹은 현재 일이나 장래 일이나, 혹은 높음이나 깊음이나 그 밖의 다른 어떤 피조물이라도 우리를 우리 주 예수 그리스도 안에 있는 하나님의 사랑에서 끊을 수 없음을 나는 확신한다"(8:38-39). 죄를 관대히 다루는 길은 있지만, 자기의 외아들을 버려서까지 죄인의 영원한 복을 예비하신 하나님의 사랑은 그 자신이 무궁하신 만큼 무궁하다. 우리는 하나님의 한없는 지혜와 능력에 놀라지만, 우리 주 예수 그리스도로 말미암는 하나님의 사랑을 알고는 정말 놀라움을 금할 수가 없다. "한없는 하나님의 은혜, 다 기록할 수 없겠네" 하고 우리 입에서는 저절로 찬송이 흘러나온다.

　로마서를 연구하고 알 수 있는 것은 기독교의 특성이다. 찰머스 박사는 "기독교는 종교가 아니다"라고 말한 적이 있다. 종교란 사람이 신을 찾는 것이다. 힌두교, 그리스교, 그 밖의 종교는 모두가 다 그렇다. 바울은 "사람으로 하나님을 혹 더듬어 찾아 발견하게 하려 하심이로되 그는 우리 각 사람에게서 멀리 떠나 계시지 않다"(행 17:27)라고 말했다. 그런데 유독 기독교만은 그런 의미에서 종교가 아니다. 기독교는 사람이 신을 찾는 것이 아니라 하나님이 사람을 찾으시는 것이다. "우리가 하나님을 사랑하는 것이 아니라 하나님이 우리를 사랑하셔서 우리 죄를 위하여 그 아들을 보내셔서 화목제물이 되게 하셨다. 이것이 곧 사랑이다"란 요한일서 4장 10절의 말씀은 로마서 5장 8절과 함께 이 사실을 나타낸다. 그러므로 기독교만은 종교가 아니고 계시다. 사람이 구하지 않는데 하나님이 나타내셨다. 그러므로 사람의 머리로 사색하고 탐구할 것이 아니라 오직 믿음으로 받아들이면 된다. 이미 주신 것을 감사하며 받아들이면 그것으로 구원받는다. 로마서에서 마지막으로 '모든 백성으로 하여금 믿음의 순종에 들어가게 하려고'라고 한 것은 이것을 말함이다. 종교는 연구와 노력이 필요하지만, 그리스도의 복음은 오직 믿음의 순종만이 있을 뿐이다. 이것은 미신도 아니며 맹종도 아니다. 복음의 성격상 그렇다. 마치 밤은 어둠을 비추기 위한 촛불이나 전등 빛을 연구하여 개량할 필요가 있지만, 낮을 밝혀 주는 태양 빛은 다만 그대로 받는 수밖에 없는 것과 같다. 로마서는 논리적으로 사람을 설복하는 종교 철학이 아니다. 하나님이 죄인을 구원하시는 은혜의 복음이다. 그러므로 로마서는 현대인의 비교종교적 입장에 서서 기독교를 이해하려는 사람에게는 빛을 주지 않는다.

로마서는 신앙의 책이요, 또 은혜의 책이다. 종교의 책이 아니라 복음의 전파다. 그러므로 어떤 사람에게 어떤 경우에 필요한 책인지는 금방 알 수 있다. 문제는 "사람이 하나님 앞에 어떻게 의롭게 되는가?"다. 문제의 요점은 하나님과 의다. 주리고 목마른 것같이 하나님의 의를 사모하는 자라야 이 책을 알 수 있다. "내 영혼이 목마른 것같이 하나님을 사모한다. 살아 계신 하나님을 사모한다. 아아, 어느 때에 내가 하나님 앞에 가 뵈오리까!"(시 42:2) 하고 하나님을 갈급히 사모하는 자에게만 로마서는 진짜 복음이다. 이런 절실한 욕구가 없이는 아무리 심오한 종교철학과 해박한 언어학의 지식을 가지고 있더라도 별로 얻는 바가 없을 것이다. 하나님을 뵈려고 한다. 그러나 내 죄가 나를 가로막아 내가 그에게 가까이 가지 못하게 한다. 뿐만 아니라 내 죄가 나를 정죄하여 하나님의 아들이어야 할 나를 저주의 자식이 되게 한다. 이 괴로운 상태에서 나는 바울과 함께 부르짖는다. "아아, 나는 괴로운 사람이다. 누가 이 사망의 몸에서 나를 구원하랴!"(7:24). 로마서는 반드시 이 고민에서 나를 구원해 낸다. 철학상의 문제는 모른다. 그러나 하나님과 화해하려는 죄인에게 하나님을 뵐 길을 열어 주는 책은 로마서밖에 없다. 번연은 로마서의 자매편인 갈라디아서에 대하여 이렇게 말했다. "이 책은 고민하는 양심을 치유해 주는 유일한 책이다." 이 말은 고스란히 로마서에 적용할 수 있다. 로마서는 죄로 고민하며 아버지를 뵈올 수 없는 자에게 유일한 책이다. 이 책이 나온 후로 로마서를 읽고 얼마나 많은 사람이 그 상한 양심에 치유를 받았던가! 다만 하늘에 계신 아버지만이 능히 그 수를 아신다. 참으로 많은 수일 것이다.

그러나 현대인은 다음과 같이 말할 것이다. "우리에겐 이런 고민이 없다. 우리에겐 생활의 고민이 있고, 연애의 고민이 있고, 인생 문제 해결의 고민이 있다. 그러나 고민하는 양심이라느니, 살아 계신 하나님을 사모한다느니, 죽음의 몸을 어찌 하느니 하는 등의 고민은 없다. 그러므로 로마서를 읽고 나서 그 강의를 듣고 저자의 열성에는 다소 감동하지만,

루터나 웨슬레가 이 책을 읽고 나서 얻었다고 하는 열심 있는 신앙은 우리에게 일어나지 않는다. 그러므로 우리는 이 연구 모임에 참석하여 별로 유익이 없었다." 현대인에게는 하나님을 사모하는 사랑과 죄의 고민이 없다. 그러므로 현대인은 옛날 사람과 같이 열심히 로마서나 갈라디아서를 연구하지 않는다. 그렇지만 현대인도 사람이다. 사람인 이상 언젠가 어디서 양심의 고민을 체험할 것이다. 혹은 사업에 실패하거나, 혹은 명예를 박탈당하여 이 세상에 아무 의지할 것이 없게 되거나, 혹은 죽음에 직면하거나, 혹은 이 세상에서는 하나님과 화해할 필요를 느끼지 않지만 내세에 가서 자기가 행한 일을 전부 심판받게 될 경우에 잠자던 양심이 갑자기 깨어나 자기의 불결함을 견디지 못하는 때가 오지 않는다고 단언할 수 없다. 그렇다, 사람인 이상 이러한 각성은 반드시 한 번은 있다. 이러한 때에 로마서는 누구에게나 필요하다. 대단히 필요하다. 그 때는 박사의 칭호도 억만의 재산도 이 세상의 모든 지식도 아무 소용이 없고, 옛 사람은 바울이 쓴 낡은 로마서가 구원의 지팡이가 될 것이다. 그때 3장 23-28절이 나의 만세반석이 되어 나를 에워싸 줌으로써 나로 하여금 심판의 불을 면하게 할 수 있을 것이다. 그때 여기서 1년하고도 6개월에 걸쳐 로마서를 연구한 실익(實益)이 나타날 것이다. 이런 속담이 있다. "최후의 3분을 대비하기 위하여 전 생애를 쓸 가치가 있다." 그와 같이 최후 심판의 날을 대비하기 위하여 온 힘을 다해 로마서를 배워 둘 가치가 있다.

> 사람은 다 죄를 범하였으므로 하나님의 영광에 이를 수 없다. 오직 그리스도 예수의 구속으로 말미암아 하나님의 은혜를 받아 공로 없이 의롭다 함을 얻는다. 곧 하나님은 오래 참으심으로 전에 지은 죄를 간과하셨지만,

이제는 자기의 의를 나타내시려고 예수를 세워 그 피로 말미암아 믿는 자의 화목 제물을 삼으셨다. 이는 자신이 의롭게 되기 위함이며, 동시에 예수를 믿는 자를 의롭다 하시기 위함이다. 그러면 자랑할 바가 어디 있느냐? 없다. 무슨 법으로 말미암느냐? 행위의 법이냐? 그렇지 않다. 신앙의 법이다. 그러므로 내가 생각건대 사람이 의롭다 함을 얻는 것은 신앙으로 말미암는다. 율법의 행위로 말미암지 않는다.

역자 김 유 곤

고려대학교 영문과 졸업
충남대학교 대학원 졸업
서울장로회 신학대학 수료
동양전문대학 교수
우석출판사 편집주간
문학사상사 편집고문 역임
현, 전문 번역문학가로 활동중임(일본어)
번역서:『우찌무라 간조(內村鑑三)전집』전 20권 중 열다섯 권(설우사, 1975-1981) 다카하시 사브로『무교회주의 탐구』(설우사, 1981) 미우라 아야코『보랏빛 사연들』(설우사,1985) 토마스 아켐피스『그리스도를 본받아』(설우사, 1986) 빌리 그레이엄『행복의 비결』(설우사, 1986) 스즈키 히로유키『사랑이 나를 다시 살게 했습니다』(가야넷, 2001) 호시노 토미히로『극한의 고통이 피워 낸 생명의 꽃』외 번역서 다수

우찌무라간조의 로마서 연구 · 하

2002년 1월 14일 초판 1쇄
2004년 2월 10일 초판 3쇄
지은이 우찌무라 간조(內村鑑三)
옮긴이 김 유 곤
펴낸이 임 만 호
펴낸곳 크리스챤서적
등 록 제10-22호(1979. 9. 13)
주 소 135-092 서울 강남구 삼성2동 38-13
전 화 02)544-3468~9
전 송 02)511-3920
http://www.holybooks.co.kr
e-mail:holybooks@naver.com
I S B N 89-478-0154-4   94230
         89-478-0155-0(전2권)
ⓒ 크리스챤서적, 2004
Printed in Korea
정 가 15,000원